高等职业教育物流类专业系列教材

供应链数字化运营

主　编　滕丽娜　杨礼美　李铁光

副主编　梁鹏飞

参　编　代朝本　李苏芳　裴　云

　　　　张世蕊　郑　伟　陈昌龙

U0331664

机械工业出版社
CHINA MACHINE PRESS

"供应链数字化运营"是现代物流管理、供应链运营专业的专业基础课程。本书以供应链数字化运营实战为立足点，以实际工作任务为基础，结合丰富的理论知识、大量的典型案例、实操演示与训练，帮助学生快速且系统地掌握供应链物流管理方法。

本书分为认知篇、应用篇和趋势篇三个模块。认知篇包括项目一，旨在介绍供应链数字化转型的缘由。通过对数字化、信息技术和供应链发展情况的介绍，让学生对数字化供应链有更清晰的认识。应用篇包括项目二至项目七，涵盖了供应链数字化应用的多个方面，包括供应链客户与服务、供应链需求计划、供应链采购管理、供应链智能制造、供应链智慧物流和供应链金融及风险控制。这些内容将深入探讨数字化技术在供应链不同环节的应用，帮助学生了解如何在实际工作场景中应用数字化供应链管理的方法和工具。趋势篇包括项目八，从数字化技术和人才需求等方面介绍数字化供应链的发展趋势。

本书适用于现代物流管理、供应链运营等专业的专业基础课程教学，可以帮助学生深入了解供应链数字化运营的重要性、应用价值和技术工具，为未来从事相关领域的工作做准备。此外，本书也适合在供应链或物流等相关领域的从业人员和研究者参考。

图书在版编目（CIP）数据

供应链数字化运营 / 滕丽娜，杨礼美，李铁光主编 .
北京 ： 机械工业出版社，2024. 10. --（高等职业教育
物流类专业系列教材）. -- ISBN 978-7-111-77764-9

Ⅰ．F252. 1-39

中国国家版本馆 CIP 数据核字第 2025FN8706 号

机械工业出版社（北京市百万庄大街 22 号　邮政编码 100037）
策划编辑：宋　华　胡延斌　　责任编辑：宋　华　胡延斌　单元花
责任校对：潘　蕊　张　薇　　封面设计：王　旭
责任印制：任维东
北京瑞禾彩色印刷有限公司印刷
2024 年 12 月第 1 版第 1 次印刷
184mm×260mm · 15.5 印张 · 377 千字
标准书号：ISBN 978-7-111-77764-9
定价：49.00 元

电话服务　　　　　　　网络服务
客服电话：010-88361066　机 工 官 网：www.cmpbook.com
　　　　　010-88379833　机 工 官 博：weibo.com/cmp1952
　　　　　010-68326294　金 书 网：www.golden-book.com
封底无防伪标均为盗版　机工教育服务网：www.cmpedu.com

前 言

Foreword

加快建设数字中国是发挥信息化驱动引领作用、推进中国式现代化的必然选择。党的二十大报告指出："从现在起，中国共产党的中心任务就是团结带领全国各族人民全面建成社会主义现代化强国、实现第二个百年奋斗目标，以中国式现代化全面推进中华民族伟大复兴。"习近平总书记多次强调，"没有信息化就没有现代化"，深刻阐释了信息化和中国式现代化的内在关系。

2023 年，中共中央、国务院印发了《数字中国建设整体布局规划》，从党和国家事业发展全局和战略高度，提出了新时代数字中国建设的整体战略，明确了数字中国建设的指导思想、主要目标、重点任务和保障措施。建设数字中国是数字时代推进中国式现代化的重要引擎，是构筑国家竞争新优势的有力支撑。没有坚实的物质技术基础，就不可能全面建成社会主义现代化强国。数字经济紧密融合产业链供应链，加强关键领域和薄弱环节，提升产业链供应链实力和现代化水平，为经济高质量发展提供坚实支持。

不难看出，供应链数字化运营是当今全球供应链领域的关键趋势之一。随着科技的迅猛发展，数字化技术正深刻改变着供应链运营的方式和效率。传统的物流和供应链管理已经不能满足日益增长的市场需求和竞争压力。在这个数字化时代，运用先进的技术和创新的思维方式，实现供应链的智能化和高效化成为企业取得竞争优势的关键。

本书为理实一体化课程"供应链数字化运营"的配套教材，基于工学结合的建设思路，以典型工作任务和企业实际操作应用与技术为载体，通过系统的课程设计和内容组织，帮助相关专业的学生、相关领域的从业人员和研究者全面了解和掌握供应链数字化运营的核心概念、原理和最佳实践。我们相信，通过学习本课程，读者将能够全面了解供应链数字化运营的重要性和应用价值，掌握其中的核心概念，了解相关技术工具，提升供应链运营的效率和竞争力。

本书具备完整的资源库，提供大量教学辅助训练与配套资料，可进行信息化教学，让学生对课程知识点有更好的理解，同时通过企业实战案例可让学生快速掌握供应链数字化运营技巧。

本书由滕丽娜、杨礼美、李铁光任主编，梁鹏飞任副主编，参加电子资源编写的还有代朝本、李苏芳、裴云、张世蕊、郑伟、陈昌龙。

感谢广大企业和社会机构的支持和贡献，也感谢本书编写团队的辛勤努力。希望本书能够成为您学习和研究供应链数字化运营的有力工具，为推动我国物流与供应链产业的发展贡献一分力量。

因编者水平所限，书中不足之处在所难免，恳请读者批评指正。

编 者

二维码索引

QR Code

动画

名称	二维码	所在页码	名称	二维码	所在页码
动画 1-1：建立客户画像		61	动画 1-4：传统采购的缺陷及数字化解决方案		98
动画 1-2：数字化环境下的客户旅程		67	动画 1-5：供应商生命周期管理		107
动画 1-3：同步计划		84	动画 1-6：认识数字孪生工厂		134

微课

名称	二维码	所在页码	名称	二维码	所在页码
微课 1-1：传统供应链与数字化供应链的区别		15	微课 1-4：新基建带动产业数字化创新		42
微课 1-2：供应链数字化转型的内部驱动力		30	微课 1-5：经典的供应链协同		44
微课 1-3：数字化转型的外部驱动力		35	微课 1-6：数字化的供应链协同—以宝钢为例		46

（续）

（续）

名称	二维码	所在页码	名称	二维码	所在页码
微课 6-4：配送车辆运行调度		165	微课 7-5：供应链金融风险因素管理		202
微课 6-5：智慧物流运输的典型应用模式——互联网＋车货匹配		166	微课 7-6：供应链金融风险控制原则与体系		203
微课 6-6：智慧物流运输的典型应用模式——互联网＋多式联运		166	微课 8-1：数字化技术发展趋势		217
微课 6-7：智能仓储规划路径		166	微课 8-2：五类关键技术对供应链的影响		218
微课 6-8：北斗产业化发展进程		173	微课 8-3：供应链数字化人才的发展趋势		229
微课 7-1：供应链金融数字化		180	微课 8-4：数字化助推岗位变化		230
微课 7-2：供应链金融交易单元与形态		184	微课 8-5：区块链技术在数字化供应链中的应用		231
微课 7-3：智慧供应链与电子凭证		186	微课 8-6：数字化供应链对生活的改变		237
微课 7-4：供应链金融中的参与者		196			

目 录

Contents

认知篇

项目一
走进数字化供应链运营

学习目标

知识目标

- 了解传统供应链与数字化供应链的定义及特征
- 掌握信息化和数字化的内涵，以及供应链行业的数字化需求
- 了解数字化背景下的相关战略性技术和新基建的内涵与特点

技能目标

- 能自主完成企业在新基建背景下的数字化转型路径规划
- 能应用所学理论分析企业供应链数字化转型的内因与外因，并掌握协同与细分策略
- 能掌握并评估各阶段供应链管理工具的优缺点

素养目标

- 能认识到数字化和新基建在国家战略层面的意义，并学以致用，增强责任意识
- 能把握数字化供应链转型的发展趋势，培养奋斗精神，弘扬时代主旋律
- 能树立发展"数字经济"的意识，自信自强、敢于开拓

任务一 认识传统供应链与数字化供应链

◎ 案例导入

京东供应链的智慧数字化转型战略

京东，中国自营式电商企业，旗下设有京东商城、京东金融、拍拍网、京东智能、O2O（线上线下商务）及海外事业部等。

京东的物流"十年磨一剑"，从电商物流发展到供应链物流。2017 年，京东成立京东物流集团，它已具备全面核心能力。成为京东主要的供应链组织。京东经过十年的数字化转型，从信息化自营物流企业发展成一个开放的智慧数字化供应链服务企业。

图 1-1-1 所示为京东物流集团的发展历程。

京东物流：中国领先的技术驱动的供应链解决方案及物流供应商

京东物流发展大致可分为三个阶段。

- 1PL，第一方物流阶段（2007年至2010年）：京东为提高消费者的购物体验，开始自建物流体系，为自营商品提供物流服务。
- 2PL，第二方物流阶段（2011年至2016年）：随着第三方卖家在京东电商平台上的占比提升，京东物流逐渐开始为其提供服务。
- 2PL+3PL，介于第二方、第三方物流之间的阶段（2017年至今）：京东物流子集团成立并独立运营，对外承接社会化订单，跃升为独立的物流企业。

京东物流自身已成为成熟的第三方综合快递物流服务商，并能够组织社会快递物流力量服务于京东商城和客户，其中源自京东集团的关联性收入低于50%，未来将朝着京东物流的第四阶段，即3PL+4PL的方向发展。

2007年	2010年	2012年	2014年	2016年	2017年	2018年	2020年	2021年
开始自建物流，落地第一个仓库	在全球率先推出当日达（211限时达）服务，成为电商物流配送服务标杆	正式注册物流公司"青龙系统"上线，实现商品从发货到收货物流配送全链条管理	首个智能物流中心"亚洲一号"在上海正式投入运营	成立X事业部，打造智能仓储物流系统；大件物流完成中国大陆地区所有行政区县全覆盖	京东物流集团成立，全面开放服务；中小件物流网络中国大陆行政区县全覆盖；建成全球首个全流程无人仓	发布全球化战略，推出京东供应链、京东快运、京东冷链、京东云仓、京东跨境六大产品；完成A轮优先股融资，融资总额约为25亿美元	发展战略：体验为本，效率制胜，技术驱动；国内首个5G智能物流示范园区投入运营建设；发布供应链产业平台	在港交所提交IPO申请

图1-1-1　京东物流集团的发展历程

近年来，随着世界数字经济的发展，京东在数字经济及数字技术的推动下创建了它的无界零售生态。构建无界零售生态是京东的核心商业战略，而京东的技术转型和AI战略是京东向科技公司进军的转型战略，供应链战略必须与之相匹配。因此，实现供应链智慧数字化转型和构建智能无界供应链物流成为京东的核心战略。2017年，京东物流集团（JDL）提出了短链（Short Chain）、智能（Smart）、共生（Synergic）的3S理论，数字技术驱动供应链变革是其三大核心战略之一，这正与京东的技术转型和AI战略相匹配，也是对3S理论智能的实践。图1-1-2展示了京东的无界零售生态。3S理论成为JDL无界物流三大制胜的核心要素，如图1-1-3所示。

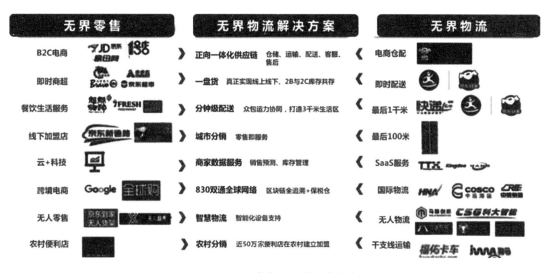

图1-1-2　京东的无界零售生态

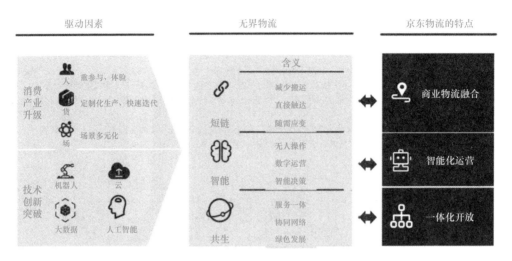

图 1-1-3　JDL 无界物流三大制胜的核心要素

具体来说，京东的数字化战略成果主要体现在以下几个方面。

1）与友商在供应链数字产品方面进行对标，提高市场竞争力。图 1-1-4 所示为京东与友商在供应链数字产品方面的对标。

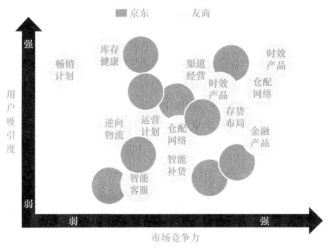

图 1-1-4　京东与友商在供应链数字产品方面的对标

2）利用大数据、物联网、人工智能（Artificial Intelligence，AI）、高级分析和机器人流程自动化等数字智能技术，提高完美订单率与用户口碑。图 1-1-5 展示了京东数字智能带来的最佳客户体验。

3）完美订单率高于行业平均值：90% 以上在 24 小时内完成订单，平均配送时长低于行业平均值 65%。

4）用户口碑远超行业：京东物流有效申诉率为百万分之 0.29，远低于行业平均有效申诉率百万分之 1.03。

5）云端的智能履约平台已被国内外 200 多个合作伙伴采用，该 SaaS（软件运营服务）平台采用人工智能和大数据技术助力优化合作伙伴供应链的绩效指标。图 1-1-6 展示了某知名文具电商应用该平台后所获得的供应链优化率，其中库存准确率的优化率高达 226%。

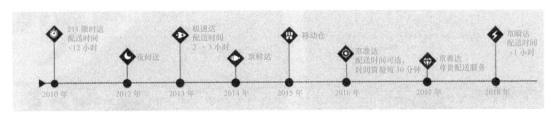

图 1-1-5 京东数字智能带来的最佳客户体验

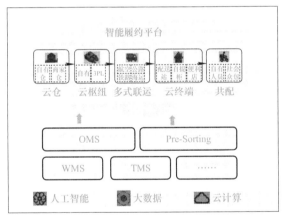

核心 KPI	上线前	上线后	优化率	
生产人效	80	120	50%	▲
库存准确率	30%	98%	226%	▲
仓库利用率	50%	85%	70%	▲
工单率	10%	3%	70%	▼
单均仓储成本	3.5 元	3.0 元	15%	▼

图 1-1-6 智能履约平台助力优化供应链

6）全面开放智能无人技术——全流程无人仓、无人机、配送机器人和智能配送站等，如日本乐天、新宁物流、君威集团等。无人技术助力京东和客户降本增效，京东的 50 个不同层级的无人仓效率提升 10 倍，10 年累计降低成本 30%，如图 1-1-7 所示。

7）京东的数字化供应链智能平台采用了当今先进的数字技术，如供应链控制塔、人工智能、高级分析、算法供应链。因此，它能够助力京东和其合作伙伴、客户在供应链的全环节降本增效，如图 1-1-8 所示。

8）供应链的服务化是数字化供应链的一类商业模式的创新。近年来，随着京东向社会开放、能力输出，其在供应链的服务化方面已"硕果累累"。京东依托它的数字化供应链平台，如京慧平台，构建了它的数字化供应链物流生态。京东生态秉承共生共赢的宗旨，不断以新兴技术提升自身的供应链服务能力，并且持续向它的生态伙伴赋能。图 1-1-9 总结了部分京东数字化供应链服务的成果案例。

全流程无人仓

50 个不同层级无人仓
效率提升 10 倍
10 年累计降低成本 30%

无人机

11 省常态化运营，飞行
里程 18 万千米以上

配送机器人

高校、园区、社区等全
场景运营，覆盖城市 20
个以上

智能配送站

已在长沙、呼和浩特、
贵阳 3 市投用

全面开放

世界经济论坛"第四次工业革命中心"　　日本乐天
京东物流无人机在印尼首飞　末端配送无人机、配送机器人　新宁物流　君威集团……

图 1-1-7　无人技术降本增效

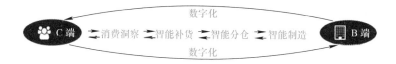

数字化
C 端 ⇄ 消费洞察 ⇄ 智能补货 ⇄ 智能分仓 ⇄ 智能制造 ⇄ B 端
数字化

全盘接管某快消品牌客户的一体化供应链业务，每年为其节省物流费用约 3 500 万元

物流成本降低 3 500 万元　　库存占用降低 5 亿元　　周转天数减少 40 天

图 1-1-8　京东智能平台助力商家全环节降本增效

**某消费品公司
全供应链优化**

全套供应链解决方案
调拨费用下降 70%
交付时效提升 10.6%
库存周转率降低 29.3%

**某制造企业
物流数字化升级**

5G 智能园区
人力成本节约 60%
单据成本节省 50%

**平邑县政府
物流能力升级**

打造平邑智能云仓
建筑面积超过 4 万平方米
单日处理 10 万单以上
实现"天地狼"自动化

某数字化农场

品质管控数据决策
品牌升级打造 30 个
综合农事效率提升 8 倍
农产品溢价平均提升 2 倍

京东物流北斗新仓

世界级智能柔性生产
拣货效率提升 100%
复核效率提升 23%
入库效率 821 件 / 小时

京东亚一智能仓

世界级高密度存储系统
人效提升 3 倍
坪效提升 2.5 倍

图 1-1-9　京东数字化供应链服务成果案例

任务描述

在这个任务中，你需要指出数字化供应链给企业带来的优势。以京东数字化供应链转型为案例，分析京东实现数字化供应链后，从哪些方面改善了企业供应链，从而突出数字化供应链相较于传统供应链的优势。

🔗 相关知识

一、传统供应链与数字化供应链的定义

（一）传统供应链的定义

传统供应链是指围绕核心企业，通过对企业之间的物流和商流、资金流、信息流的控制，从采购原材料开始，制成中间产品以及最终产品，最后由销售网络把产品送到消费者手中，并将生产商、供应商、分销商、零售商与最终客户连成一个整体的功能网链结构模式，如图 1-1-10、图 1-1-11 所示。

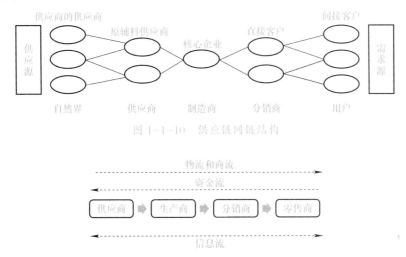

图 1-1-10　供应链网链结构

图 1-1-11　供应链中的信息流、资金流、物流和商流

（二）数字化供应链的定义

2018 年，美国供应链行业权威机构——美国物资搬运协会（MHI）和全球领先企业咨询服务公司——德勤共同发布了一份报告。报告再次表明数字化供应链是未来重要的发展趋势，同时指出数字化供应链发展将形成围绕用户的供应链平台。报告认为数字化供应链的本质是"供应链管理 + 数字化"，是通过对供应链数据的即时收集、分析、反馈、预测、协同等干预方式，将庞杂的供应链运营及信息流数据化后并行处理，从而达到提高效率、预先决策、节省成本、控制风险的目的，并不断接近真正的"端到端"的状态。

数字化供应链在国内被定义为"基于收集的大数据，利用各种人工智能的算法指导供应链预测、计划、执行、决策等活动"。国务院办公厅发布的《关于积极推进供应链创新与应用的指导意见》中指出"供应链是以客户需求为导向，以提高质量和效率为目标，以整合资源为手段，实现产品设计、采购、生产、销售、服务等全过程高效协同的组织形态"。图 1-1-12 展示了集成化供应链管理的基本模型框架。

综合各方的观点，可将数字化供应链定义为：基于物联网、大数据与人工智能等关键技术，构建的以客户为中心，以需求为驱动力的，动态、智能、协同、可视、可预测、可持续发展的网状供应链体系。如图 1-1-13 所示，数字化供应链可通过多渠道实时获取数据并充分利用数据、

敏捷感知与识别客户需求，再通过与外部合作伙伴之间的高效协同，实现快速响应，以提升公司效率与业绩。

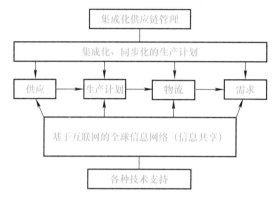

图 1-1-12　集成化供应链管理的基本模型框架

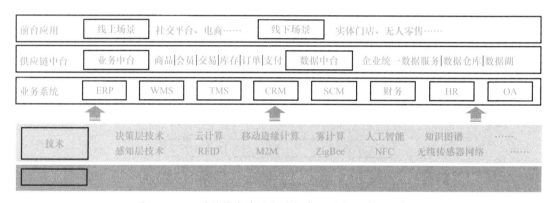

图 1-1-13　关键技术基础支撑数字化供应链系统示意图

二、数字化供应链相较于传统供应链的特征

数字化供应链的核心是让供应链环节中的所有参与者在物流、信息流、资金流等方面实现无缝对接，从根本上解决供应链协同问题。相较于传统供应链，数字化供应链有以下几个特征。

（1）数据化

借助于 RFID（射频识别）、移动网络、条码、云存储、人工智能等技术，数字化供应链内所有信息都能被实时数据化并上传到数据中台，从而更好地整合供应链内部的信息。

（2）可视化

在传统供应链中，终端客户需求虽然只有很小的变动，但需求的变动信息在向制造商和供应商等上游企业反馈的过程中，会被逐级放大，产生"牛鞭效应"，此时准确且及时的需求信息就显得尤为重要。在数字化供应链中，由于供应链上的节点是链式联结的，因此链条上其他节点的企业可以更加准确且及时地获悉各个节点的需求变化。

（3）敏捷性

在传统供应链单链型结构模式下，客户需求的变化只能通过各个节点逐级反馈，导致上游企业反应迟缓，从而影响客户体验。在数字化供应链中，各个节点是以核心企业为中心的，以网状结构联结，因此各个节点的信息反馈都能够实时且快速地传递，从而达到快速响应、提升交货速度、提高客户满意度的目的。

（4）协同性

在高度整合的信息机制下，供应链内各成员能够实时获取其他成员的相关信息，并针对信息的变化，随时做出相应的调整、提高协作效率，从而促进整个供应链绩效的提升。供应链管理一旦与客户之间建立直接协同的关系，就能够极大地满足客户需求，数字化供应链管理的本质也因此得到最终体现。

（5）智能化

随着人工智能、大数据和机器学习的发展，数字化供应链可以通过数据模型预测和机器智能学习，结合趋势与动态实时需求做出智能预测。通过人工智能对历史大数据的分析，企业能够提高预测能力，从而降低企业风险。

三、数字化供应链相较于传统供应链的优势

（1）信息共享

传统供应链通常依赖独立的系统，这些在孤岛中运行的系统，很少或根本没有数据共享。

数字化供应链的运行是实时的，它具有集成系统和流程的高度敏捷的"价值网络"，具有动态性、适应性强的特征，能够实现数据共享。

（2）数字化协作

传统供应链企业的信息化建设由于还停留在初级阶段，因此企业内部各部门业务系统是相互独立的，这导致供应链的协同合作受到限制与阻碍。数字化供应链企业的数字化、信息化建设水平往往较高，很多企业使用 BI（商业智能）（见图 1-1-14）连通业务数据，并统一储存到数据仓库（见图 1-1-15）中。这些企业利用数据分析将企业的业务分析、业务数据等制作成可视化报表，然后存放到数字化供应链的统一平台上，从而促进上下游的企业员工彼此沟通、实现资源共享。

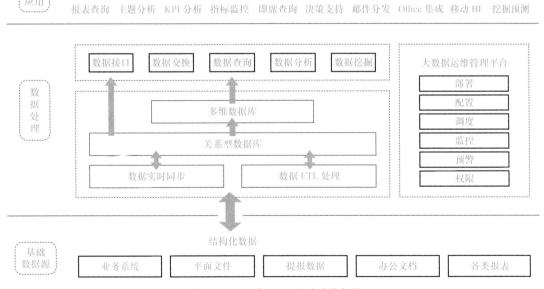

图 1-1-14　某 BI 工具的功能架构

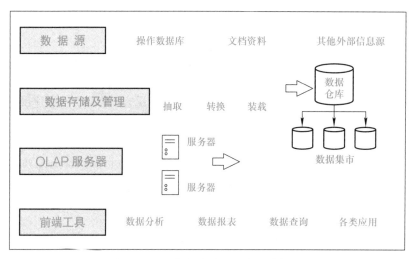

图 1-1-15　数据仓库的四个功能板块

（3）以客户为中心

传统供应链围绕生产和供应运行，而不是客户需求。随着订单不确定性的增加，按时保质的正确交付变得越来越困难。传统供应链正面临着在波动中同步控制成本、实现全链条可视化、增强应对中断风险的能力、提高与以客户为中心的模式相匹配的柔性生产能力、全面贯彻需求驱动的理念等挑战。

数字化供应链不仅涉及产品交易，还涉及提供价值和建立长期的客户关系。此外，数字化供应链不关注单个节点、发货或订单优化。整个供应链可作为一个整体进行评估，以实现尽可能高的利润、优质的服务水平和良好的客户体验。

四、供应链管理工具的优缺点

传统供应链及数字化供应链的部分供应链管理工具的优缺点见表 1-1-1。

表 1-1-1　部分供应链管理工具的优缺点

供应链管理工具	优点	缺点
传统 ERP（企业资源计划）平台	功能全面，流程细致	多系统集成，扩展性差，不支持集团复杂性，运维成本较高，技术传统，开发成本高
全渠道协同平台	商品主数据统一管理，库存数据线上与线下统一管理，运输全程可视化	需要在多个系统中搭建一个协同平台，解决信息对接和库存运输可视化问题，但以聚焦业务为主，多系统之间难以协同
供应链平台	采用互联网架构和云端架构，支持业务发展，支持全业务域数据流通，实现商品、库存、物流支付全渠道打通	业务流程相对简单，后台功能产品相对较弱
供应链中台	帮助业务整合、资源整合，供应链可视化，数据沉淀，数据支持商业决策	不适用所有类型的企业，开发难度高，质量管控难度大

五、供应链的基本特征

（1）复杂性

供应链的复杂性的原因和表现见表 1-1-2。

表 1-1-2 供应链的复杂性的原因和表现

原因	表现
各成员企业的核心业务、产品或服务性质、业务管理与控制范围等因素的不同	企业合作关系网络呈现出不同的形态
各成员企业在地理上一般是分散的，各成员企业根据其管理与决策的权限可分为从属实体、半自主实体和自主实体	使企业合作中物流、信息流、资金流的管理更加复杂
市场的变化和不可预测性	客观上要求对各成员企业不断调整或重组，以便快速响应市场的需求

（2）动态性

供应链的动态性主要表现为成员及成员关系的不稳定性。供应链面向市场，以客户需求为导向，各成员企业因共同的利益而合作，并在利益的驱使下决定是否参与合作，这必然导致供应链的成员总处于变动状态。同时，由于供应链的成员之间既是合作关系又是竞争关系，一旦成员企业的相对经济实力发生改变，其在网络中的地位也将随之发生变化，从而造成成员关系的变动。

动态性还体现在供应链上的各组织在响应市场需求时存在不一样的时间延迟。例如，当市场需求首次开始上升时，零售商对批发商的订货仍保持不变；当市场需求第二次上升时，制造商对供给商的订货反而在降低。这导致供应链上的各个组织的业务各自朝着不一样的方向运作，同时各企业库存也围绕着期望库存水平上下波动。随着参与供应链运作的企业越多，这种动态特征就越显著。

（3）交叉性

任何一个处于供应链上的节点企业在其市场经营活动中都必须和不同的企业进行交易。例如，生产企业需要采购不同的原材料，就要和不同的原材料供应商进行交易，并把自己的产品出售给不同的客户，而这些与之交易的企业又处于不同的供应链上，从而使节点企业经常处于几个不同的供应链中，它既是这个供应链的成员，又是另一个供应链的成员。这样，节点企业就连接起了不同的供应链，形成相互交叉的网状结构，正是这种交叉性增加了供应链管理的难度。

六、供应链数字化服务行业的数字化改造

供应链管理行业几乎是所有其他行业的基础，如建筑业、工业、农业、零售业等，都需要深度依赖物流和其背后的供应链体系。随着数字经济时代的到来，传统供应链管理的升级与优化成为必然的趋势，也已成为几乎所有行业的共识。

在数字化时代背景下，数字化供应链是在商业创新的市场背景下能够支撑产品快速研发、生产、推广、投放的根本，也是目前最适合企业上下游产业链连接的模式。

全球供应链管理由自我服务向第三方专业化转型，是一次新的供应链革命，也是经济全球化、信息技术革命、管理革命及服务革命共同推动的结果，不仅从根本上改变着世界各国服务业发展模式，而且日益深刻影响着各国产业、经济、技术、管理模式，影响着各国全球优势要

素聚集和资源整合，成为决定国际竞争力的新制高点。供应链数字化服务行业的数字化改造可分为信息流的供应链数字化服务、物流的供应链数字化服务和资金流的供应链数字化服务三个部分。

（一）信息流的供应链数字化服务

信息流的供应链数字化服务包括各类软件服务商为企业直接提供的不同部署方式的供应链数字化相关软件应用，也包括从交易环节入手的消费互联网和产业互联网平台对交易流程进行改进而提供的线上交易服务。我国大量企业仍处于供应链数字化改造的早期阶段，受预算限制不会直接采购完整的供应链全流程数字化改造方案，对供应链数字化产品的接受能力还处在逐步拓展与市场教育阶段。产业互联网及消费互联网平台提供的线上交易对供应链数字化改造的直接效能更明显、更易被接受；传统 ERP 商通过其原始客户资源积累可以有效地向供应链数字化软件扩展；一些深耕供应链数字化领域的软件服务商也会以 ERP 等基础软件作为突破口，让客户更容易接受自身产品。

（二）物流的供应链数字化服务

物流的供应链数字化服务通常由第三方物流服务商提供，并与基础物流服务相互融合。伴随着消费需求的多元化，以及对供应链上游的改造效率提升，物流需求将呈现更加多元化的趋势。第三方物流服务商在提供基础物流服务的同时，将自身积累的技术优势和数据资源以WMS（仓储管理系统）、OMS（订单管理系统）、TMS（运输管理系统）、BMS（建筑设备管理系统）等系统形式贯穿应用于物流服务中，为企业应对多变的竞争环境提供了底层支持，提升了履约准确度、库存效率与存货周转率。但由于第三方物流服务商的技术能力参差不齐，其在物流环节实施供应链数字化服务的深度和广度也有较大差异，行业成熟度与行业集中度有待进一步提升。图 1-1-16 展示了第三方物流的作业流程。

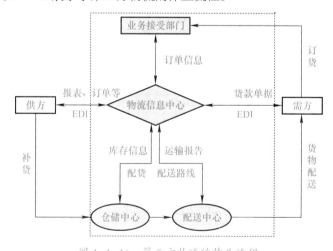

图 1-1-16 第三方物流的作业流程

（三）资金流的供应链数字化服务

资金流的供应链数字化服务由传统支付机构和金融机构共同开展。二维码支付是诸多线下小微企业供应链数字化改造的第一步。支付机构凭借线下支付对商户资源进行积累和对商户运营需求进行把控，从资金流产品入手，为其提供流水统计、交易对账、供应链上下游协同、集中采购等服务，且这些供应链数字化改造服务通常为支付产品的免费增值服务。

小微商户通过支付机构提供的移动支付产品可以完成简单的供应链数字化。商业银行则可以借助支付机构奠定供应链数字化基础，为小微商户提供有保障的数字化供应链金融服务。同时，商业银行依靠自身对核心企业的资源积累，可以利用核心企业的帮助完成其对供应链上下游中小微企业的业务拓展，并创新供应链金融的业务模式，降低业务后期对核心企业的依赖。

图 1-1-17 所示为相关咨询机构整理的中国供应链数字化服务行业图谱。

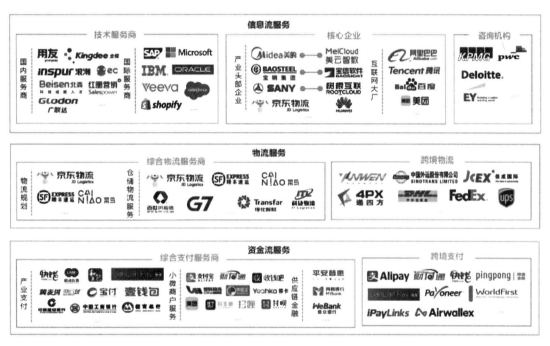

图 1-1-17　中国供应链数字化服务行业图谱

七、数字化供应链需求的意义

（一）供应链层面

（1）从结构上看

传统供应链大多是线性的（见图 1-1-18a）。在一条完整的传统供应链中，原料制造、供应、仓储、配送、市场环节的众多相关企业被一根"线"连接在一起，一旦其中一环出现问题，整个供应链就会进入停滞状态。

如图 1-1-18b 所示，数字化供应链采用的是网状结构。在这个结构中，每个节点都有多个企业相互连接，原料、生产、物流、仓储、销售等环节都有多个企业与其他节点连接，当某个企业出现问题时，节点中的其他企业能够立刻接替它的位置，重新连通整个数字化供应链。

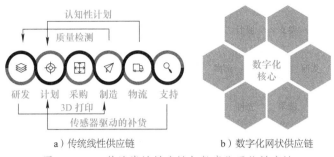

a）传统线性供应链　　　　　　b）数字化网状供应链

图 1-1-18　传统线性供应链与数字化网状供应链

（2）从技术上看

数字化供应链通过技术搭建数字化运营模式，以数据流引领技术流、人才流、资金流，缓解供需匹配效率低下的问题，实现生产、供给、销售一体化，降低外部交易成本，促进供应链效率的提升。

数字技术可以有效识别、应对和监测供应链中断风险。由于供应链生态系统的环境时刻都在发生变化，自然灾害和各类突发事件都可能导致供应链中断，因而供应链是否具备快速响应和恢复的韧性至关重要。

同时，借助数字化技术，供应链可以进行更加精确的评估和预测，并利用智能算法对供应链各环节进行优化。提供覆盖物料计划、生产计划、齐套计算、详细排程等环节的智能决策，如订单及时交付率、异常处理响应时间、订单履行周期等指标，做到灵活决策并适时调整策略，降低外部不确定性等风险的影响。

（3）从生态上看

传统供应链中的上下游不同企业间往往是相互独立的，未形成整个供应链是一个整体的概念，也没有推动整个供应链发展的动力，导致整个供应链失去活力。

如图 1-1-19 所示，数字化供应链将线上平台作为沟通节点，不受距离的限制，而且由于信息化、数字化建设程度较高，这些企业能够统一整合业务、建立起一个供应链平台，并通过业务数据交流和可视化报表的展现，实现统一分析、统一调度、统一接单、统一跟踪、统一结算等功能，以整个数字化供应链为基准进行生态建设，推动供应链中所有企业共同发展。

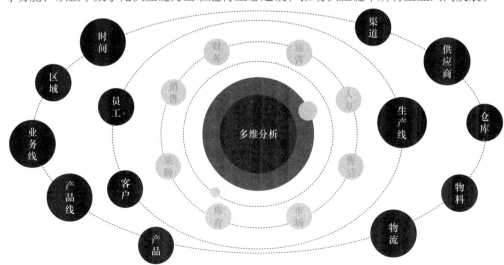

图 1-1-19　数字化供应链生态

（二）企业层面

（1）灵活性强且能降低成本

企业可以通过实时销售和需求数据展现企业战略，可以专门销售某一种产品，也可以通过减少或消除低需求产品的生产来降低成本。同时，减少手动干预、不断提高准确性。这样员工就可以将更多的时间投入承担战略和战术的职责中，而不是重复工作，以此降低企业成本。

（2）提高工作服务效率

企业运营的目的是提升客户满意度。只有让客户开心了，企业的经营才能达到目的。通过数字化供应链的应用，企业能够更好地了解客户的需求，并确保生产能力和原材料的可用性满足预测需求、缩短交货时间，以便更好地控制供应链。

（3）提高客户满意度

增强对供应链各方面的可见性可以提高客户满意度，因为企业可以将这种可见性传递给客户，无论是简单地在整个履行过程中跟踪其产品的位置，还是根据个人生活定制最后一公里的交付时间，这种粒度级别都是客户欣赏的。

（4）简化运营

互联网是基于数据发展的，因此数据在运营中的作用显得尤为重要。企业通过利用数字化供应链，可以将这些数据应用于高级分析。数据可视化功能的使用还能够使应用数据变得更加简单，既能避免以往的失误，又可以提高执行力度。

（5）透明度

由不同系统和技术组成的集成网络使提升透明度成为可能，使供应链中的多个利益相关者因此受益。协作和沟通是这种网络化方法的核心原则。这种透明度能够使企业发现以前看不见的低效率、随着瓶颈的消除而增加利润以及改善不同利益相关者之间的关系。

（6）消除信息孤岛

通过数字化供应链，企业能够综合各部门的数据，避免多个部门为不同目的输入类似数据的重复性工作，让员工更好地利用时间并降低库存成本。这是由于历史数据为自动化提供了需要更换机器零件和消耗品重新订购的信息，并基于使用情况、成本和历史性能的准确表示，帮助企业更快地做出决策。

（7）敏捷性

人工智能等技术的一个重要好处是提高了企业的自动化水平。算法在一定程度上解决了企业低效率的问题，并根据实时信息做出决策，而不需要手动输入。在需要敏捷性的商业世界中，这种自动化水平对增强竞争优势至关重要。

微课 1-1
传统供应链与数字
化供应链的区别

📊 任务分析

本案例从京东构建的智能供应链人工智能开放创新平台出发，展现了京东在数字化供应链与智慧物流方面的成就，从平台建设与物流布局两个方面体现出数字化供应链转型给企业供应链带来的便利之处。京东实行的供应链数字化转型战略和投资给其带来了高业务绩效、强市场竞争力、高顾客满意度和其他丰厚的回报。

1．供应链数字产品提高用户吸引力和市场竞争优势

通过与友商在供应链数字产品方面的对标，京东的供应链数字化变革提高了用户吸引力和市场竞争优势。尤其在库存管理、时效产品、仓配网络等方面，京东具有明显优势。

2．最佳客户体验

在大数据、物联网、人工智能、高级分析和机器人流程自动化等数字智能技术推动下，京东的供应链物流在响应敏捷、服务多样化、服务质量方面都有大幅度提升，许多方面在行业中处于领先地位。

3．智能履约平台助力优化供应链

京东云端的智能履约平台采用人工智能和大数据技术，助力优化合作伙伴供应链的绩效指标和提高库存准确率。

4．全面开放智能无人技术助力"仓配运"降本增效

京东的智能无人技术——全流程无人仓、无人机、配送机器人和智能配送站等已全面开放，如日本乐天、新宁物流、君威集团等。无人技术助力京东和客户降本增效，提高了京东的无人仓效率，降低了成本。

5．智能平台的数字技术助力"仓配运"降本增效

京东的数字化供应链智能平台采用了当今先进的数字技术，助力京东和其合作伙伴、客户在供应链的全环节降本增效。

6．供应链服务化开创新商业模式

供应链的服务化是数字化供应链的一类商业模式的创新。近年来，随着京东向社会开放和能力输出，其在供应链的服务化方面已硕果累累。京东依托它的数字化供应链平台，如京慧平台，构建了数字化供应链物流生态。京东生态秉承共生共赢的宗旨，不断以新兴技术提升自身的供应链服务能力，而且持续向生态伙伴赋能。

总之，京东坚持的供应链数字化转型和转型后的持续改进及创新，以及数字化重塑京东（包括人工智能引领、构建商业和技术生态系统、开放智能技术等）已经给京东带来丰硕的成果和商业价值。

素养园地

低碳转型与数字经济互动推动经济版图重构

中国经济发展正迈向新征程，低碳转型与数字经济两种重要力量推动着中国宏观经济及区域经济进入新的发展阶段，并进一步加速了经济版图重构。

相关研究报告发现，低碳和数字在空间发展上具有强相关性，低碳与数字联动助力打造高质量发展的第一梯队，示范引领作用更突出；中心城市新兴低碳产业发展与数字产业发展表现良好，成为区域低碳化和数字化的"高地"，在中西部和东北地区尤为突出；新兴低碳产业发展潜力小、数字产业发展水平低，以及两者融合程度差的区域有可能陷入被动、落后的境地。因此，低碳转型与数字发展可以显著改变区域间要素流动、资源配置与经济联系模式，深化区域分工与合作，成为塑造区域经济发展新格局的重要动力。

国家能源局认真贯彻落实"四个革命、一个合作"能源安全新战略，锚定碳达峰、碳中和目标任务，落实"十四五"可再生能源发展规划，加快推进大型风电光伏基地、大型水电站和抽水蓄能电站等重大项目建设，聚焦能源安全供应和民生保障，努力推动可再生能源高质量跃升发展。

各省积极响应国家低碳转型战略。以贵州省为例，贵州省坚持示范带动绿色发展，构建绿色制造体系。《贵州省绿色制造专项行动实施方案（2021—2025 年）》将环境保护和资源节约的理念贯穿于工业生产的全流程。2021 年创建国家级绿色工业园区 3 个、绿色工厂 17 家、绿色设计产品 13 种型号、工业产品绿色设计示范企业 2 家；打造省级绿色工厂 37 个、绿色设计产品 7 种型号、绿色供应链 1 家。

站在"十四五"开局、"强省会"起步的关键节点，贵州省正坚定不移地沿着习近平总书记指引的方向奋勇前进，围绕"四新"主攻"四化"，持续推进生态文明建设，奋力谱写新时代高质量发展新篇章，为建设百姓富、生态美的多彩贵州做出新的更大贡献。

以贵安综合保税区（电子信息产业园）为例，该园区成立以来不仅将绿色循环、绿色理念融入园区建设和运营的方方面面，采取建设分布式能源中心、房顶绿化等措施，还不断引导入驻企业建立绿色供应链，坚持"低冲击"开发模式，确保园区入驻企业均为电子信息绿色环保企业。在绿色思维引导下，该园区相继培育出晶泰科、全安密灵等一批运用绿色技术发力智能制造的示范企业。

> 自测题目见"电子资源包"。

任务二　实现信息技术与数字化发展

◎ 案例导入

中建五局信息化进入 4.0 时代

随着互联网技术的发展，人类的生产生活发生了巨大变化，企业商业模式、管理方式也发生了快速变革。作为全球最大投资建设集团中国建筑的骨干子企业，中国建筑第五工程局有限公司（以下简称中建五局）一直积极探索信息化技术的应用，在推动企业数字化转型中不断前进。

信息化 1.0：集约化管控（2008—2012 年）

2008 年，中建五局率先在全国建筑行业启动信息化建设，开启信息化 1.0 工程。它以《标准化管理手册》为基础，统一主数据、平台、门户，建成"中建五局管理信息化集成系统"。该系统由人力、财务、物资、办公等十个子系统组成，将工作业务、管理流程"搬到线上"，开启无纸化办公，让工作更便捷、管理更规范。

信息化 2.0：一体化融合（2013—2016 年）

2013 年，为推动标准化、信息化、精细化"三化"融合，中建五局启动信息化 2.0 工程。

它以项目管理为重点，以"成本管理方圆图"为模型，实施业务线上办理、财务凭证自动生成、报表自动统计，让数据"跑腿"，大量减少简单重复的工作，管理效能更高。

信息化3.0：场景化应用（2017—2020年）

2017年，随着云计算、大数据、人工智能、物联网等新一代信息技术的推广应用，中建五局推进信息化3.0工程。它以提高用户体验为重点，大力推进轻量化、移动化与可视化管理，实现场景数字化运营，管理模式发生了巨大变化。例如，对项目实施全周期数字孪生管理，实现项目物理场景与数字场景的信息实时交互，实现自动感知、监测预警和过程可视化管理。

近年来，在网络强国战略的指引下，中建五局信息化3.0工程取得显著成效，推动了企业标准化、信息化、精细化的深度融合，在局、公司、项目三级管理架构中实现了集约化管控、高效化运营、精益化管理。

信息化4.0：数字化赋能（2021年至今）

2021年，中建五局全面实施"数字化升级"战略，正式迈入信息化4.0新征程。它以高效协同管理为目标，以用户体验为中心，从点、线、面、体多维度，推进数智技术深度应用，建设全产业链数字化管控运营平台，打造数智孪生、数智生产、数智管理和数智生态。

步入信息化4.0时代，中建五局要如何推进其数字化转型？

📊 任务描述

在这个任务中，你需要学习企业如何应用信息化与数字化实现转型升级。以中建五局的信息化历程为案例，你需要分析中建五局是如何利用信息化助推企业管理升级的，并在了解信息化和数字化内涵的基础上能区分信息化与数字化的侧重点。最后，你还需要了解与数字化相关的技术，为进一步理解企业与供应链的数字化转型打下基础。

🔗 相关知识

一、信息化概述

（一）信息化的定义

信息化是指通过计算机建立信息收集系统，再通过信息系统处理传统业务中的流程和数据，然后结合信息处理结果，将计算机技术应用于个别资源或流程，以达到提升内部效率的效果。

简单来说，就像传统出租车背后有着驾驶人管理系统、车辆调控系统等，乘客只要招手上车，驾驶人就能根据系统自行安排路线。

（二）信息化的内涵

（1）信息化的三个层面

第一层面是信息技术的开发和应用过程，它是信息化建设的基础。

第二层面是信息资源的开发和利用过程，它是信息化建设的核心与关键。

第三层面是信息产品制造业不断发展的过程，它是信息化建设的重要支撑。

这三个层面是相互促进、共同发展的过程，也是工业社会向信息社会、工业经济的信息经济演化的动态过程。在这个过程中，三个层面是一种互动关系。

（2）信息化的六大要素

信息化的六大要素是指信息网络、信息资源、信息技术、信息产业、信息法规环境与信息人才。

信息化的三个层面和六大要素的相互作用的过程构成了信息化的全部内容。也就是说，信息化是在经济和社会活动中，通过普遍采用信息技术和电子信息装备，更有效地开发和利用信息资源，推动经济发展和社会进步，逐步提升由于利用了信息资源而创造的劳动价值在国民生产总值中的比重直至占据主导地位。

二、数字化概述

数字化是指基于企业信息化建设使用的技术支持和功能，让企业内外的所有资源和全业务流程都与技术产生真正的交互，并分析处理内外数据的交互，进而改变传统的商业运作模式。

举例来说，如图1-2-1所示，网约车平台将传统出租车招客过程搬到数字化平台上，乘客可以在网约车App上约车，车主通过手机抢单为乘客服务，同时网约车App已规划好行程路线和到达时间，以及大概的费用。

图1-2-1　传统出租车在物理世界运营与网约车在数字空间运营

信息化改造与数字化转型的区别，见表1-2-1。

表1-2-1　信息化改造与数字化转型的区别

区别	信息化改造	数字化转型
主要时期	1990—2015年	2016年之后
需求	需求确定、提升运营效率	需求不确定、支持创新迭代
核心	以内部管理为核心	以客户运营为核心
目标	交付解决方案	智能化运营

三、从技术层面来看数字化

（一）中央信息处理功能的升级

中央信息处理功能的升级主要体现为人工智能、大数据和云计算的广泛应用。计算能力的集中化是指互联网可以把计算能力集中在一起，通过网络向每个终端输出计算能力。

（二）中央计算处理系统越来越复杂

引入如人工智能、大数据和云计算等信息技术后，终端只需要具备简单的处理和展示功能。这些信息技术可以自动产生和传输信息，让使用者既是信息的消费者，也是信息的生产者。另外，越来越自动化的生产方式产生的海量信息，为大数据提供了基础。

（三）互联网的升级

从有线互联网到无线互联网，我们摆脱了物理空间的限制，可以随时随地接入网络。从3G到4G再到5G，网速变得越来越快，同时接入的设备也越来越多，响应时滞越来越短，智能驾驶、物联网变得越来越成熟和普及。

四、信息化与数字化的区别

信息化主要应用在企业管理层面，用信息技术支撑企业的管理，包括生产管理、客户关系管理、销售管理、企业资源管理、人力资源管理等。例如，ERP（企业资源计划）系统在没有改变企业模式和企业原有流程的基础上帮助企业进行管理，只是加快了企业内部信息流通和提升了效率。此外，OA（办公自动化）、CRM（客户关系管理）系统也只是把原有企业的人工方法，通过OA和CRM系统用信息化方法进行管理，以提高办公效率和实现客户管理。

图1-2-2所示为数字化供应链参考框架。数字化比信息化更进一步，数字化是指用数字技术来改变企业的经营模式，包括企业管理、研发模式、业务模式、决策模式和服务模式。因此其相对于信息化变动程度更大，它不再只是模仿原来人工作业的方法，而是要改变原有的流程。

图1-2-2　数字化供应链参考框架

五、与数字化相关的技术

与数字化相关的技术见表1-2-2。

表1-2-2 与数字化相关的技术

相关技术	内容
人工智能	人工智能又称"AI"。研究用计算机模拟人类智力活动的理论和技术，如归纳与演绎推理过程、学习过程、探索过程、理解过程、形成并使用概念模型的能力、对模型分类的能力、模式识别及环境适应、进行医疗诊断等。人工智能的研究领域包括机器人、语言识别、图像识别、自然语言处理和专家系统等。基于算法和大数据等的计算机技术是人工智能发展的基础
云计算	云计算将庞大的计算处理任务自动分拆成多个较小的子任务，然后把这些任务分配给由多部网络服务器所组成的系统进行处理并将处理结果返回给用户。利用这项技术，可以在很短的时间内完成极为复杂的信息处理，实现和"超级计算机"同样强大效能的网络服务。云计算也可以指一种商业概念，其含义是将网络中的服务器作为一种共享的资源，用户可以随时获取、按需使用这些资源。云计算也可以轻松实现不同设备间的数据与应用共享。过去的互联网中只有信息是共享资源，而云计算的目标还要让网络中的某些功能强大的服务器被用户所共享
大数据	大数据是指具有数量巨大（无统一标准，一般认为在 T 级或 P 级以上，即 10^{12} 或 10^{15} 以上）、类型多样（既包括数值型数据，也包括文字、图形、图像、音频、视频等非数值型数据）、处理时效短、数据源可靠性保证度低等综合属性的海量数据集合
5G	第五代移动通信技术（5th Generation Mobile Communication Technology，5G）是具有高速率、低时延和大连接特点的新一代宽带移动通信技术，5G 通信设备是实现人机物互联的网络基础设施。国际电信联盟（ITU）定义了 5G 的三大类应用场景，即增强移动宽带（eMBB）、超高可靠低时延通信（uRLLC）和海量机器类通信（mMTC）。增强移动宽带主要面向移动互联网流量爆炸式增长的局面，为移动互联网用户提供极致的应用体验；超高可靠低时延通信主要面向工业控制、远程医疗、自动驾驶等对时延和可靠性具有极高要求的垂直行业应用需求；海量机器类通信主要面向智慧城市、智能家居、环境监测等以传感和数据采集为目标的应用需求
工业互联网	工业互联网（Industrial Internet）是新一代信息通信技术与工业经济深度融合的新型基础设施、应用模式和工业生态，通过对人、机、物、系统等的全面连接，构建起覆盖全产业链、全价值链的全新制造和服务体系，为工业乃至产业数字化、网络化、智能化发展提供了实现途径，是第四次工业革命的重要基石。工业互联网不是互联网在工业中的简单应用，而是具有更为丰富的内涵和外延。它以网络为基础、以平台为中枢、以数据为要素、以安全为保障；它既是工业数字化、网络化、智能化转型的基础设施，又是互联网、大数据、人工智能与实体经济深度融合的应用模式，同时也是一种新业态、新产业，将重塑企业形态、供应链和产业链
物联网	物联网（Internet of Things，IoT）是指万物相连的互联网。它把人或各种物品通过射频识别（RFID）、红外感应器、全球定位系统、激光扫描器等信息传感设备与互联网连接起来，进行信息交换和通信，实现智能化识别、定位、跟踪、监控和管理，或者提供相应服务。1991 年美国麻省理工学院（MIT）的凯文·阿什通（Kevin Ashton）首次提出物联网的概念。早期的物联网主要指依托射频识别（RFID）技术的物流网络。在中国，1999 年也提出了与其相似的"传感网"概念。2005 年 11 月，在突尼斯举行的信息社会世界峰会（WSIS）上，国际电信联盟（ITU）发布《ITU 互联网报告 2005：物联网》，引用了"物联网"的概念，并扩展了物联网的定义和范围

（续）

相关技术	内容
区块链	从技术层面看，区块链是一种分布式数据库，通过去中心化的方式，让参与者集体维护数据库，每个参与节点都是平等的，都保存着整个数据库，在任何一个节点写入/读取数据，都会同步到所有节点，但单一节点无法篡改任何一个记录。它是分布式数据存储、点对点传输、共识机制、加密算法等计算机技术的综合应用模式。从应用层面看，区块链技术目前主要被作为一种分布式记账模式，它按照时间顺序将交易数据区块以顺序相连的方式组合成一种链式数据结构，也就是所有节点可以共同维护的账本，并以密码学方式保证其不可篡改和不可伪造。区块链主要解决的是交易的信任和安全问题，是比特币的底层技术

📋 任务分析

中建五局的信息化案例涉及技术集成、管理数据化和数字化赋能等多个环节，展示了企业信息化和数字化转型的路径。通过"信息技术创新"和"业务管理创新"双轮驱动，推进生产经营与数字化同步转型升级，从而助推企业的高质量发展。同时，通过数字化转型升级，打造"数字五局"，最终实现"企业管控集约化、资源配置高效化、业务管理精益化、生态互联协同化"。

1. 技术集成

构建中建五局统一的集成平台，所有业务基于平台建设，异构系统按照中建五局接口标准建设，制定统一的主数据及运营指标体系，完全实现数据贯通、横向集成共享统一。图1-2-3所示为中建五局信息化集成社区。

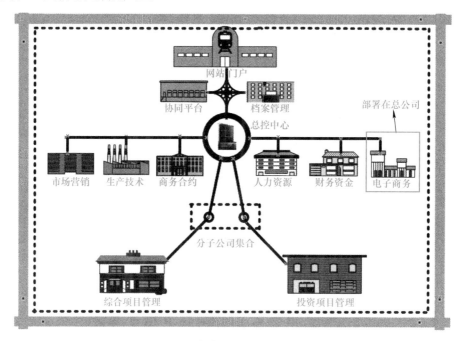

图1-2-3　中建五局信息化集成社区

2．标准化是基础，信息化是工具，精细化是目标

精细化倒逼标准化、信息化，精细化管理成果又通过标准化进行固化，通过信息化进行推广和应用，形成"三化融合"的良性循环体系，其中"项目成本方圆图""业财税资一体化"充分体现了标准化的落地和精细化管理。

3．项目全生命周期管理

构建综合项目管理信息化系统，建立"项目成本管理方圆图"模型（见图1-2-4），实现以成本管理五大费用为核心的劳务、物资、机械、周转材料及现场的项目全生命周期过程管控，以及公司对工程项目成本的远程有效管控。

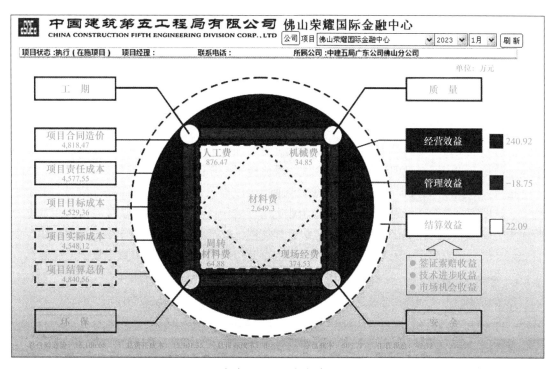

图1-2-4 中建五局项目成本管理方圆图模型

4．管理数据化

中建五局通过报表决策实施，实现管理过程数据化、风险数据化、决策数据化，建立数据仓库以获取内部信息管理系统数据和外部对标数据，利用大数据技术，对数据进行深度挖掘、运营，创建不同的决策数据模型。

5．场景化应用

推行物资全过程场景数字化管理，从线上录源、采购、在线签订合同、生产人员在线报送计划、采购人员在线下订单、供方在线收订单发货、项目现场过磅、拍照验收入库，到自动生成结算单、支付材料款、财务凭证自动生成。全过程场景数字化管理实现了内部岗位之间、供应链之间的高效协同。图1-2-5所示为物资管理流程。

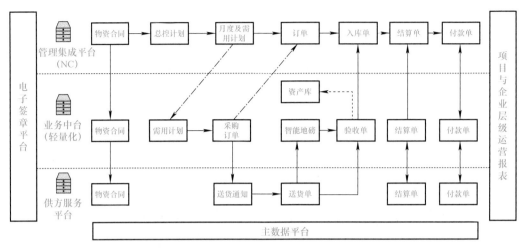

图1-2-5 物资管理流程

推行项目闲置资产线上管理，采购入库的周转材料自动生成资产库、自动追踪。交易材料线上发布、线上交易，废旧材料在线处置，实现了"零距离""零时差"，提高了闲置周转材料的利用率，加速了物资周转速度。

推行分包全过程场景数字化管理，从合同签订、任务单确认到分包结算、工程款支付、财务凭证自动生成，所有管理流程均实现在线场景化应用，分包管理更加规范、高效。

推行大数据应用分析，运用系统数据实现项目全成本在线分析，生成商务、财务、资金、物资、进度等企业管理报表100余张，为企业运营管控和经营决策提供有力支持；运用数据分析流程提高节点效率，优化各线条、各层级管理流程，效率总体提升超过50%。同时构建了项目业绩、供方资源库、上千万条物资价格库和上百万个知识文档库，实现数据资源全局共享。

6. 数字化赋能

在企业管理中，建设一个平台，实现"三个升级"，即业务管理体系升级、数据运营体系升级、IT保障体系升级，如图1-2-6所示。中建五局信息化管理集成系统升级为中建五局数字化管控运营平台。

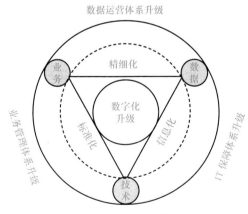

图1-2-6 中建五局数字化的"三个升级"

其中，业务管理体系升级着力提升决策数据化与风险自动预警能力、企业经营管理与资源配置能力、项目综合管理与精细化管理能力，促进产业链协同管理。

数据运营体系升级着力完善数据治理体系，夯实生产运营数据基础，做好数据质量及合规管理，积累核心数据，设计经营管理及风险管控模型，实现企业运营在线分析、在线检查、在线考核、风险线上预警。

IT 保障体系升级着力打造 IT 架构、IT 基础设施和信息安全体系。

7. 打造信息化技术底座

为满足数字化转型过程中全业务信息化上线应用、数字化管理变革带来的信息化新需求，中建五局在原有信息系统的基础上，发挥顶层设计的优势，充分利用云计算、大数据、人工智能等新一代信息技术，打造出持续稳定、互联互通的信息化技术底座——"智云"操作系统。图 1-2-7 所示为中建五局数字化管理运营平台规划。

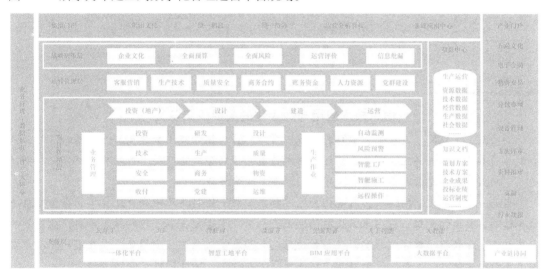

图 1-2-7 中建五局数字化管理运营平台规划

"智云"操作系统集成了计算和数据服务能力，通过标准化功能模块和应用组件支撑中建五局业务的信息化应用。有了"智云"操作系统，中建五局的信息化应用就可以像手机一样，装载不同类型的应用软件。

在技术层面上，"智云"操作系统分成数据中台、基础功能模块中心和场景应用组件中心三个层次。数据中台保存着中建五局长久以来积累的数据资产：一方面，为各类应用提供数据支撑，让各场景应用能够使用跨结构、跨领域、跨维度的鲜活智能数据，从而让应用从不同视角和维度洞察业务，呈现数据背后的价值；另一方面，业务应用产生的数据又不断回流到数据中台，使数据中台不断积累更加丰厚的数据资产。图 1-2-8 所示为智云信息化技术底座。

基础功能模块中心由一系列可单独运行又能组合拼装的基础功能模块组成，如报表分析、消息模块等。基础功能模块与应用场景的交互，可为具体场景的业务应用快速开发和运行提供支持。可复用的功能模块让系统的灵活性和可维护性更强。

"智云"操作系统，为中建五局信息化系统的构建提供了肥沃的土壤。在此基础上可以满足不同工程类型、不同业务线条的信息化应用，并催生更多、更专、更精的创新应用。

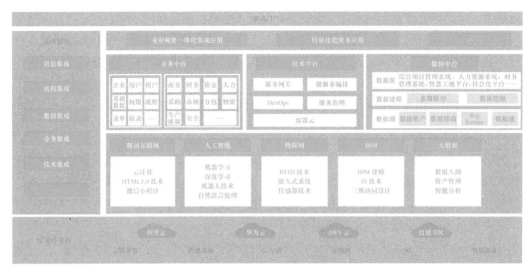

图 1-2-8　智云信息化技术底座

信息技术应用与数字化的重要战略意义

近年来，互联网、大数据、云计算、人工智能、区块链等技术加速创新，日益融入经济社会发展的各领域，世界主要国家和地区纷纷加快数字化转型战略布局。加快推进数字化转型，是"十四五"时期建设网络强国、数字中国的重要战略任务。

当前，以数字化、网络化、智能化为主要特征的新一轮科技革命和产业变革正在重塑全球竞争格局。要抓住先机、抢占未来发展的制高点，必须牢牢把握新一轮科技革命和产业变革的发展机遇，加快推动数字化转型，统筹推进信息化与新型工业化、城镇化、农业现代化同步发展，不断释放信息化发展的巨大潜能，提高资源配置效率，持续增强发展动力和活力。

据《数字中国发展报告（2023 年）》，2019—2023 年，数字经济规模持续壮大，电子信息制造业增加值同比增长 3.4%；电信业务收入 1.68 万亿元，同比增长 6.2%；互联网业务收入 1.75 万亿元，同比增长 6.8%；软件业务收入 12.33 万亿元，同比增长 13.4%。以云计算、大数据、物联网等为代表的新兴业务收入逐年攀升（详情见图 1-2-9）。

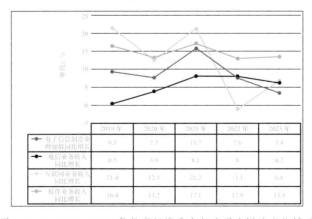

	2019年	2020年	2021年	2022年	2023年
电子信息制造业增加值同比增长	9.3	7.7	15.7	7.6	3.4
电信业务收入同比增长	0.5	3.9	8.1	8	6.2
互联网业务收入同比增长	21.4	12.5	21.2	-1.1	6.8
软件业务收入同比增长	16.4	13.2	17.1	12.9	13.4

图 1-2-9　2019—2023 年数字经济重点行业同比增速变化情况

面向"十四五",我们要全面推进信息技术在国民经济和社会发展各领域的广泛应用,加快数字化发展,为建设社会主义现代化强国、实现第二个百年奋斗目标贡献力量。

自测题目见"电子资源包"。

任务三 分析供应链数字化转型的驱动力

◎ 案例导入

新零售时代,苏宁易购与美团跨界合作

2022年,苏宁易购与美团宣布战略合作,成为首家入驻美团平台的家电3C品类连锁品牌。相关数据显示,不到3天的时间,苏宁易购的美团订单量便突破30000单,可见双方合作的效果颇令人满意。

观察苏宁易购不难发现,最近两年苏宁易购跨界合作更加多元、务实,而且效率很高。无论是从效果上还是从效率上来看,苏宁易购的新零售业务因为找对了方向正在逐渐复苏。

时至今日,苏宁易购变得更加从容,通过发展线下加盟店、加强平台合作等方式持续深耕线下市场,继续依靠零售和批发业务推动家电流通业务的发展。

从苏宁易购与美团的合作可以看出苏宁易购的以下三种变化。

(1)即时零售更加注重线上与线下流量融合

苏宁易购联手美团打造即时零售,虽是零售模式的一种微创新,但打通了线上流量和线下门店的边界。一般情况下,线上流量很难流到线下商城,线下流量也很难流到线上商城,而即时零售打破了它们的界限,在最大化利用门店资源和线上流量资源的同时,为消费者提供更优质的服务和消费体验,也为苏宁易购后续拓展和创新提供了样板。

(2)打造多形态服务

从服务形态来划分,苏宁易购的服务大致可以分为标准化服务、定制化服务和延伸性服务三类。其主打家电3C的相关维修安装等服务便是延伸性服务的一种体现。

对消费者来说,无论是线上还是线下购买的产品,都希望有更好的体验和更快的反应速度。

苏宁易购与美团合作后,相当于将其线下零售的三类服务复制到美团平台,借助美团即时配送的能力,可实现30分钟或数小时内零售到家服务。线下门店与线上门店相关联的优势还在于,为消费者提供了灵活多变的服务选择。例如,消费者可以先在美团平台查看苏宁易购家电3C产品的价格及参数,然后就近去线下门店体验购买;消费者也可以先在线下门店体验和了解产品,之后在平台下单购买。这种即时性的消费需求又盘活了线下门店资源,为线下门店带去了流量。

(3)跨界整合是新零售的常态

零售的边界外延是一种趋势。以苏宁易购为例,目前已形成线下实体店、线上苏宁易购App、苏宁易购天猫旗舰店等相结合的线上与线下融合的零售渠道。

如今,以"本地门店+即时配送"为特征的即时零售新模式受到消费者欢迎。美团的相关数据显示,在半年内,美团平台上的品牌超市便利店即时零售订单同比增长39%,可见其"带

货"能力之强。

美团作为互联网平台，与苏宁易购在 3C 领域的合作，一方面可以弥补其线上品牌的短板，丰富平台产品类型；另一方面，美团在帮助合作伙伴增加销量的同时，也拓展了自己的增量空间，给消费者提供更多服务。

为什么零售业企业纷纷拓宽自己的服务业态？

📈 任务描述

在这个任务中，你需要学习数字化转型的驱动力。以苏宁易购与美团跨界合作为案例，你需要分析驱使零售企业拓宽自己的服务业态的原因，并结合数字化供应链驱动力的相关知识，分析零售企业进行数字化供应链改革的驱动力属于内部驱动力还是外部驱动力。最终，你需要总结当下企业进行数字化转型的必要性。

🔗 相关知识

数字化供应链在第四次工业革命中应运而生，给供应链带来了变革。然而其实施之路异常艰难，企业和投资人对供应链的数字化转型都深感困惑。

任何新生事物的产生都会有内因和外因，内因是主导，外因是推动。供应链数字化转型有以下四个内部驱动力和四个外部驱动力。

一、供应链数字化转型的内部驱动力

供应链数字化转型的内部驱动力除了提高企业竞争力的需要以外，还有企业数字化转型关键要看供应链的数字化转型、以客户为中心的市场需求带来的挑战、传统的商业模式向数字化的商业模式转型。

（一）提高企业竞争力的需要

知识拓展

吉设数字化解决方案

随着员工数量的增长和订单日益增多，传统贸易行业的数字化升级对公司的稳定成长来说至关重要。吉设（上海）生活用品有限公司（简称吉设）用 SeaTable 搭建数字化贸易项目管理解决方案，凭借其丰富易用的功能，将销售、采购、生产、财务、存档等多个业务场景关联在一起，使数据展现更加直观并且处理更方便，从而优化了企业业务管理流程，实现了降本增效。

吉设成立于 2011 年，是一家综合性产品创新公司。以"为现代人提供精致生活收纳产品"为起点，以藉匠心，造美物为宗旨，致力于为消费者提供高品质的好产品，提供适合现代人生活的周边产品，构建日常精致之美，将"信赖、包容、环保、简约、精致"的品牌价值植入生活日常，将美感融汇在每件产品中，让每一个人的生活、工作都被赋予仪式感。成立至今，吉设凭借卓越的产品设计、稳定的质量水平、良好的企业信誉、健全的客户服务体系蓬勃发展，获得了越来越多消费者的认可。

吉设的数字化解决方案体现了：

1）供应链成为企业的竞争战略。

2）互联网的数字化供应链带来竞争优势。

3）供应链数字化转型提升供应链的竞争力。

（二）企业数字化转型关键要看供应链的数字化转型

企业的生产模式从传统的以产品为中心的大规模生产向以客户为中心的定制化生产模式转变，同时，现代数字技术——云计算、大数据、人工智能、数字孪生等正在改变制造业的过程规则。大量的研究表明，供应链数字化转型是所有企业数字化转型的关键之一。图 1-3-1 所示为数字化提升对供应链各阶段的影响。

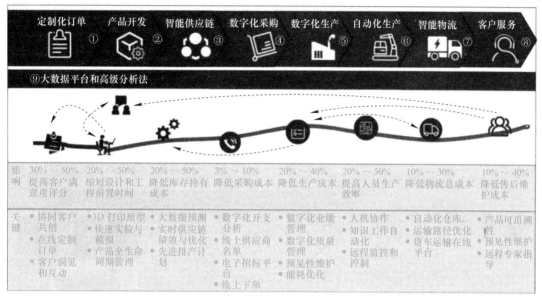

图 1-3-1　数字化提升对供应链各阶段的影响

（三）以客户为中心的市场需求带来的挑战

表 1-3-1 列举了以客户为中心的市场需求给供应链带来的一些挑战。

表 1-3-1　以客户为中心的市场需求给供应链带来的挑战

以客户为中心的市场需求	给供应链带来的挑战
超个性化：客户对任何产品和服务，如汽车、冰箱，甚至建筑方案都要求满足自身的需求和喜好	制造正从批量和集中式生产向定制化分布式生产变革，供应链非数字化、智能化不可。例如，传统的静态 BOM（Bill of Materials，物料清单）结构必须转型为动态 BOM 结构，这驱动数字化的智能采购产生。此外，还要求动态物料配送，也就是需要数字化智能物流
敏捷响应：客户要求产品的交付要按自己的要求及时送达。在社群经济发达的今天，客户对产品送达时间的要求已经缩短到当日达	传统的供应链物流已经无法满足客户的需求，数字化供应链服务提供商，如京东、菜鸟等，以敏捷的数字化智能物流来迎接挑战

（续）

以客户为中心的市场需求	给供应链带来的挑战
高质量服务：客户不仅要求产品质量好，而且要求交付产品过程透明、可跟踪追溯，还要求货到后有好的售后服务	制造需要向智能化转型，通过3D打印等数字技术改进产品设计和工艺。这对传统的供应链来说是一个巨大的挑战，如果产品没有数字标识、物流交接没有扫码、在运输途中没有数字管控、退货不可追溯，则无法满足客户需求
复杂多变：在数字经济时代，由于超个性化、产品生命周期缩短、需求不确定性等，导致市场需求复杂多变、供销计划难以预测	这是对供应链最大的挑战之一，传统的供应链计划已经不能适应如今复杂多变的市场需求

（四）传统的商业模式向数字化的商业模式转型

传统的商业模式正在向数字化的商业模式转型，表现在以下两个方面。

（1）供应链向服务化转型的市场趋势

在数字经济时代，制造服务化已成为一种趋势，它同时带来了供应链服务化的机遇。

从图1-3-2所示的"微笑曲线"可以看出，价值链两端的环节具有更高的附加值，服务化转型就是从附加值低的生产环节向附加值高的服务环节转移、从"以产品为中心"转向"以服务为中心"。因此，向服务型制造转型是传统行业拓展盈利空间、重塑竞争优势的一条必由之路。

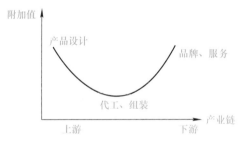

图1-3-2　微笑曲线

（2）线上+线下的新零售商业模式推动了供应链的数字化转型

传统线下门店零售业转型以线上为主，线上+线下的新零售商业模式极大地推动了供应链中销售交付这一段链条的数字化转型。构建新零售商业模式的一般性原则离不开数字化战略布局、全渠道思维和线上与线下渠道融合、统一标准化智能管理、大数据采集、云计算和物联网、智能物流等。

微课1-2
供应链数字化转型的内部驱动力

二、供应链数字化转型的外部驱动力

（一）数字经济的发展促进供应链数字化转型

发展中的数字经济与若干由数据推动的前沿技术密切相关，这些前沿技术包括区块链、数据分析、人工智能、3D打印、物联网、自动化、机器人以及云计算。

表1-3-2列举了数字经济的五大变革与创新特征，以及它如何推动供应链数字化变革。

表 1-3-2　数字经济的五大变革与创新特征以及如何推动供应链数字化变革

数字经济的五大变革与创新特征	如何推动供应链数字化变革
组织方式：产业链式转变为网络协同式 　从传统的基于产业链的层级式、离散式、中心化和规模化的全球专业化分工与集聚模式，逐步转变为基于互联网的平台化、协同化、分布式、定制化的贯通研发、设计、生产、流通的全球资源与服务协同模式	促使供应链从链式转变为网状的结构。基于互联网和物联网的数字平台已成为供应链新的协同服务模式
生产要素：出现了自生长的数据要素 　数据要素成为新型的生产要素，但并非所有的数据在任何场合都能成为生产要素，而是必须建立在实时在线、共享交流、加工处理的基础上	数据成为供应链变革的驱动力。例如，阿里菜鸟供应链用数据打通从采购、仓储、交付物流到售后服务的整个过程，提供了端到端的实时/分时可见性，提高了顾客满意度
生产方式：自动化＋标准化＋集中式，转变为智能化＋定制化＋分布式 自动化生产将转向智能化生产 标准化生产将转向定制化生产 集中式生产将转向分布式生产	给供应链带来的变革： 智能供应链计划和物流 数字化采购，动态的物料配送 数字化供应链协同，供应网络
驱动力：要素驱动转变为创新驱动 技术创新 模式创新 管理创新	创新驱动供应链的数字化变革： 技术创新，如无人机配送、仓库机器人等 模式创新，如数字平台化、数字供应链金融 管理创新，如数字化的供应链管理（SCM）、供应商关系管理（SRM）等
发展方式：线性增长转变为裂变式指数增长 数据增长 GMV（商品交易总额）增长	给数字化供应链带来爆发式增长： 物流数据增长，如 2023 年"双 11"当天，菜鸟网络的物流订单数为 6.39 亿件同比增长 15.76% 营收增长，"双 11"交易规模迅速扩张，2009 年全网销售额为 0.5 亿元，2023 年全网销售额为 11386 亿元

（二）全球化和日益增加的不确定性和复杂性

当下供应链面临的五大挑战如图 1-3-3 所示。

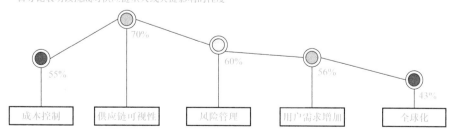

图 1-3-3　当下供应链面临的五大挑战

（三）第四次工业革命带来的新兴技术驱动供应链数字化转型

数字化转型是人类社会经济转型史上一次伟大的社会经济转型。人类社会已经经历或正在经历以四次工业革命为导向的转型，如图 1-3-4 所示。

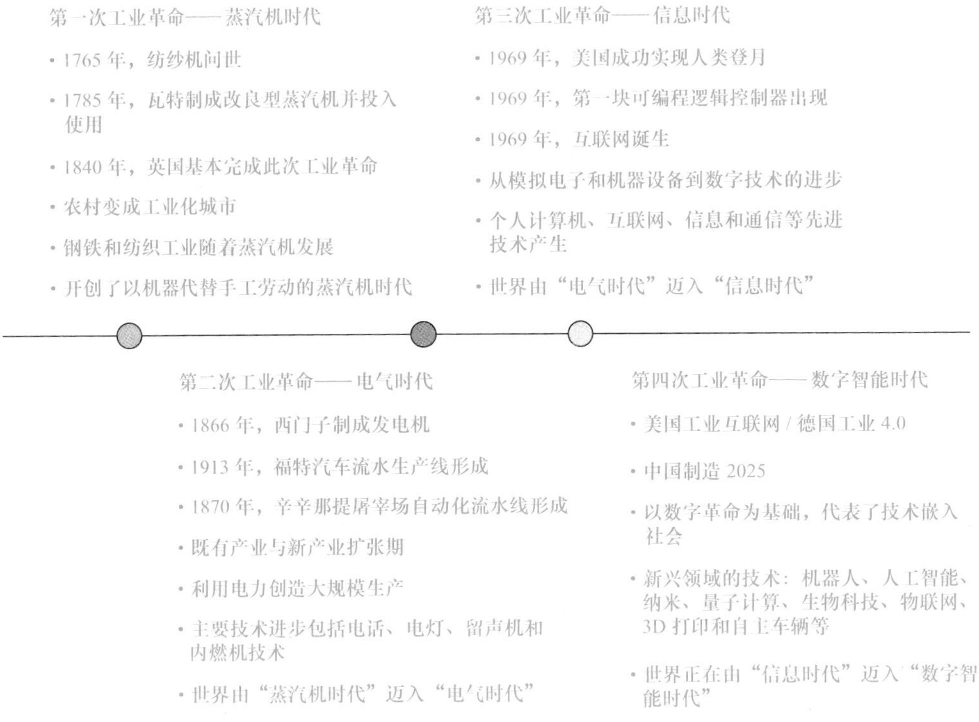

第一次工业革命——蒸汽机时代

· 1765 年，纺纱机问世
· 1785 年，瓦特制成改良型蒸汽机并投入使用
· 1840 年，英国基本完成此次工业革命
· 农村变成工业化城市
· 钢铁和纺织工业随着蒸汽机发展
· 开创了以机器代替手工劳动的蒸汽机时代

第三次工业革命——信息时代

· 1969 年，美国成功实现人类登月
· 1969 年，第一块可编程逻辑控制器出现
· 1969 年，互联网诞生
· 从模拟电子和机器设备到数字技术的进步
· 个人计算机、互联网、信息和通信等先进技术产生
· 世界由"电气时代"迈入"信息时代"

第二次工业革命——电气时代

· 1866 年，西门子制成发电机
· 1913 年，福特汽车流水生产线形成
· 1870 年，辛辛那提屠宰场自动化流水线形成
· 既有产业与新产业扩张期
· 利用电力创造大规模生产
· 主要技术进步包括电话、电灯、留声机和内燃机技术
· 世界由"蒸汽机时代"迈入"电气时代"

第四次工业革命——数字智能时代

· 美国工业互联网 / 德国工业 4.0
· 中国制造 2025
· 以数字革命为基础，代表了技术嵌入社会
· 新兴领域的技术：机器人、人工智能、纳米、量子计算、生物科技、物联网、3D 打印和自主车辆等
· 世界正在由"信息时代"迈入"数字智能时代"

图 1-3-4　四次工业革命和人类社会经济转型历程

发生在第四次工业革命之前的三次工业革命和转型，极大地丰富了人类的物质生活。正在发生的第四次工业革命和数字化转型将极大地提高劳动生产率，并进一步丰富人类的物质和精神生活。图 1-3-5 描述了第四次工业革命和供应链数字化转型的蓝图。

供应链就像人体的动脉和静脉一样，供应链数字化转型对实现第四次工业革命的目标至关重要。例如，德国汽车工业预计在 2030 年前后实现无流水线的动态生产。德国汽车工业的生产方式变革如图 1-3-6 所示。

供应链与物流，在工业 4.0 实现过程中，必然要经历数字化的变革。图 1-3-7 展示了工业 4.0 时代下的物流 4.0 技术。

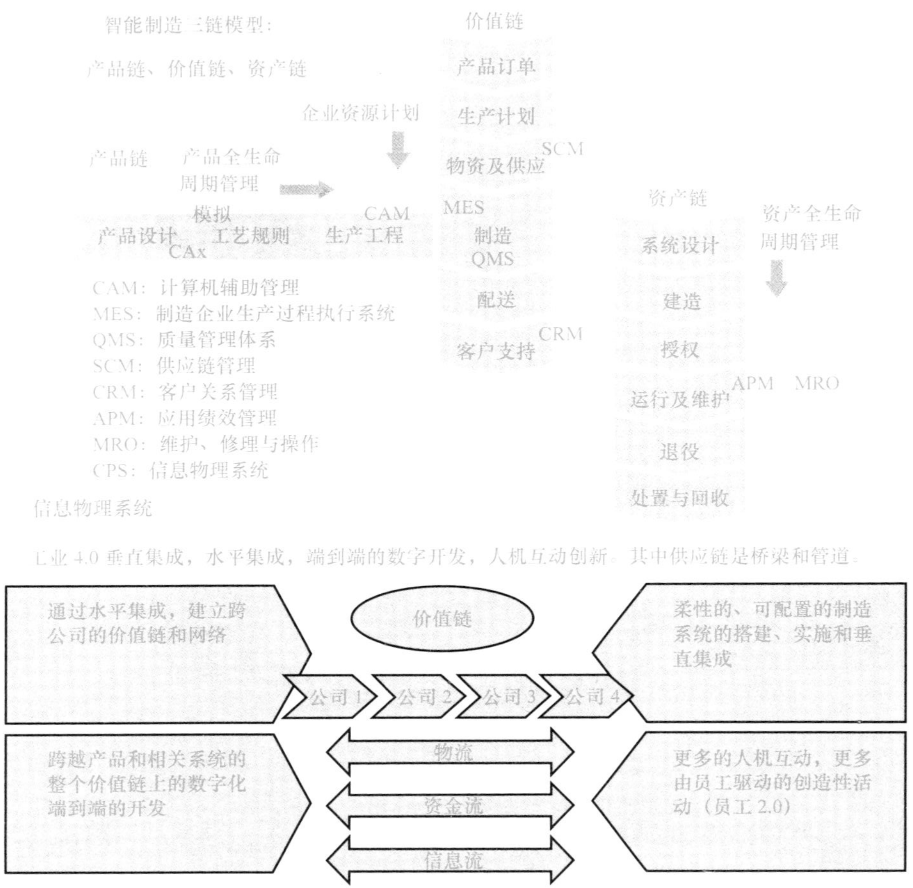

	描述	信息流	关键能力映射
PLM	产品生命周期管理：对产品的整个生命周期进行管理，从一开始到设计和制造，再到服务和处理制造的产品	产品和生产系统生命周期中的双向信息流	质量、敏捷性和可持续性
SCM	供应链管理：管理供应商、公司、经销商和最终消费者之间的物料、最终产品和相关信息的上游和下游增值流	供应链相关各省制造商、客户、供应商和分销商之间的双向信息流	敏捷性、质量、产率
DFSCM	面向供应链管理的设计：设计产品以利用和加强供应链	供应链管理活动和设计工程师活动之间的双向信息流	质量、敏捷性、可持续性、质量
CPI	持续流程优化：一组持续的工程和管理活动，用于选择、定制、实施和评估生产的过程	从实时制造系统到过程设计活动的信息流	质量、可持续性、生产率
CCX	持续调试：生产系统的诊断、预测和性能改进的持续过程	生产工程活动与生产经营活动的双向信息流	生产率、敏捷性、可持续性、质量
DFMA	面向制造和装配的设计：为便于制造的零件设计和为便于装配的产品设计	从生产工程、运营活动到产品设计活动的信息流	生产率、敏捷性
FMS、RMS	柔性制造系统、可重构制造系统机器是灵活的，可以被配置或在不改变过程的情况下产生变化的体积和或新的产品类型	从制造工程活动到制造生产工程活动的信息流	敏捷性
Manufacturing pyramid	由ERP、MOM和车间（层）制造系统的层级化	ERP、MOM活动和控制系统之间的信息流	质量、敏捷性、生产率、产率和可持续性
Fast Innovation cycle	通过从产品使用中收集的数据和产品构思的反馈的现有流速预测来快速改进新产品导入（NPI）周期	从产品使用到产品设计的信息流	质量、敏捷性

智能制造 三链模型：产品链、价值链、资产链

产品链　　　　　价值链　　　　　资产生命周期管理

产品企业生命周期管理　产品订单　　生产计划　　系统设计　建造　授权　运行及维护　退役　处置与回收

模拟　　企业资源计划　　物资及供应　　配送　客户支持

产品设计　　CAM　工艺规则　　生产工程　　MES　制造　QMS　　CRM　APM　MRO

CAX：计算机辅助管理
CAM：
MES：制造企业生产过程执行系统
QMS：质量管理体系
SCM：供应链管理
CRM：客户关系管理
APM：应用绩效管理
MRO：维护、修理与操作
CPS：信息物理系统

信息物理系统

工业4.0垂直集成、水平集成、端到端的数字化开发、人机互动创新，其中供应链是任何发展和管理

通过水平集成、建立跨公司的价值链的网络

跨越产品和相关系统的整个价值链上的数字化端到端的开发

柔性的、可配置的制造系统的搭建、实施和重直集成

更多的人机互动，更多的由员工驱动的创造性活动（员工2.0）

公司1　公司2　公司3　公司4

价值链

物流
资金流
信息流

图1-3-5　第四次工业革命和供应链数字化转型的蓝图

目前汽车的流水线生产方式　　　　　　未来汽车的高度柔性的动态生产方式

来源：宝马 7 系的总装线　　　　　　　来源：Fraunhofer–Gesellschaft

图 1-3-6　德国汽车工业的生产方式变革

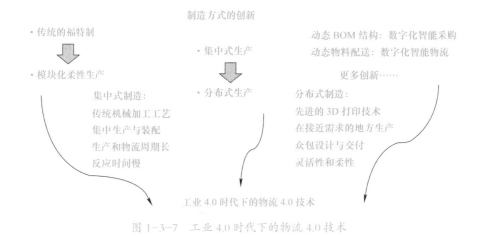

图 1-3-7　工业 4.0 时代下的物流 4.0 技术

（四）提高供应链的竞争力和国家战略的需要

我国目前非常重视数字经济下的各领域数字化转型发展。其原因有三大方面：一是宏观经济增长放缓，这对全行业都有影响；二是市场竞争非常激烈，哪个行业赚钱哪个行业马上就会有大量公司涌入；三是用户的需求越来越高。怎样满足用户的个性化需求、给用户提供更好的体验，是所有企业面临的压力。我国企业数字化转型的原动力如图 1-3-8 所示。

图 1-3-8　我国企业数字化转型的原动力

任务分析

微课 1-3
数字化转型的
外部驱动力

苏宁易购与美团进行战略合作的案例展现了零售业通过数字化转型在服务上收获的成效。苏宁易购通过联手美团打造即时零售，打通了线上流量和线下门店边界；通过将其线下零售的三类服务复制到美团平台，借助美团即时配送的能力，提高配送服务水平；通过打造以"本地门店＋即时配送"为特征的即时零售新模式，提高了服务质量与客户满意度，受到了广大消费者的欢迎。具体来说，驱使零售业企业拓宽自己服务业态的原因主要有以下几个方面。

1. 消费者需求的变化

随着数字化技术的普及和互联网的快速发展，消费者的购物行为和需求发生了变化。消费者期望获得更加便捷、个性化和多样化的购物体验。拓宽服务业态可以满足消费者对于更多选择、更快速的交付和更优质的售后服务的需求。

2. 互联网平台的崛起

互联网平台（如美团、淘宝等）的崛起为零售业企业提供了新的合作机会和销售渠道。与互联网平台合作可以增加企业的曝光度和销售额，并借助平台的数字化能力提供更好的服务体验。数字化转型的驱动力之一是通过与互联网平台合作实现业务的扩展和创新。

3. 即时零售需求的增长

随着消费者对即时性购物体验的需求增加，零售业企业需要通过拓宽自身的服务业态来满足这一需求。例如，引入即时配送服务、在线预订、线上与线下融合等，使消费者能够以更快速、更灵活的方式购买商品。

4. 提升竞争力和市场份额的需要

零售业市场竞争激烈，拓宽服务业态可以帮助企业提升竞争力并争取更大的市场份额。通过提供更多元化的服务，企业能够吸引更多的消费者、增加销售额，并在竞争中脱颖而出。

5. 数字化转型的趋势

数字化转型已成为零售业的大趋势。拓宽服务业态是数字化转型的一部分，通过引入数字技术和创新业态，企业能够提高运营效率、降低成本、增加销售渠道，进一步适应市场的变化和需求。

这其中，消费者需求的变化、互联网平台的崛起与数字化转型的趋势均为外部驱动力，而即时零售需求的增长、提升竞争力和市场份额为内部驱动力。

因此，我们可以总结出企业数字化转型的必要性主要有以下几点：

（1）适应消费者行为和需求的变化

消费者对于便捷、个性化和多样化的购物体验的需求不断增加，数字化转型可以帮助企业满足这些变化的需求，提供更好的产品和服务。

（2）提升竞争力和市场份额

零售业市场竞争激烈，通过数字化转型，企业可以提高运营效率、降低成本，并在竞争中脱颖而出，争取更大的市场份额。

（3）拓展销售渠道和增加曝光度

数字化转型可以帮助企业开拓新的销售渠道，例如与互联网平台合作、线上与线下融合等，增加企业的曝光度和销售机会。

（4）实现业务的创新和扩展

通过数字化技术的引入，企业可以创新业务模式、提供新的产品和服务，满足不同的消费者需求，并实现业务的扩展和增长。

（5）提高运营效率和降低成本

数字化转型可以帮助企业优化供应链管理、库存管理等运营流程，提高效率并降低成本，提升企业的盈利能力。

（6）跟上行业趋势和变革

数字化转型已成为零售业的大趋势，跟上行业的数字化变革是企业生存和发展的必要条件，否则将面临被竞争对手领先和淘汰的风险。

数字化转型不仅是应对市场挑战的重要策略，也是推动企业持续发展和增长的关键因素。

素养园地

贵州省"十四五"数字经济发展规划

近年来，贵州省坚定不移地把大数据战略行动向纵深推进，抢占大数据发展先机，大胆创新，实现大数据"从无到有"跨越式发展，数字经济增速连续七年全国第一。

进入新时代，贵州省发展数字经济要实现"五个加快"。

加快数字产业创新，推动大数据电子信息产业发展壮大，加快打造数据中心、智能终端、数据应用三个千亿级主导产业集群，提升数字经济核心产业整体竞争力。

加快数字融合创新，推动数字经济与实体经济深度融合，创新培育数字化转型支撑服务生态，促进传统产业全方位、全链条数字化转型升级。

加快数字基建创新，打造面向全国的算力保障基地。建设全国一体化算力网络国家枢纽节点，着力构建"云算数网"融合与协同创新的数据算力服务体系。

加快数字治理创新，推动数字政府建设。着力构建全国领先的政务云平台支撑体系、全国领先的公共数据治理体系，打造一批全国知名数字化示范应用场景。

加快数字生态创新，营造数字经济发展的良好环境。围绕完善法规制度、提升数字技术创新能力、加快人才建设、强化数据安全、加强交流合作等深入探索创新，着力打造开放、健康、安全的数字生态，构建国内首选的大数据创业创新"试验田"。

自测题目见"电子资源包"。

任务四 探索新基建与数字化建设的关系

案例导入

贵州省全面发力，抢抓"新基建"机遇

近年来，贵州省深入推进"互联网+""万企融合""六网会战"等战略行动，新型基础设施建设不断取得突破，数据中心发展走在全国前列，后发动力强劲，在推动产业转型升级、

社会治理现代化等方面的作用日益凸显。

贵州省将新型基础设施建设作为迈向高质量发展的重要抓手，出台《贵州省"十四五"新型基础设施建设规划》，系统部署了包括算力枢纽节点创建、创新技术服务平台建设、新型网络基础设施部署、传统基础设施智能化升级、智慧应用基础设施普及、重大创新平台构建、可信安全基础设施构筑等七项重大行动，建立推进"新基建"省级厅际联席会议制度，统筹推进"新基建"各项工作。

贵州省以大型数据中心为重点，不断加快 5G、区块链等新型基础设施建设，着力构建现代化信息基础设施体系。

2022 年，围绕"数字新基建"，贵州省提出实施数字设施大提升行动，加快算力基础设施、融合基础设施、创新基础设施等建设，力争全年大数据领域投资达到 170 亿元。

2022 年 2 月，"东数西算"工程正式全面启动，贵州省成为全国 8 个获批建设全国一体化算力网络国家枢纽节点之一。作为算力枢纽，贵州省积极承接东部地区后台加工、存储分析、存储备份等非实时算力和实时性要求相对低的算力密集型业务需求，加快打通贵阳市连接珠三角、长三角的直连链路，形成与粤港澳、长三角等地区大数据中心集群的算力资源输送通道。

贵州省发展新基建的优势有哪些？

任务描述

在这个任务中，你需要学习"新基建"的相关知识和在"新基建"背景下的数字化供应链发展。以贵州省全力发展"新基建"为案例，你需要分析贵州省"新基建"的路径和成效，认识到建设数据中心、5G 基站这类"新基建"对加快发展数字经济、促进数字经济和实体经济深度融合、推进数字产业化和产业数字化的重要作用。

相关知识

一、"新基建"的诞生背景

2018 年，中央经济工作会议首次提出"新基建"的概念，即新型基础设施建设，它包括 5G、人工智能、物联网和工业互联网。2019 年，中共中央政治局会议进一步完善了"新基建"。2020 年召开的中共中央政治局常务委员会会议再次提出"新基建"，这次的"新基建"已经扩展到 7 个方向、7 个领域。

2020 年 4 月 28 日，国务院常务会议提出加快"新基建"，以市场投入为主，以"一业带百业"的方式，重新对"新基建"进行定位。国家发展与改革委员会也结合"新基建"提出，未来"新基建"和传统基建的区别及未来的发展方向，起到了承前启后的作用。

传统基建的重点是能够为我们生活、经济、文化所处的物理空间，布局以硬件为主的基础设施建设。我国从亚洲金融危机开始，就主要将传统基建定位在"铁公基"，即铁路、公路、水利等基础设施建设。过去 20 多年，特别是每到经济增长乏力的时候，基础设施建设都起到了巨大的经济拉动作用。

二、基础设施的内涵与外延

基础设施在社会经济各项活动中发挥着不可忽视的重要作用。有了基础设施，经济社会各项活动在效率、成本与便捷性上都能得到很大的提升。

"老基建"的外延主要包括交通路桥板块、钢铁板块、水泥板块、工程机械板块、房地产板块、信息技术板块和基建行业细分领域七大类。例如，建材、螺纹钢、玻璃、卫浴、厨电和家装等，多是铁路、机场、公路、港口、水利设施等建设项目。"新基建"的外延主要包括5G基站建设、特高压、城际高速铁路和城市轨道交通、新能源充电桩、大数据中心、人工智能与工业互联网七大领域。在政策、投资的双加持下，"新基建"发展空间将不断拓展。

三、基础设施的类型

第一类是物质流，即运送物流，如从甲地运送到乙地。

第二类是能量流，如管道、电网等。

物质流和能量流是工业基础设施的主体部分。

第三类是信息流。信息基础设施的目的之一是让信息流更加高效、更加方便、成本更低。

第四类是物质流、能量流、信息流。综合三者成为一个特定的目标，使相关的事物变得高效、便利、低成本，这就是工业和信息基础设施融合而成的新型基础设施。

四、基础设施的演进

从历史来看，基础设施的发展大体上经历了三个阶段，目前正走向第四个阶段。

秦始皇提出的"书同文、车同轨"的政策是农业社会基础设施形成和发展的基础。随着驿站、官道的出现，物质与信息得以传递。在当时的技术条件下，这些设施满足了一个国家管理和商业行为的需要。这是我国最早的农业社会基础设施。

晚清时期，詹天佑修建了铁路和早期公路，可以说这是中国工业基础设施的早期。

近年来，发达国家和发展中国家的基础设施建设在快速推进。工业基础设施的物质流和能量流相比从前有了很大提升，而以信息流为代表的信息基础设施的发展突飞猛进。

五、新基建：建设新型社会基础设施

新型社会基础设施让物质流、能量流、信息流围绕着事物进行融合和优化。《"新基建"发展白皮书》中列出"新基建"的7个领域，但是新型社会基础并不只有这7个领域，我们只是处在建设新型社会基础设施的探索阶段，这7个领域是根据当前的迫切需要提出的，而"新基建"应该有更恰当的表述。

要更准确地认识和把握"新基建"，可以从核心技术层和实践应用层两个层面入手。

（1）核心技术层

该层面包括5G、大数据、云计算、人工智能、物联网和区块链等前沿技术。

（2）实践应用层

该层面包括5G基站（见图1-4-1）、数据中心（见图1-4-2）建设等"新基建"，也包括对交通、能源、水利、电信、环保等现有基础设施的智能化、数字化改造升级，以及支撑科学研究、技术开发、产品研制的具有公益属性的基础设施等。

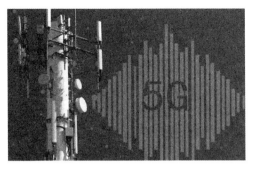
图 1-4-1　5G 基站

图 1-4-2　数据中心

（一）新型基础设施的特点

相关学者指出新型基础设施建设与传统基础设施建设相比具有六大典型特点。

（1）技术迭代

移动通信系统的演变：1G 是语音时代；2G 是文本时代，支持短信和彩信；3G 是图片时代，支持视频通话和移动互联网；4G 时代迎来了高清视频；现在 5G 时代已来，6G 研发已经开始启动。为应对移动通信迭代升级的变化，"新基建"必须是一个开放系统，并采取互联模式。

（2）软硬兼备

传统基础设施主要依靠物理空间，依靠飞机、火车、公路，以人员和物质为全虚对象。新型基础设施则以物品和数据为对象，既有硬件（包括传感器和高端芯片），又有软件操作系统（应用软件等）。

（3）数字驱动

数据是未来社会信息化、数字化发展的重要基础。随着经济社会的发展，过去的经济驱动逐步走向创新驱动，而创新驱动的一个重要标准则是数据驱动，它用来引领技术流、物质流、智能流、人才流和资金流。

（4）协同融合

"新基建"的网络是以感知、乘除、全虚、计算、应用为主的，它是线上与线下、互联网与物联网、数字化与智能化的协同融合。

（5）平台聚力

互联网强大的聚集能力使互联网平台型的企业和平台型的经济可以快速崛起，如搜索引擎平台、电子商务平台、工业互联网和云计算平台都产生了很多头部企业。

（6）价值赋能

"新基建"运用智能化、数字化和网络化技术提升供应链、产业链和价值链的水平，特别是对工业、交通、农业、医疗、能源、教育等领域赋能。

（二）企业的数字化转型与"新基建"

在"新基建"背景下，企业数字化转型的路径，如图 1-4-3 所示：

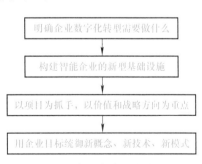

明确企业数字化转型需要做什么

↓

构建智能企业的新型基础设施

↓

以项目为抓手，以价值和战略方向为重点

↓

用企业目标统御新概念、新技术、新模式

图 1-4-3　企业数字化转型的路径

（三）全球视野下的"新基建"

"新基建"不仅在我国得到了广泛的重视，近年来，世界各国都在发力抢占技术高地、加快相关产业的布局，准备迎接新一轮的全球科技革命和产业变革。

例如，2020年3月，欧盟委员会发布的《欧洲新工业战略》中指出，欧洲未来会重点关注以下几个方面：首先，加大在人工智能、5G、数据和元数据分析等领域的研究和资金投入；其次，制定公共数据管理框架，允许企业创建、汇集和使用相关数据；最后，尽快开展6G网络的研究与资金投入，以期成为下一代通信技术的领跑者。图1-4-4展示了欧洲新工业战略的三大愿景与三大策略。

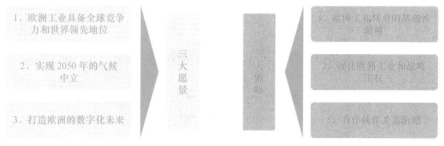

图1-4-4 欧洲新工业战略的三大愿景与三大策略

借助"一带一路"倡议，中国"新基建"的海外发展迎来了机遇。新基建涉及新能源设施以及数字化设施等，符合高质量共建"一带一路"对设施联通的要求。"一带一路"沿线国家整体技术水平相对薄弱。高质量共建"一带一路"需要推动沿线国家提升技术水平和实现产业升级，也要提升全要素生产率，而这些都离不开对"新基建"的投资。

在"一带一路"的"新基建"领域，中国的优势领域包括特高压、5G等。在部分优势领域，"中国标准"已经或正在成为世界标准。例如，由中国国家电网公司主导突破了高难度的特高压输电技术；中国的换流阀等特高压核心设备也有效应用于电力互联互通领域。由此，中国成为率先建立特高压完整技术标准体系的国家。在国际电力标准制定过程中，中国起到越来越重要的作用。

埃及《金字塔经济周刊》主编萨米亚表示，"新基建"的主要特点是以科技创新为驱动，这充分体现出中国以科技托举中国梦的强大决心和信心。

📋 任务分析

在贵州省全力发展"新基建"的案例中，通过分析数据和算力助力贵州省发展数字经济，获取数字经济与实体经济融合的战略性资源，建设与发展数据中心、5G基站、工业互联网平台。这些"新基建"项目，对贵州省产业的升级发展有重要意义。

1. 数据和算力

截至2023年5月初，作为贵州省大数据发展和科技创新的重要展示平台——贵阳大数据科创城，在已招引的487家企业中，大数据企业占比达到65%，"新基建"、数据要素、数字阅读等新赛道中的优质企业更是竞相落户。

作为国家基础性战略性资源和新型生产要素，数据要素市场处于潜在规模巨大、激活需求紧迫的关键发展期。

全国首个以大数据命名的交易所——贵阳大数据交易所，在全国率先探索数据流通交易价值和交易模式，加快数据确权，明确交易范围，拓展场景运用，形成更多可交易的数据产品，交易规模不断扩大，累计交易额已超 10 亿元。

近年来，贵州省加快推进"东数西算"工程，抓住"数据"和"算力"两个"牛鼻子"，优化数据中心建设，加强算力通道建设，强化算力资源调度，优化通算、智算、超算算力结构，不断提高综合算力水平，打造面向全国的算力保障基地。

2．数据中心

作为"新基建"的七大领域之一，数据中心是国家"新基建"战略规划中信息基础设施的重要组成部分，也是人工智能、工业互联网等领域的重要承载设施。数据资源的收集、存储、处理、应用等事宜都离不开大数据中心的支持。

贵州省被誉为"中国数谷""中国机房"，阿里巴巴、腾讯、华为、富士康、苹果、高通等 200 多个国内外知名企业项目落户贵州省，中国移动、联通、电信三大运营商也都早已将南方数据中心建在贵州省。

与东部一线城市相比，贵州省喀斯特地貌广布、地质结构稳定、水能充沛、煤炭资源丰富，还是"西电东送"的发源地。数据中心属于高能耗，近半的电力成本是设备散热产生的空调费。地方气候更是重要考量因素，贵州省夏季平均气温 24℃，空调不需要全年开机，具有低能耗优势，利于降低运营维护成本。

西部地区资源充裕，具备发展数据中心、承接东部算力需求的潜力，越来越多的数据中心落户贵州省。

作为全国首个大数据综合试验区，贵州省正在抢抓"东数西算"等政策机遇，进一步加快数字"新基建"。在贵安新区，超大型数据中心集群已初具规模，一批批优质企业纷至沓来。

3．5G 应用

近年来，贵州省加快推进大数据与实体经济深度融合。2022 年，贵州省新建 5G 基站 3.1 万个，累计建成 5G 基站 8.43 万个，5G 应用场景库入库项目 844 个。截至 2022 年，贵州省启动 5G 应用场景建设项目超 300 个，项目总投资超百亿元。

以中安科技集团工业化 4.0 大数据中心为例，得益于"5G+"的数字全连接，中安科技厂区的每一台机器运作、每一个人员操作、每一处角落情况，通过数据采集器都被"收纳"进系统里，让大数据中心屏幕上呈现出和工厂一模一样的"孪生兄弟"，让每台设备、每个步骤、每个材料都有精确数据。

"5G+"的应用让生产各个环节的效率得到很大提升。在 5G 技术的加持下，数据都"学会"了分析与汇总，客户下单后，从原材料到采购再到生产运输，实现了无缝衔接，围绕客户订单精准生产，产销对接效率上升了 30%。

4．工业互联网

工业互联网是数字化浪潮下工业体系和互联网体系深度融合的产物。国务院印发的《关于支持贵州在新时代西部大开发上闯新路的意见》（以下简称新国发 2 号文件）提出，贵州省要实施数字产业强链行动，推动在矿产、轻工、新材料、航天航空等产业领域建设国家级、行业级工业互联网平台，促进产业数字化转型。2022 年的贵州省政府工作报告中也提到，实施"万企融合"大赋能行动，加快工业互联网平台建设应用，带动 2000 户以上实体经济企业和大数据深度融合。

数字化重塑产业核心竞争力。近年来，贵州省加速布局工业互联网，在数字经济上抢新机，拓展以制造业为代表的工业经济增长新空间。在这个过程中，一大批制造企业受益于数字化赋能、赋值和赋智，整个产业链和价值链得到全方位改造升级。

对大多数制造业特别是流水线生产企业来说，生产效率和精准管理是提升自身竞争力的关键，而这一切都需要借助工业互联网来实现。以贵阳宏杰科技有限公司开发的"宏杰矩阵智能制造互联协同平台"为例，通过大数据设备监控平台，可帮助企业实时反馈生产进展，有效减少库存，缩短生产周期，进而提升生产效率。

微课 1-4
新基建带动产业
数字化创新

素养园地

新国发 2 号文件赋予贵州省重大机遇

2021 年春节前夕，习近平总书记视察贵州省，赋予贵州省"闯新路、开新局、抢新机、出新绩"的新目标、新定位。在 2022 年农历新年到来之际，新国发 2 号文件重磅出台。2022 年年初，国务院印发《关于支持贵州在新时代西部大开发上闯新路的意见》，这是推动贵州省以高质量发展统揽全局、围绕"四新"主攻"四化"的"施工图""任务书"。

新国发 2 号文件明确赋予贵州省"四区一高地"的战略定位。其中"四区"是指西部大开发综合改革示范区、巩固拓展脱贫攻坚成果样板区、数字经济发展创新区、生态文明建设先行区。"一高地"是指内陆开放型经济新高地。

具体来说，西部大开发综合改革示范区，就是要发挥改革的先导和突破作用，大胆试、大胆闯、主动改，解决深层次体制机制问题，激发各类市场主体的活力，增强高质量发展内生动力，保障和改善民生，为推进西部大开发形成新格局探索路径。

巩固拓展脱贫攻坚成果样板区，就是要推动巩固拓展脱贫攻坚成果同乡村振兴有效衔接，全面推进乡村产业、人才、文化、生态、组织振兴，加快农业农村现代化，走具有贵州特色的乡村振兴之路。

数字经济发展创新区，就是要深入实施数字经济战略，强化科技创新支撑，激活数据要素潜能，推动数字经济与实体经济融合发展，为产业转型升级和数字中国建设探索经验。

生态文明建设先行区，就是要坚持生态优先、绿色发展，筑牢长江、珠江上游生态安全屏障，科学推进石漠化综合治理，构建完善生态文明制度体系，不断做好"绿水青山就是金山银山"这篇大文章。

内陆开放型经济新高地，就是要统筹国内国际两个市场两种资源，统筹对外开放通道和平台载体建设，深入推动制度型开放，打造内陆开放型经济试验区升级版。

自测题目见"电子资源包"。

任务五　制定数字化供应链的协同与细分策略

◉ 案例导入

宝洁公司的供应链协同运作模式

宝洁公司是一家全球领先的消费品公司，拥有多个知名品牌，如宝洁、吉列、欧莱雅等。宝洁公司以其供应链协同运作的成功而闻名，其协同运作模式被广泛认为是供应链管理的最佳实践之一。

宝洁公司采用的供应链协同运作模式包括以下几个关键要素。

数据共享与可视化：宝洁公司与供应链伙伴建立了强大的信息技术平台，实现了供应链数据的共享与可视化。通过共享关键数据，包括需求预测、库存水平、销售数据等，宝洁公司和其供应链伙伴能够共同了解市场需求、协调生产计划和库存管理，以实现更精确的需求匹配和快速响应市场变化。

协同计划与合作：宝洁公司与其供应链伙伴之间建立了紧密的协同合作关系。它们共同制订计划，包括生产计划、物流计划和库存管理计划，以确保供应链的高效运作。供应链伙伴与宝洁公司紧密合作，共同应对市场需求的波动，优化供应链的灵活性和反应速度。

创新技术的应用：宝洁公司积极探索和应用创新技术，以进一步提升供应链的协同运作效果。例如，宝洁公司引入了物联网和大数据分析技术，通过传感器和智能设备收集数据，并利用数据分析提高实时的供应链可见性和预测能力。这使宝洁公司和供应链伙伴能够更好地协同工作，实现高效的供应链运作。

持续改进与学习：宝洁公司致力持续改进其供应链协同运作模式。宝洁公司通过数据分析和绩效评估来识别改进机会，并通过培训和知识共享来提升供应链团队的能力。宝洁公司注重学习和经验分享，不断优化供应链策略和实践。

宝洁公司的供应链协同运作模式充分体现了与合作伙伴的紧密合作、数据共享与整合、技术支持与创新，以及持续改进的核心原则。这种模式使宝洁公司能够实现供应链的高效运作、减少库存、提高产品可用性，并满足消费者对产品质量和可持续性的需求。

🗠 任务描述

在这个任务中，你需要知道如何制定供应链协同策略。以宝洁公司的供应链协同为例，你需要分析宝洁公司是如何制定供应链协同模式的。利用宝洁公司采用的供应链协同运作模式的关键要点，提炼制定供应链协同策略的基本步骤。

⦿ 相关知识

一、数字化供应链的协同策略

（一）供应链协同的定义

供应链协同是供应链管理的关键策略之一。在供应链管理中，供应链协同被定义为两个或两个以上的自主公司共同合作以计划和执行供应链运作。供应链协同是共赢的策略，它可以为供应链主体及其合作伙伴带来巨大的利益。当一个或多个公司或业务部门共同创造、互惠互利时，就被称为合作战略。供应链协同有两种主要类型：纵向协同和横向协同。纵向协同是指来自供应链不同级别或阶段的两个或多个组织共担职责、共享资源和绩效信息，以服务于相似的最终客户的协同。横向协同是指供应链中处于相同级别或阶段的两个或多个公司之间的组织关系，目的是使工作和合作更加轻松，以实现一个共同的目标。供应链协同有效地使供应链中的每个成员更好地满足客户的需求。

供应链协同的好处见表 1-5-1。

表 1-5-1 供应链协同的好处

序号	供应链协同的好处
1	较低的库存水平和较高的库存周转率
2	降低运输和仓储成本、降低缺货水平
3	缩短交货时间、改进客户服务指标
4	可看见客户需求和供应商绩效
5	更快地制定决策

数字化供应链协同大大提高了供应链的协同能力，极大地提高了对市场的反应速度。这为企业与它的合作伙伴以新的方式交流、实施新的战略提供了路径。图 1-5-1 所示为供应链协同模式。

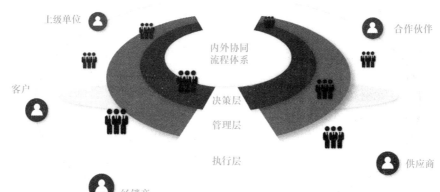

图 1-5-1 供应链协同模式

（二）经典的供应链协同

经典供应链协同的三个层次、水平及属性见表 1-5-2。

微课 1-5
经典的供应链协同

表 1-5-2 经典供应链协同的三个层次

协同层次	水平	属性
事务集成	初级协同	事务性
供应链管理信息共享	中级协同	战术性
战略协作	高级协同	战略性

不同层次供应链协同的范围和策略是不同的，产生的好处也是不同的。表 1-5-3 为不同层次供应链协同的传统方式与数字化方式的对比。

数字化供应链协同采用现代数字技术来达到比传统方式更有效的供应链协同。它通过电子手段（EDI、互联网、物联网）将供应链中的合作伙伴、人员、数据和系统连接在一起。数字化方式使供应商更容易通过自动化关键业务信息的双向交换、减少物料交付时间、简化补货技术和改进库存计划与可见性来实现业务增长。数字化供应链不仅能实现即时共享结构化信息，如需求预测、生产计划和订单，也可共享非结构化信息，如社交媒体数据、表单标签的趋势或简易信息整合等。

表 1-5-3 不同层次供应链协同的传统方式与数字化方式的对比

供应链协同	传统方式	数字化方式
事务集成	EDI 互联网 专有工具（系统、E-mail、电话等） 无系统连接	物联网连接所有事物 系统连接 数字化协同平台
供应链管理信息共享	EDI、互联网或专有工具 非实时信息交换 结构化信息 信息孤岛	物联网 数字化协同平台 实时信息交换 结构化信息 非结构化信息 半结构化信息 大数据
战略协作	与合作伙伴联合制定规划、设计流程，分享风险与回报 非实时 非智能认知的分析和预测	物联网实现网络扩展 数字化协同平台 人工智能、机器学习帮助提高预测的准确性、解决关键的供应链时间、提高整体生产能力、帮助计划协同、优化采购

（三）数字化供应链协同框架

供应链端到端的可见性对实现供应链协同极其重要。数字化供应链协同（数字供应网络协同）实际上是借助数字技术来实现协同的。提高供应链可见性和数字化成熟度是供应链领导者的重要任务，多企业协作能提高多层可视性，有助于组织达到更高的供应链成熟度。供应链中数字协同的主要驱动力见表 1-5-4。

表 1-5-4 供应链中数字协同的驱动力

供应链中数字协同的驱动力	描述
复杂性和不确定性	产品、销售渠道和相应的供应链的复杂性要求信息以高带宽快速流动。供应链参与方的各自为政、筒仓式管理系统、信息孤岛将使信息流通缓慢，并且难以协同

（续）

供应链中数字协同的驱动力	描述
业务的开发和响应速度	社交网络和协作工具以更有效的方式连接人、信息和公司资产。利用社交媒体可以帮助组织快速有效地获得有关市场定位、客户需求和产品接受度的反馈。这些信息甚至可能鼓励非传统的进入者以新的方式与客户互动，进入新市场
大数据	高度复杂的全球供应链将大量结构化和非结构化数据带入系统。问题不在于收集数据，而在于从中获取价值。因此，企业在大数据和分析项目中看到了做出更明智的商业决策的巨大潜力

一旦业务需求和协同类型已经确定，就可以建议供应链组织遵循一个结构化的过程来形成、启动和管理它们的协同区域。接下来介绍数字化供应链协同框架。

（1）建立发展愿景、战略和路线图

建立数字化供应链协同的发展愿景、战略和路线图，识别哪些供应商和合作伙伴是战略性合作关系、哪些是一般合作关系。采用数字技术制订可实施的协同计划。

（2）定义数字驱动程序和其他影响

需要确定、评估并将实现数字协同的驱动因素或主要工具纳入计划，并需要从一开始就这样做。数字驱动的例子包括社交媒体分析、大数据分析，以及云计算。

（3）设计过程与技术

提前设计和实现相关的支持流程和技术，以支持协作，包括角色、信息流、决策、数据安全和其他关键方面。

（4）定义转出和治理程序

合作计划的推出和整体治理程序必须是量身定制的。一些公司倾向于先从一些供应商和贸易伙伴开始，向它们学习，然后将项目推广到更广的领域。其他公司则专注于业务领域，在扩展之前，可以从中获益。

（5）确定关键绩效指标

还有一个关键方面是为所有相关方定义和衡量协作计划的关键绩效指标（见图1-5-2）。行为通常由测量的因素驱动，而主要用于评估事务性、战术性绩效的关键绩效指标同样会将相关方的注意力转移。当绩效指标反映关系的整体而不仅仅是事务元素时，它们可以极大地促进协作取得成功。

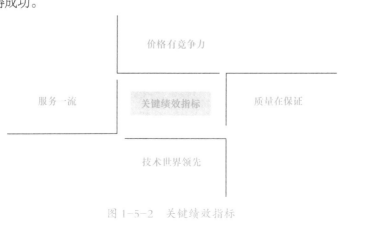

图 1-5-2 关键绩效指标

微课 1-6
数字化的供应链协
同——以宝钢为例

供应链协同仓解决方案

深圳准时达国际供应链管理有限公司（以下简称准时达）的供应链协同仓（Vendor Managed Inventory，VMI）解决方案是一个数字化供应链协同的典型案例。服务世界一流企业超 20 年的准时达打造的供应链协同仓，可以为客户提供直击痛点的解决方案，帮助企业降本增效。

准时达供应链协同仓，不仅实现原物料管理，还可实现成品配销。它应用数字技术，通过强大的预测和计划功能，实现销售与采购同步。这种模式使制造商和供应商达到双赢，详细分析如图 1-5-3 所示。

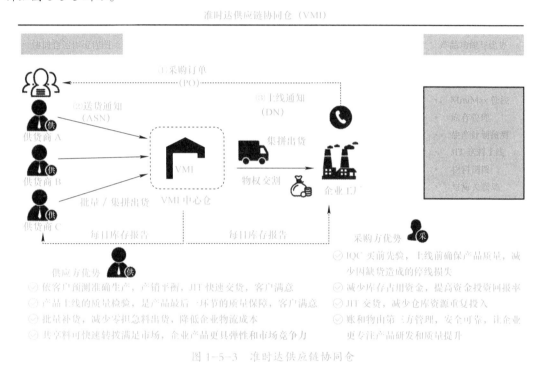

图 1-5-3　准时达供应链协同仓

准时达自主开发的 VMI 仓储系统可以依据产品的市场需求调查以及销售信息汇总，结合该产品在 VMI 的库存情况进行综合信息分析，判断产品零部件的用料需求，并实时推送给制造商及供应商，让他们能根据产销大数据的共同联动制订生产及采购计划。

二、数字化供应链的细分策略

如今的供应链，由于全球化、外包，以及库存和产品配置的快速发展而变得非常复杂。一些公司可能已经将供应链作为战略重点领域，但即使是非常成功的公司现在也面临着进一步削减成本的巨大压力：用更少的钱做更多的事情。如今，客户的要求比以往任何时候都高：更多的定制、更好的服务和更亲密的关系。

（一）制定差异化细分战略

未来，成功属于能够将其供应链与客户细分市场的特定需求相匹配的公司。供应链细分的优点有很多，现在很少有人不同意它的基本原理。高产量、低变动性市场段背后的供应链可能是为提高效率而设计的，而高产量、高变动性市场段背后的供应链可能是为提高灵活性和响应能力而设计的。图 1-5-4a 中的三角形指出了制定差异化细分战略的三个需要权衡的重点和聚焦的领域：敏捷性（Agility）、成本（Cost）和服务（Service）。图 1-5-4b 指出了四种不同的细分战略。

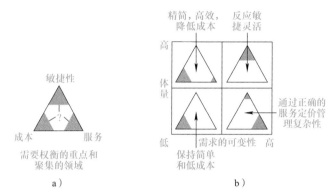

图 1-5-4 制定差异化细分战略

在数字经济时代，终端客户对供应链的影响已从最后一公里转移到开始的第一公里，这迫使供应链管理人员专注于提供差异化的客户体验。但提供这些不同的客户体验服务是困难的，因为传统的供应链采取"一刀切"的策略。

供应链细分（Supply Chain Segmentation，SCS）能提供差异化供应链解决方案，并拥有满足不同客户需求的能力。此能力是实现数字化供应链的基本能力之一。满足不同客户需求也是数字化供应链的一个重要策略。图 1-5-5 描述了传统供应链管理的"一刀切"策略向数字化供应链细分策略的变革。任何用于供应链细分的框架都必须考虑需求的不确定性、成本驱动因素、与客户的关系、客户价值主张和技术时钟速度（技术和产品在特定行业中的变化速度）。

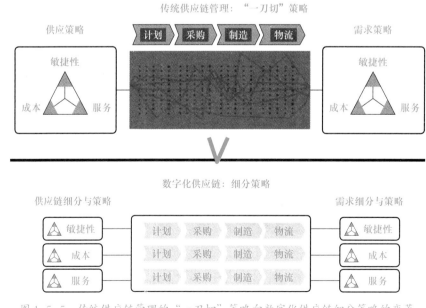

图 1-5-5 传统供应链管理的"一刀切"策略向数字化供应链细分策略的变革

要实现这一过程，首先要根据购买行为细分客户，然后为他们设计产品，并调整供应链策略以期在适当的时间向正确的客户提供合适的产品。为了在电子商务主导的世界中保持竞争力，企业必须不断调整供应链能力以满足客户需求。

供应链细分这个概念不一定是新的或不同的。企业的市场部门几十年来根据其人口概况划分客户和购买倾向。数字化现在迫使企业将这个原则运用于供应链。数字数据信号提供了必要的信息帮助企业发现并使用数据。这很可能将是企业生存发展的关键。如图 1-5-6 所示，数据从供应链中的许多节点流出。

销售点的 POS 系统　　物联网设备　　　产品属性　　　　客户反应

图 1-5-6　产生供应链数据的节点

所有供应链数据都需要清洗、整理和汇总。机器学习算法必须不断挖掘和连接多个系统中的各种数据源，以获得见解和建议。

数据处理是实施成功的供应链细分策略的基础。使用销售交易数据、社会数据、人口统计数据和其他数据，把客户分成各种同类群体。这部分的详细情况应告知产品设计师、服务提供者和供应链策略师。

除了客户细分，还有内部产品和供应细分、渠道反分割等。总之，供应链细分策略可以帮助数字供应网络的数字化供应链模块化和进行灵活的流程组合。集成供应链工程（如模块化供应链管理）能使供应链更敏捷，以适应不断变化的市场需求。数字化可以提高供应链细分的能力。

（二）供应链细分的挑战

供应链领导者必须充分了解在供应链细分过程中将要面临的挑战的范围和深度。低估挑战不仅会导致短期的失败，还会减少组织在未来的成功机会，有些公司甚至不会有第二次机会。供应链细分的挑战包括以下几个方面。

1）服务数据的详细成本特别难获取和合理化，而且一直在变化。尽管如此，在细分过程中，建立一个清晰的成本平衡图是第一步，也是基础性的一步，因此不能忽略该步骤。很少有公司能独立完成这项工作。

2）可能需要对客户、供应商和服务提供商的合同进行检查和重新谈判，包括支持新的细分战略所需的服务和条款。在许多情况下，对上述内容的修改还需要对操作流程本身进行重大变更。

3）围绕"一刀切"供应链设计的组织和团队结构将需要重组——在某些情况下，需要彻底重组。在某些情况下，公司可能面临严重的人才短缺；招聘和培训专业人员需要时间和持续的承诺。

4）仍然需要实施智能供应链细分战略，而在网络化供应链中，很少有公司曾经面临过规模化的变革管理。由于涉及成百上千的外部贸易伙伴和服务提供商，这项工作可能比许多公司管理者想象得复杂。

5）跨业务网络的业务协调需要最新和专门的信息系统，这些系统与公司购买和安装了几十年的企业系统截然不同。拥有深厚企业文化或对采取"旧"方式（如 ERP 或其他以企业为中心的软件系统）的机构有承诺的公司可能会发现，重新设置 IT 议程并转向新的基于网络的 IT 系统尤其具有挑战性。

（三）供应链细分的场景、案例及其策略

供应链细分的场景、案例及其策略见表 1-5-5。

表 1-5-5　供应链细分的场景、案例及其策略

场景、案例	细分策略
在分销计划中进行细分，并保持服务水平	按分销渠道细分： 现代渠道——服务水平高 电商渠道——服务水平高、竞争强、增长快 传统渠道——普通服务水平、折扣策略
某消费品制造商有四大分销渠道： 现代渠道（商场、超市、便利店） 传统零售渠道（北区、南区） 电商渠道 出口渠道	按服务不同优先级客户细分： 第一优先级 第三优先级 第一优先级 第二优先级
某零售商的业务需求是将有限库存分配到配送中心，首先满足电商渠道，其次满足现代渠道，最后满足传统零售渠道	制定分销方案时，往往需要精确分配有限库存资源，确保在资源短缺时，重要的客户和渠道能优先满足。有限库存分配： 电商渠道——第一优先级 现代渠道——第二优先级 传统零售渠道——第三优先级
按供应分配细分：供应是全局的，对于全球化企业来说，是在一个网络上，但也是有限的。按区域、级别、客户预留细分库存能在接到客户需求时更好地提供差异化服务	按供应分配细分： 库存预留可按照排名、比例、承诺预测量或者供应链中的级别的其他业务规则进行设定 遇到异常情况可对预留库存进行修改和重新安排 进行结构化的预留，以保障做出订单承诺时有足够的库存可用量
大卫·辛奇-利维（David Simchi-Levi）在《运营规则》一书中描述了其中一位学者的较早研究，该研究提出了一个良好的第一步，即着眼于需求不确定性和客户关系。这些维度确定了不同的客户群，每个客户群都需要不同的供应链策略。例如，当需求不确定性高且与客户关系松散时，应采取的供应策略必须不同于当需求不确定性低且与客户关系紧密时应采取的供应策略	戴尔推出的四种最基本的供应链： 按订单加工 按计划加工 按库存加工 按规范加工

不同类型企业的供应链细分策略都要根据其自身条件和情况而定，按照不同依据细分供应链有如下几种。

首先，按照产品类别来细分供应链。（见表 1-5-6）功能型产品生命周期较长，需求较

为稳定，需要一个成本效率型的供应链，以便长期、稳定地向消费者提供所需的产品；创新型产品生命周期较短，需求中含有较多不可预测的内容，需要一个敏捷响应型的供应链，以便对不可预测的需求及时做出反应。

表 1-5-6　按产品类别细分供应链

产品类别	特点	细分供应链
功能型产品	生命周期较长，需求较为稳定	成本效率型供应链
创新型产品	生命周期较短，需求难以预测	敏捷响应型供应链

其次，按产品的价值密度来细分供应链（见表 1-5-7）。产品的价值密度即产品货值与其自身重量或体积的比例。高价值密度的产品，运输费用占其货值的比例小，对物流成本比较不敏感，可以集中于大型工厂生产再分发至各地；低价值密度的产品则刚好相反，对物流成本比较敏感，更适合在分布式工厂生产，需要在各销售区域分别设厂供应。

表 1-5-7　按价值密度细分供应链

产品类别	特点	细分供应链
高价值密度产品	对物流成本比较不敏感	集中于大型工厂生产再分发至各地
低价值密度产品	对物流成本比较敏感	在各销售区域分别设厂供应

（四）跨供应链细分的协同效应

供应链细分中的一个重要挑战是利用跨供应链的协同效应来降低复杂性并实现规模经济。跨供应链细分可以在 5 个方面产生协同效应：采购、产品设计、制造、计划和订单履约，见表 1-5-8。

表 1-5-8　跨供应链细分的协同效应

协同效应类型	描述
采购	利用各个细分市场的销量来降低采购成本
产品设计	强调在所有供应链中使用标准组件，并减少产品组合
制造	要求整合尽可能多的制造基础设施
计划	需要一种方法来将制造能力分配给不同的部分，这就是销售和运营计划（S&OP）。它是一个应用于所有供应链部分的过程，用于调整需求、供应和库存，并根据实际和预测需求将生产能力分配给各个供应链
订单履约	IT 部门对按订单配置策略的传统 IT 基础架构进行全面的改造，根据不同客户的价值主张对客户类型进行细分，使公司可以简化其产品线并销售最受欢迎的配置，通过提高预测准确性降低成本并提高响应速度

任务分析

宝洁公司供应链协同的案例从数据、计划、合作、技术、改进与学习等方面展现了宝洁公司运作模式的要点。从这几个方面入手，我们可以总结出制定供应链协同策略的步骤如下：

1. 确定战略目标

在制定供应链协同策略前，需要明确组织的战略目标，并将其转化为可

微课 1-7
数字化供应链的细分策略和协同分析

衡量的目标。例如，提高供应链效率、减少库存风险、提高产品质量和可持续性等。

2. 识别关键合作伙伴

供应链中的每个环节都需要与组织建立紧密的合作伙伴关系，合作伙伴包括供应商、制造商、物流服务提供商和零售商等。需要识别关键的合作伙伴，并与其建立长期的合作伙伴关系，共同制定规划和目标。

3. 数据共享和整合

供应链协同需要共享和整合大量的销售数据、库存信息和市场需求数据等，以实现供需平衡和减少库存风险。需要确定数据共享和整合的方式，以确保数据的准确性、保密性和安全性。

4. 采用协同规划和协同执行方法

协同规划和协同执行是优化供应链的关键。需要与合作伙伴共同制订需求计划和产能规划，并确保供应链中各个环节的协同协作，以实现产品按时交付、库存控制和问题解决等。

5. 应用技术支持和创新解决方案

供应链协同需要应用信息技术和创新解决方案，例如先进的供应链管理系统、数据分析工具和物联网技术等，以实现供应链的可见性、可追踪和监控，并推动数字化创新。

6. 持续改进和学习

持续改进和学习是供应链协同的关键要素。需要通过数据分析和绩效评估识别改进机会，并通过培训和知识共享提升供应链团队的能力，注重学习和经验分享，不断优化供应链策略和实践。

素养园地

信息化时代，供应链协同平台建设的必要性

工业和信息化部表示，工业互联网在我国的发展虽然跟发达国家同时起步，但与发达国家相比，我国工业互联网的发展水平和现实基础还存在着很大差距。我国工业互联网产业支撑能力不足、核心技术和关键平台综合能力不强、标准体系不完善、企业数字化网络化水平有待提高，并且缺乏龙头企业引领，人才支撑和安全保障能力不足。

具体来看，在平台方面：一是工业控制系统、高端工业的软件等产业基础薄弱，平台数据采集、开发工具、应用服务等核心技术缺失；二是平台应用领域相对单一，缺乏第三方开发的群体，工业 App 数量与工业用户数量的双向迭代和良性发展尚需时日；三是缺乏龙头企业，难以形成资源汇聚效应。

因此，企业建设供应链协同平台显得尤为重要。供应链协同平台上各节点企业以信息共享为基础，以优化供应链绩效为目标进行协同决策。协同平台的建设不仅能够摆脱各节点企业单纯以自身利益最大化为目标分散地进行决策造成的供应链整体绩效低下，也克服了传统集成式供应链管理中由单一的决策制定者来主导决策带来的诸多障碍，从而实现"你中有我、我中有你"的紧密联系局面。将整个链上的节点企业看成一个有机联系的整体。

自测题目见"电子资源包"。

项目评价

任务的评价考核，采用多元评价方式，从自评、组内、组间、教师几个角度来评价，主要从团队协作、任务完成的完整性、方案质量、任务的逻辑性、专业知识的掌握和应用、方法和能力的提升几个方面进行评价，见表1。

表1 任务考核表

专业名称		班级		组别				
任务内容								
评价维度	评价项目	评估标准	分值	自评	组内	组间	教师	得分
知识	理解数字化供应链的基本概念和原理	能够准确解释数字化供应链管理的定义和重要性	10					
	熟悉供应链中的数字化转型案例分析	能够分析和比较不同行业和公司的数字化供应链转型成功案例	10					
	掌握数字化工具和技术在供应链中的应用	能够描述和应用物联网、大数据分析、云计算等技术在数字化供应链管理中的具体应用	10					
能力	规划和设计数字化供应链	能够制定和设计适合企业需求的数字化供应链战略和实施方案	10					
	应用数字化工具优化供应链运营	能够使用数字化工具和技术优化供应链的信息流、物流和资金流	20					
	分析和优化供应链成本与效率	能够分析供应链各环节的成本结构，提出优化建议并实施，以提升效率和降低成本	10					
素养	团队协作与沟通能力	能够有效协调团队资源，与团队成员和管理层沟通数字化供应链项目的进展和挑战	10					
	解决问题与决策能力	能够识别和解决数字化供应链实施过程中的问题，并能够做出明智的决策推动项目达成预期目标	10					
	自主学习与持续改进能力	能够在项目实施过程中及时学习新知识和技术，不断提升个人能力和团队执行力	10					

（注：总分值以100分制计，得分=自评10%+组内评10%+组间评10%+教师评70%）

Application
Chapter

应用篇

供应链客户与服务的数字化应用

学习目标

知识目标

- 了解建立客户画像的原因和以客户为中心的重要性
- 熟悉数字化时代下以客户为核心的可持续互动关系及其途径
- 掌握以客户为中心的数字化转型方法

技能目标

- 能够根据客户标签属性建立标签体系
- 能够以客户为中心分析数字化转型的关键点
- 能够通过洞察用户数据实现与用户的可持续互动

素养目标

- 通过对相关法律的学习，树立法律意识，尊重用户隐私
- 通过学习大数据伦理，培养遵守社会公序良俗、自觉维护市场秩序等素养

任务一 构建客户画像

任务导入

A电商公司（以下简称A公司）想要通过数据化手段建立客户画像，以便更好地了解客户需求和行为、提高销售额和客户满意度。随着"直播+"模式的快速发展，A公司开始通过直播进行流量的变现。因此，运营人员决定从公司直播账号数据入手建立客户画像。

任务分析

通过抖音直播后台数据查看客户的性别分布、年龄分布和地域分布，并根据客户画像分析客户的特征。

任务实施

运营人员通过抖音直播后台的"直播观众画像"功能模块查看 A 公司抖音直播账号的直播观众性别分布、年龄分布和地域分布，具体步骤如下。

第一步：直播观众性别分布

A 公司抖音账号的直播观众性别分布如图 2-1-1 所示。我们可以看到，在该抖音账号的直播观众中，女性占比为 72.12%。

第二步：直播观众年龄分布

A 公司抖音账号的直播观众年龄分布如图 2-1-2 所示。我们可以看到，在该抖音账号的直播观众中，25 ～ 30 岁的观众相对较多，占比达到了 33.9%。

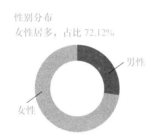

图 2-1-1　A 公司抖音账号的直播观众性别分布

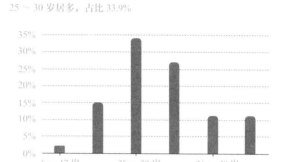

图 2-1-2　A 公司抖音账号的直播观众年龄分布

第三步：直播观众地域分布

在直播观众"地域分布"模块中，运营人员可以查看省或市的直播观众的占比情况。A 公司抖音账号的直播观众地域分布如图 2-1-3 所示。我们可以看到，该抖音账号的直播观众分布较多的城市有广州、上海、深圳、杭州、北京。其中，广州的直播观众占比达到 7.12%。

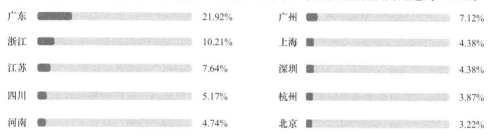

广东	21.92%	广州	7.12%
浙江	10.21%	上海	4.38%
江苏	7.64%	深圳	4.38%
四川	5.17%	杭州	3.87%
河南	4.74%	北京	3.22%

图 2-1-3　A 公司抖音账号的直播观众地域分布

第四步：直播观众画像分析

"商品列表"下方是"观众画像"数据，在这一模块会简单概括本场直播观众的性别、年龄、地域属性，以及观众的来源占比和趋势变化。

通过分析抖音直播账号的数据，A 公司更准确地了解了观众的特征，得以构建观众画像。这使 A 公司能够确定更有针对性的直播内容和产品推荐，从而提高观众的参与度和购买意愿、增强直播的变现效果。基于抖音直播账号数据，A 公司还将观众进行了细分，了解不同群体的兴趣和需求。这让 A 公司更精准地定位了不同观众群体，制定出了更有针对性的营销策略，使公司能够更好地利用直播渠道实现业务增长和变现目标。

海尔 U+ 大数据精准用户画像，让生活更智慧

在第五届中国电子信息博览会上，海尔率先发布了智慧家庭数据报告。通过智慧客厅、智慧厨房、智慧浴室、智慧卧室、智慧社区五大场景，揭示了客户的智能生活习惯和偏好：家庭热水器使用高峰出现在早晚两个时段；更多人喜欢预约 75℃ 的水温；洗衣机烘干功能使用频率并不高……如今，通过海量的大数据建立思维模型、知识云图、智能产品，为不同的客户画像，实现超越单向控制的交互与感知，让人们的想法和个性喜好得到贯彻执行。这也是海尔 U+ 智慧生活 3.0，即海尔 U+ 用全套智能家电解决方案开启的智慧化革命。未来，随着大数据功能的深入开发，智慧生态场景将得到持续的优化，最终让智慧家庭变得更加智慧。图 2-1-4 所示为海尔智慧家庭分布式协同。

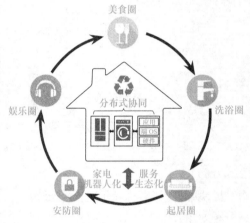

图 2-1-4　海尔智慧家庭分布式协同

例如，海尔的 SCRM（社会化客户关系管理系统）发现陈女士在 8 年前买过一台海尔波轮洗衣机，在一年前有过两次洗衣机维修记录，由此推断陈女士近期有购买洗衣机的需求。海尔的 SCRM 的 360 度会员视图进一步发现，陈女士收入水平中等，所住小区档次为 B（中端），平常关注健康类新闻比较多，为此 SCRM 平台为陈女士推送了免清洗洗衣机的产品信息。陈女士在海尔专卖店现场体验了免清洗洗衣机的功能之后，最终购买了这款洗衣机。

客户画像在海尔智慧家庭革命中起到了什么作用？

一、客户画像概述

（一）客户画像的定义

客户画像，即客户信息标签化，是指通过收集客户的消费习惯、社会属性、偏好特征等各个维度的数据，进而刻画客户的特征属性，并对这些特征进行分析、统计，挖掘潜在价值信息，

从而抽象出客户的信息全貌，如图 2-1-5 所示。通俗地说，客户画像就是给客户打标签，包括地域、偏好、性别、年龄、职业、收入来源等。结合标签特征，能在一定程度上理解客户的需求，提高市场竞争力。

图 2-1-5　客户画像

（二）客户标签体系

（1）客户标签分类

根据属性划分，客户标签可以分为个人自然属性、行为属性、社会属性等。根据行业划分，客户标签可以分为电商、教育、医疗等。由于客户标签种类繁多，因此标签体系的高效搭建已成为企业的迫切需求。

（2）标签体系的定义

标签体系是指对企业需要的多种标签进行分类，并对不同分类的标签属性进行定义的组织形态。

对客户信息的标签进行分类与属性定义，需要将相同或者相似的标签进行聚类归一，并在主要标签下把不同类型但具有一定业务逻辑与关联性的标签进一步分层，从而保证主要标签分类与核心业务目标对齐，其他分层标签作为辅助信息。

一套完整可行的标签体系能够赋能客户运营，让客户运营在不同阶段通过标签和客户数据的关联生成客户画像，从而有针对性地改善产品，实现全客户生命周期价值的增长。图 2-1-6 展示了用户标签体系构建的主要流程。

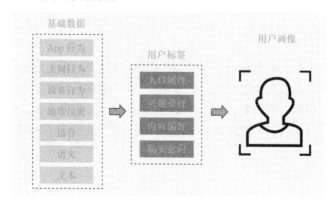

图 2-1-6　用户标签体系构建的主要流程

（3）客户标签体系的分类结构

如图 2-1-7 所示，根据生成方式，客户标签可分为事实标签、模型标签和策略标签。

图 2-1-7　客户标签体系的分类结构

事实标签是指从原始数据中提取的标签，如人口标签、会员标签、行为标签、交易标签、消费标签等。这些标签均是从客户在 App 中的注册、交易、点击等行为数据中抽取出来的，它们还可以进一步拆分出子标签。例如，交易标签侧重于交易偏好，如线上还是线下交易、支付工具是微信还是支付宝、充值与优惠券等黏性工具使用是否频繁；消费标签则更关注下单动因、消费兴趣、客单价、搭配偏好等。

模型标签是先设定一定的规则，然后经过分析处理得出的人为定义的虚拟标签。例如，某中年男性的到店消费记录显示，他工作日在写字楼长期吃快餐，周末在商场消费儿童游乐场团单，由此基本可断定他是一位有孩子的上班族。再如，对于旅游等低频业务产品，客户 3 个月未复访，则可以将其归为沉默或流失客户；对于外卖平台，客户 2 周或 1 个月未复访，则基本可以断定其已流失。

策略标签是根据具体的营销目的圈出特定人群来进行运营的工具。例如，剧本杀 App 七夕节的运营活动、电商平台在重阳节推出的家用电器运营活动，都需要圈出特定人群进行营销，此时"特定"需要多维度数据构建，以达到区别于事实标签且对业务有实际提升的效果。

二、建立客户画像的价值

建立客户画像的价值体现在能够决定产品定位、帮助优化产品体验及挖掘潜在客户三个方面。

（1）决定产品定位

产品的定位并不是一成不变的。一个产品刚开始一定是围绕着特定的客户需求来设计的，然而随着客户的增多，累积到一定的量，很有可能产生与最初预期完全不一致的客户偏好，这就会导致客户画像与预期的截然不同。这里可能有客户需求变化的原因，也可能有实际引爆的客户群体与预期不同的原因。无论是哪一种情况，在一段时间后重新分析客户画像都有助于及时调整产品定位。

（2）帮助优化产品体验

在海尔案例中，我们可以看出客户画像对产品优化的作用。根据海尔发布的智慧家庭数据报告，其中，智能洗衣机报告显示，我国的人们在洗衣过程中，羽绒、羊毛、桶自洁使用设备较多，但平均使用次数不多；童装使用设备不多，但使用次数相对较多；主洗时间主要为整数时间，如 10 分钟、3 分钟、5 分钟；个性化设定时间的，往往以自己定制的时间居多。洗衣机使用时间小于 5 分钟的样本较多，研判是因为操作不熟练导致总耗时小于 5 分钟的样本特别多，随着洗涤周期的增加，总耗时小于 5 分钟的样本急剧减少。这说明客户前期使用洗衣机是自学习的过程，需要增强客户的学习过程。通过记录客户洗涤习惯，未来能够研发更合理的洗护程序，让客户洗衣更干净、更节能、更便捷。

（3）挖掘潜在客户

图 2-1-8 所示是一个简易的客户行为数据漏斗，我们略去客户点击消费的环节，只研究收藏和分享的客户。按照图中的假设，在产品触达的客户中，有 35% 的客户进行了收藏，有 5% 的客户进行了分享。那么在这里，客户画像能够帮助我们做什么呢？

图 2-1-8　客户行为数据漏斗

客户画像可以让我们看到这 35% 进行了收藏的客户具有哪些特征，并从这些特征中总结出吸引客户的运营细节。以某个产品为例，客户点击特定的展示页面进来，其中做出收藏行为的主要是职业女性群体，但她们大部分并没有进一步分享，原因是什么？是否需要在分享环节设置一些适合这个群体的激励措施来促进她们分享产品？同样，可以根据客户画像分析 65% 未收藏客户的属性特征是什么，可能他们根本就不是潜在客户，或者设置的内容对他们来说吸引力不够。如果没有客户画像辅助，分析其原因将会变得困难。

三、金融投资者的画像

金融业以签约服务为基本特征，主要的交易都基于签约时开立或指定的金融账户。正因如此，金融业往往拥有相对准确的个人属性信息，以及基于金融账户的所有交易记录和行为信息。

动画 1-1
建立客户画像

随着金融电子化和数字化交易的发展，金融服务业积累了相对丰富的多渠道服务接触和交易信息。以证券公司为例，零售投资者在证券公司开立证券交易账户，通过证券公司提供的行情交易软件获得证券市场行情的实时动态并实现投资委托交易。投资者进行市场信息研究和交易记录查询的行为，可以通过系统记录的信息获得。

以个人投资者为例，画像的信息可以来自以下几个方面（见图 2-1-9）。

人口特征：投资者的年龄、职业、教育水平、地域分布等。

投资经验：从事投资的时间长短、专业知识和投资表现等。

接触方式：通过哪些渠道接触、获取、交流和分享投资信息。

投资品种：股票、期货、基金、理财、债券、金融衍生品等。

活跃程度：投资品种的交易活跃度、投资者个性相关的信息。

流失风险：投资者转换投资品种和金融服务提供商的可能性。

微课 2-1
客户用户画像
标签体系的建立

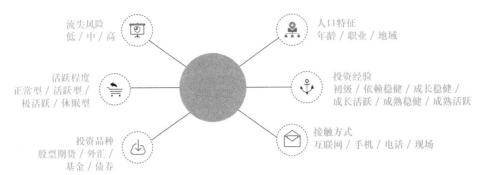

图 2-1-9　个人投资者客户画像应用的信息

素养园地

"大数据杀熟"政策出台

2022 年 7 月 21 日，上海市第十五届人民代表大会常务委员会第四十二次会议通过了《上海市消费者权益保护条例（修订）》，其中一条剑指"大数据杀熟"，即经营者不得通过自动化决策实行不合理的差别待遇。

事实上，该条款并不是首创。盘点近年来出炉的法律法规，无论是国家层面的《中华人民共和国个人信息保护法》《中华人民共和国消费者权益保护法》，还是 2021 年通过的《上海市数据条例》，均对"大数据杀熟"做出了限制性规定。有人说，这给大数据时代的消费者吃了定心丸，如果再碰到"价格歧视"类似的侵权风险，手里就有"尚方宝剑"护身了。

所谓"大数据杀熟"，从经济学的角度来看，是一场生产者利润与消费者剩余之间的博弈。电商通过算法挖掘消费者不同数据间的"化学反应"，揭示客户的消费能力、消费偏好、价格敏感度等隐性信息，描绘消费者"千人千面"的现实形象，从而实施差别定价。

科技向善，不是可有可无的个人情怀，而是必须履行的社会责任和法律义务。当然，立法不是"万能药"，不可能有了这个条款后，马上就能杜绝不合理的算法，但从监管目标上给互联网经营者发出警示，也让消费者有了敢于诉讼的法律依据。

在大数据时代，隐私不仅带来了全方位的社会变革，也带来了新的安全挑战，数据泄露、数据滥用、隐私安全等日渐成为明患隐忧。在这样的情况下，商家更要知法守法、践行社会主义核心价值观、维护社会主义法治，以个人道德与法律约束自身行为，为建设安全、健康的市场环境贡献力量。

自测题目见"电子资源包"。

任务二　通过客户洞察实现客户互动

任务导入

S 公司是某市一家线上与线下相结合的供应链服务公司，其主要客户覆盖大中型零售门店、社区便利店和中小团购客户。近年来，在电商对传统零售市场冲击巨大的前提下，S 公司大力进行数字化转型，并开辟了各类线上渠道。目前，S公司针对客户服务上线了业务员App系统，旨在实现客户服务、管理的数字化。

任务分析

S公司通过对历史数据、客户合同等数据进行分析，结合App日常对客户服务的追踪及拜访的管理，实现与客户有效沟通与交互，增加订单机会、减少风险产生。

任务实施

根据客户历史数据分析结果，结合业务员与客户的对接情况，制订客户拜访计划，并完成拜访任务和系统记录。

第一步：拜访计划

销售主管或经理根据数据分析及业务员管辖区域，制订拜访计划，其拜访路线管理界面如图2-2-1所示。

图2-2-1　拜访路线管理界面

第二步：计划执行

图2-2-2所示为业务员App端客户拜访管理提供的功能，包含今日拜访签到、检查内外广告、整理店内陈列、检查店内商品、给客户下订单、给客户下退货单等。

图2-2-2　业务员App拜访详细功能

"今日拜访签到"和"今日拜访签退"利用百度地图定位业务当前的位置，并上传当前的位置及操作时间。

"检查内外广告""整理店内陈列""检查店内商品"则需要业务员使用手机对店内拜访情况进行拍照上传。为了做到真实有效，手机端在上传时对每个图片都加了水印，水印记录了上传人和上传时间，同时只允许业务员拍照上传，而不允许业务员从手机相册上传图片。

第三步：数据反馈

业务主管在"销售"的"拜访统计"中查看业务员的拜访情况，检查业务员拜访任务的完成情况，其系统界面如图 2-2-3 所示。

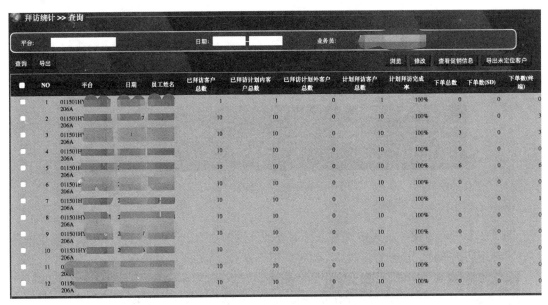

图 2-2-3　业务员拜访统计界面

其中一些指标的含义见表 2-2-1。

表 2-2-1　业务员系统指标的含义

指标	含义
计划拜访客户总数	当日拜访计划内客户总数
已拜访客户总数	当日有"今日进店签到"记录的客户总数
已拜访计划内客户总数	当日有"今日进店签到"记录的拜访计划内客户总数
已拜访计划外客户总数	当日有"今日进店签到"记录的非拜访计划内客户总数

选中一条记录单击"浏览"，查看客户拜访详情，如图 2-2-4 所示。

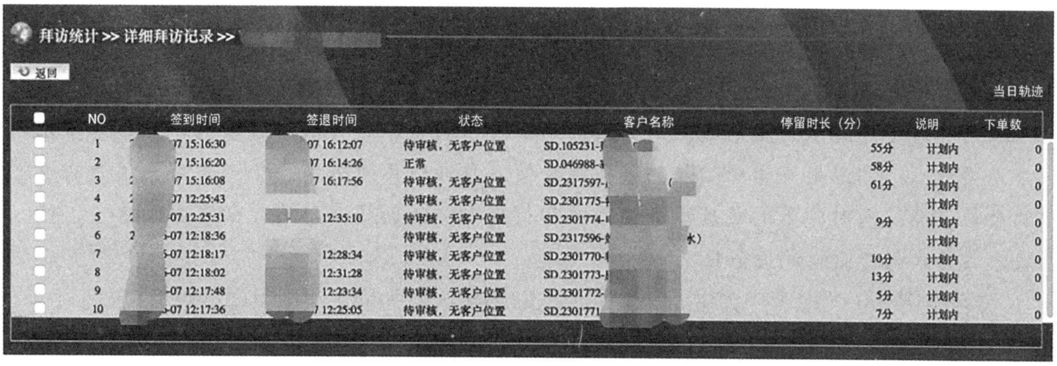

图 2-2-4　客户拜访详情

借助历史数据分析，公司能够更精准地制订拜访计划，确保业务员更有效地分配时间，集中资源在更有价值的客户上，提升业务员的工作效率。通过 App，业务员可以随时记录客户拜访情况、订单状态等信息，这些数据可以实时同步到公司的数据库中。这有助于及时了解市场动态，做出更准确的供应链调整。

该系统还可以促进内部团队的协作，业务员之间可以共享客户信息、拜访经验和销售技巧。这有助于提高团队的整体水平，并加强公司内部的知识传递。通过对 App 系统中的数据进行分析，公司能够更好地了解市场趋势、产品受欢迎程度等信息，从而为供应链调整、新产品开发等决策提供有力的支持。

学习标杆

海尔"以用户为中心"的实践

目前，我国已经进入了互联网时代，市场最核心的变化就是营销的碎片化。需求是个性化的，不再是流行什么产品让大家跟着走，而是每个人都有自己的个性化需求。在这个时代，海尔创始人张瑞敏提出颠覆三大观念：第一，颠覆用户观念，过去是先生产再销售，现在是先找用户，根据用户的需求去生产；第二，颠覆营销观念，从卖产品转变到卖服务，广告促销变成网络营销、口碑营销；第三，颠覆制造观念，现在是大规模定制，根据用户个性化需求制造。

在这种观念的指导下，海尔电器已经从传统的"以企业为中心卖产品"转变为"以用户为中心卖服务"，即用户驱动的"即需即供"模式。海尔电器战略定位于成为互联网时代虚实融合的综合渠道服务商。"虚网"即互联网，"实网"即营销、物流、服务网络。利用"虚网"了解用户需求，利用"实网"送达用户满意。为了适应互联网时代的发展，海尔集团还积极探索新的商业模式——"人单合一双赢"模式，将组织结构从"正三角"颠覆为"倒三角"，通过一线员工自创新、自驱动、自运转，主动获取用户需求，并以最快的速度满足用户需求。

除了在生产环节按照用户的需要定制产品外，在产品销售及售后环节，海尔同样提供了全方位及人性化的服务。在用户选择产品时，海尔销售人员向用户提供专业的指导意见；在用户选定产品后，海尔的设计师将根据用户房间的布局为客户提供多套设计方案，供用户参考。在用户购买产品后，海尔将免费为用户送货以及安装，届时会按照设计图上门施工，彻底解除用户的后顾之忧。如果以后用户产品出现使用问题，海尔服务人员都将风雨无阻地为用户上门服务。

产品质量是海尔的生命线，用户服务则是海尔的生命延长线。过硬的产品质量使用户用得放心。"以用户为中心"的服务观念使海尔倾听用户呼声，生产出符合用户需求的个性产品，同时完善的售后服务使用户用得安心，从而提高了海尔的客户忠诚度，使海尔成为家电行业的龙头企业。

结合案例分析"以客户为中心"的理念在数字化时代为何更彰显其重要性？

🔗 相关知识

一、数字化时代"以客户为中心"的必要性

（一）传统客户关系管理与数字化时代的"以客户为中心"

传统客户关系管理的重点在于收集和管理静态的客户数据，例如客户接触历史、购买信息，以及一些人口统计信息。客户数据的获取往往来自企业与客户的直接沟通，如销售过程。由于受到管理模式和技术的局限，传统企业的需求信息要通过销售部门层层上传。

在数字化时代，数字技术让企业能够直接且实时地触达消费者，消费者需求的信息流也能更快地在不同职能模块间流转。同时，大数据和人工智能等新兴技术能帮助企业实现对消费群体的精准洞察。数字化时代的"以客户为中心"要求更加全面地发掘客户深层次的需求，创造性地拓展服务领域和服务方式，全方位提升客户的消费体验。图2-2-5展示了数字化时代的"以客户为中心"。

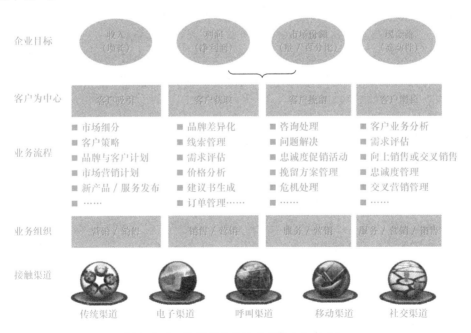

图 2-2-5　数字化时代的"以客户为中心"

（二）数字化转型强调"以客户为中心"

数字化时代比以往任何时候都需要"以客户中心"。

1）数字化能帮助企业实现更具黏性的客户绑定。通过多渠道收集客户数据，以及持续更新数据，再利用数字化技术与相关工具洞察数据，从而让企业与不断变化的客户偏好紧密结合，帮助企业优化流程、提升服务、改善产品，提高客户黏性和忠诚度。

2）数字化能深挖企业的"护城河"，稳定和开拓客户源。企业"护城河"的作用是可以防止竞争对手进入市场的壁垒，以保证公司能够稳定地开拓客户源。图 2-2-6 列举了企业"护城河"的三个优势。品牌、管理、低成本、知识产权、产品特性等因素都是企业"护城河"的主要来源。

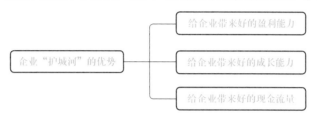

图 2-2-6　企业"护城河"的优势

近年来，一些专家和学者对传统的"护城河"理念提出了批判，他们认为企业的"护城河"应该是动态的，单一不变的"护城河"被攻破只是时间问题。企业必须拥抱数字化时代带来的变化，才能发展、深挖或是构筑自己新的"护城河"。

3）数字化能实现对消费需求变化的快速响应。数字化正在改造着人们的工作、生活环境，与此同时，客户的消费需求也在不断发生着变化。在数字化时代，企业间的角逐将会围绕谁的响应速度快、谁对客户洞察深来展开。企业距离用户越近，越能占据发展先机。

4）数字化为企业树立口碑、打造品牌增加了更多可能性。在数字经济环境下，品牌与消费者的连接变得更加容易，呈现出"短路径""可量化""多触点"的特点，这恰恰为品牌力的构建带来了全新的机遇与挑战，品牌必须重新审视数字化时代品牌建设的新模式。

5）数字化能让服务不只停留在销售流程，也能基于产品与消费者建立持续的强联系。数字化技术的应用为企业提供了与客户互动的多种机会。企业不再只是把产品卖给消费者，还需要关注后续客户的使用情况、客户是否会复购、是否还可以进一步改善产品和服务等问题，从而做好客户关系管理。企业还可以在收集的信息中挖掘其中的潜在价值，优化企业的决策和运营。

二、数字化时代以客户为核心的"可持续互动"的关系

在移动互联网的基础平台上，客户关系通过数字化技术，在营销领域体现出的强度、广度、内涵与手段都实现了重大的提升。技术的发展降低了企业与各类客户建立和维持关系的成本，数字化技术使信息的记录、创造、分析和分享更有可行性。

客户关系的对象从社会领域的主体，拓展到企业和信息的互动载体。客户在企业的协助下，与信息、人群和产品的结合更加紧密；客户与整个外部世界更加融为一体。在数字化时代，以客户为核心

微课 2-2
数字化背景下
的以客户为中心

动画 1-2
数字化环境下
的客户旅程

的关系网络是信息、企业，以及交互载体三位一体的动态结合。

（一）第一种关系

第一种关系可以是作为个体的消费者与具有相同利益需求或相近价值观和精神追求人群的关系，也可以是围绕客户需求的各类外部专家资源的关系，还可以是消费者与企业之间的关系。

如何主动引导和塑造企业在客户心中的形象是企业品牌建立的关键内容，也是关系建立的一种手段。在工业品营销领域中，越来越多的企业逐渐意识到以"企业形象"的身份与顾客以及其他利益相关者进行互动的重要性和必要性。

（二）第二种关系

第二种关系可以看成"客户与信息之间的关系"，包括为客户提供信息的内容和方式。

在移动互联网时代，企业不只需要为客户提供关于自身产品的各种功能和经济价值的信息，还需要为客户提供与其工作相关的专业知识或与生活方式相关的各种信息，这也可以看作企业为客户创造的无形价值，即"一切产品都可以内容化，一切内容都可以产品化"。在消费品行业，企业甚至通过提供生活方式和价值追求方式为客户提供各种信息。

（三）第三种关系

第三种关系是"客户与交互载体之间的关系"。客户与产品之间不只是购买、使用、消耗的过程，如果把以前的客户行为看作一条直线，那么数字化时代的客户轨迹会拉长，甚至弯曲。

在移动互联网时代，企业可以将产品的使用作为入口，在此基础上存储各种应用数据，为客户创造各种可能的社交场景。一些传统的产品也添加了数据存储功能和社交功能，从而在产品交易的基础上，丰富了社交价值，建立了品牌与客户的持续关系。

微课 2-3
以客户为中心
的数字化分析案例

素养园地

管理信息社会数据流的三个至高原则

在管理信息社会的数据流时，有美国学者提出应当建立法律和道德层面的三个至高原则。大数据技术深刻地改变了我们学习、生活的思维方式，除在技术和法律上对个人信息安全进行保护以外，更要推行大数据伦理原则。为了推进大数据伦理，以下三个原则应当是首先考虑的。

第一，应将隐私作为信息处理的规则，在大数据时代，隐私应作为管理个人信息流程的规则。了解隐私规则有助于我们在大数据时代保持个人信息的私密性。

第二，我们应认识到共享的个人信息仍应保持其"秘密性"。传统的观念认为隐私一直只是一种二元的状态，要么有、要么无，一旦信息被共享或者个人同意信息共享，就不存在隐私了。这种隐私的二元观念在大数据时代是十分危险的，会削弱人与人之间的信任感。在大数据时代，信息即使被公开或共享，也应该受到法律的保护，不能因为其已经被公开就不保护它，这也是个人信息和隐私相区别的要点所在。

第三，大数据时代的个人信息保护离不开透明度原则。透明度原则使各国政府、机构和个人都能正确地知情决策。数据的二次利用以及企业、政府对数据的共享使大数据时代的透明度原则更加重要。透明度原则可以防止机构的权力滥用，同时能鼓励个人分享更多的相关数据，从而使社会的大数据预测更为安全可靠。

在大数据时代，任何行业都需要建立自己的职业伦理规则、遵守社会公序良俗、自觉维护消费者利益。维护社会公序良俗，就是对社会的维护。人是社会的表现形式，社会是人的关系的综合体现。假如社会公序良俗不能被遵守，而是肆意践踏，最终损害的是个人的利益。

自测题目见"电子资源包"。

任务三　实现数字化客户连接与转化

◎ 任务导入

W 公司是一家为客户提供企业管理软件的研发、实施、营销、咨询、培训、服务等信息化服务的科技型公司。其主打产品在中国的开源管理软件行业有较高的知名度。目前，W 公司的软件已达到千万级的用户量，开源系统下载达到 200 多万次，已覆盖涉及制造业、服务业、金融业等 10 多个行业。

☑ 任务分析

W 公司经过多年的运营，拥有了一大批稳定的中小型企业用户。随着软件行业日趋将技术与运营融合，W 公司计划利用其现有的软件产品和稳定的客户基础，进一步拓展业务，实现数字化客户连接与转化。

◎ 任务实施

W 公司计划以客户为中心，通过数字化手段更好地连接现有客户、提升客户体验、促进客户转化，从而拓展业务增长。

第一步：客户连接

为实现数字化的客户连接，W 公司的举措，见表 2-3-1。

表 2-3-1　数字化的客户连接举措

举措	具体内容
洞察客户群体	通过在线 PV（页面浏览量），UV（网站独立访客）的统计，可以得出系统用户对产品的关注度，也可以对用户实行定向商品推送等策略。利用数据分析工具，深入了解客户的偏好、行为和需求，以便更好地定制产品和服务，确保连接的有效性
多渠道展示与演示	在公司网站、软件应用内，以及社交媒体等渠道展示软件服务的特点和优势，为客户提供在线演示和试用机会
个性化指导与培训	提供个性化的指导和培训，帮助客户更好地了解如何使用软件服务，从而最大化其价值
实时在线支持	设置在线支持渠道，如实时聊天、远程协助等，以便客户随时获得技术支持和疑问解答

第二步：客户转化

公司通过部分现有资源进行置换，例如公司原有软件业务的一些优惠、礼品等可通过平台实现，从而进行现客户的转化（见表2-3-2），达到业务"1+N"的拓展效果。

表 2-3-2 客户数字化转化举措

举措	具体内容
免费试用和示范	提供免费试用期或演示项目，让潜在客户深入体验软件服务的功能和效果
个性化定价方案	在企业官网、相关应用内采用不同定价方案以及灵活的包月/包年计划；降低初始门槛，为现有客户提供升级优惠，激励购买，实现业务"1+N"拓展效果
知识和技巧分享	创建在线知识库、培训视频等资源，帮助客户更好地理解和使用软件服务
客户案例分享	展示成功的客户案例，通过案例分享和社交媒体宣传，引起更多潜在客户的兴趣
定期反馈和改进	定期收集客户反馈，根据反馈结果持续改进软件服务，满足客户不断变化的需求

通过数字化的连接和转化策略，W公司提高了客户的购买意愿，从而提高转化率、增加销售额。有效的连接和个性化服务提高了客户忠诚度，减少了流失率，推动了长期合作。通过成功的案例分享、精准的数字化营销等举措，W公司的品牌得到了更多曝光，在目标客户中建立起了良好的声誉和认知。

通过数据分析，W公司更好地理解了客户需求和偏好，在优化产品研发、推广和服务策略时能将资源集中在切实有效的方向上，提高效率。持续监测和优化能帮助W公司更好地了解客户行为、趋势和反馈，从而支持更明智的业务决策、增加转化率、提高客户满意度和忠诚度，为W公司带来持续的收入流和长期的盈利机会。

> **学习标杆**
>
> ### CRM技术助力海尔与客户的零距离
>
> 海尔在发展过程中一直非常重视与客户的关系。随着客户关系管理硬件系统不断升级，海尔在客户关系管理的理念上也在不断创新。海尔的客户主要包括以下5类：跨国连锁公司、本土连锁公司、大商场、加盟专卖店和专营店。其中，销售额较大的为加盟专卖店和大商场，其销售额分别占海尔总销售额的1/3左右，但本土连锁公司的增长幅度飞速提高，尽管理论上海尔对每一个客户都一视同仁，但海尔仍需要将有限的资源向重点客户倾斜；为此海尔在总部设有大客户部，同时在全国42个工贸公司中都设有专人为大客户服务。
>
> 目前，海尔通过客户关系管理（Customer Relationship Management，简称CRM）技术实现了与客户的"零距离接触"，这使海尔产品在各个销售点的每日销售情况在系统中很快被查询出来。具体来说，客户可以通过海尔的CRM网络获得三种服务：网上财务对账、费用查询等在线账务服务，管理咨询、客户投诉服务，以及企业文化、产品推介、促销活动等网上信息服务。
>
> 端对端、与客户的零距离是海尔实施CRM的目的。"决胜在终端"，海尔认为，企业之间的竞争已经从过去直接的市场竞争转向客户竞争。海尔CRM联网系统就是要实现

端对端的零距离销售。传统的企业和商场是两个金字塔，企业基层员工和营销终端之间有无数职能造成的鸿沟，导致市场信息不能完全正确地传递，用户的需求也得不到最大满足。海尔已经实施的 ERP（企业资源计划）系统和正在实施的 CRM 系统都是要拆除影响信息同步沟通和准确传递的阻隔。ERP 是拆除企业内部各部门的"墙"，CRM 是拆除企业与客户之间的"墙"，从而达到快速获取客户订单、快速满足客户需求、缩短销售周期、降低销售成本的目的；使企业在最短的时间内了解客户在营销和使用产品过程中遇到的问题，帮助客户及时解决这些问题，从而大幅度提高销售业绩与客户满意度。

数字化如何改变企业与客户间连接与转化的方式？

相关知识

一、以客户为中心的数字化连接与转化

（一）以客户为中心的数字化连接

连接是指在对客户洞察的基础上，将企业的产品和服务（解决方案）与客户的需求连接在一起。

在有多种渠道可以选择的情况下，人们总是根据渠道特性和自己的渠道偏好做出选择。数字化连接以高效、便捷、低成本的特性对传统渠道连接的交易、营销、服务功能形成了替代效应，数字化用户在渠道选择上更具有主动性。

企业与客户连接的方式有很多种，在非数字化场景中通常采用面对面的连接方式，连接场所包括营业厅、商场、展示厅、茶馆等实体空间。

在数字化场景中，企业和客户之间通过数字化工具进行连接，如手机、笔记本电脑、平板电脑、AR（增强现实）、VR（虚拟现实）等，具体还可以细分为自助终端机（ATM）、短信、微信公众号、电话、微信小程序等。丰富多彩的数字化渠道能够让客户在不同的场景下，便捷地享受企业的产品和服务，大幅提升了客户的体验感。

微课 2-4
典型的数字化
用户转化模式

不同于非数字化场景，数字化场景的特点是企业与客户的所有行为都可以被记录下来，这些被记录下来的信息和数据成为实现客户生产经营的核心资产。

（二）以客户为中心的数字化转化

连接是融入数字化世界，获取有价值的产品、服务和内容的桥梁，而促进连接的客户产生有意义的转化行动才是更为重要的。从企业来看，这种转化促成了某种期望的客户行为的发生，或者促使客户的状态发生了变化、与客户完成了一次有意义的交易、与客户发生了一次有价值的互动。

市场营销学将这个过程形容为"漏斗"，意味着从吸引潜在客户到实现真正的转化的过程就像漏斗一样，从多到少、从假到真，最终筛选出真正的客户。图 2-3-1 所示为经典的营销漏斗模型。

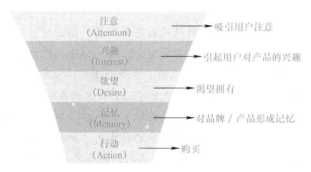

图 2-3-1 经典的营销漏斗模型

实现转化的方式有很多，数字化环境下常见的用户转化方式有免费、订阅、O2O（线上到线下的商业模式，是指将线下的商务机会与互联网结合，让互联网成为线下交易的平台）等。在以流量为王的互联网时代，企业通常先采取免费的方式来聚集人气，再以针对增值的、高级的服务收费的方式实现转化。

二、以客户为中心的数字化转型

数字化以广泛的连接和深入的触达作为最主要的特征，它更加全面地连接、触达并发掘了客户深层次的需求、重新细化拓展了客户群体，也重新定义了企业的业务，创造性地拓展了服务领域和服务方式，重新面向客户理清了其认知价值，弥补了自身业务价值主张与客户认知价值的偏差，从而赢得客户，与客户共同成长，实现企业的永续经营。接下来介绍在进行以客户为中心的数字化转型中企业应注意的要点。

（一）明晰企业的目标客户

以客户为中心的前提是，对谁是我们的客户、谁决定着企业未来的发展要有清晰的认知。衡量商品价值的前提是，它能够为客户提供什么样的价值。"以客户为中心"是很多企业的发展理念，落地践行以客户为中心、快速响应客户需求、实现客户全生命周期的数字化管理、为客户创造价值，是企业经营的终极目标，也是企业开展数字化转型的根本落脚点。因为企业存在的目的就是创造客户，为客户服务。因此，数字化转型必须以客户为中心，以客户的价值来衡量数字化的效益。

（二）目标要一致

跨部门合作是数字化转型成功的必要条件。不一致的目标和不同的事项优先级会使数字化转型计划和执行各行其道。

数字化转型是知识密集型项目，对人的能力要求特别高，传统命令和控制型的管理方式将无法有效发挥作用，需要各团队成员对"以客户为中心"的数字化战略目标达成共识，让每个人都清楚为什么要"以客户为中心"以及转型的必要性。

（三）将对竞争对手的注意力转移到客户身上

在市场竞争激烈的情况下，做到知己知彼，确实能够帮助企业获取更大的竞争优势。在过去几十年的市场经济中，研究和分析竞争对手是企业间竞争的主要手段。在数字化时代，打败企业的往往不是传统的竞争对手，而是来自其他行业的跨界打击。

在这个多变的时代，企业只有"以客户为中心"，将注意力更多地放在客户身上，留住并吸引更多的客户，才能在数字化的企业竞争中做到以不变应万变。

（四）更近距离地接近客户

在数字化时代，企业间的角逐将会围绕谁的响应速度快、谁距离用户越近、谁对客户洞察深、谁能占据发展先机展开。"以客户为中心"作为企业数字化转型的落脚点，其含义是从业务场景入手，围绕客户旅程植入触点、建立连接、触达客户、拉近与客户的距离、快速且动态精准地响应客户的需求，在此过程中定义、规范自身所需要的数据资产，沉淀相应的数据资产，打造数据银行，并对数据资产进行深入分析，提升对客户的洞察，以此不断调整和修正自身的业务组合，让整体的产品服务体系能够对客户的需求做出快速响应。

例如，以客户体验牵引整体客户服务流程体系的建设，以数据畅通来打通和优化企业内部的各项业务流程，以数据规则的确定性来应对结果的不确定性，基于此重新定义业务职责与角色，重新设计组织结构，重新设计满足客户体验的互动与交付方式等。

（五）以价值主张为导向

客户只为其认知的价值付费。数字化转型是对业务的重构。企业需要重新定义自身的价值主张，畅通价值的传递通道，弥补自身业务价值主张与客户认知价值的偏差，发挥价值主张的共情作用，让客户参与价值创造与传递的过程，让客户认同企业的价值主张，将企业的价值主张植入客户的心智中去，融入客户的工作、生活中，成为其工作、生活中不可或缺的一部分。其一方面是精准满足客户的已知需求，另一方面是创造新的价值主张引导客户需求，对焦客户的长期价值，实现客户的全生命周期数字化管理。

基于此，需要把为客户提供有效服务、为客户创造价值作为价值评价的标尺与工作的方向。倘若自身的价值主张无法准确传达给客户、无法被客户接受，乃至无法让客户成为其价值主张的认可者、宣传者、拥护者，也就难以让客户聚拢在企业的产品及服务周边、持续为企业贡献价值。

微课 2-5
数字化时代与
客户的全渠道连接

素养园地

消费升级与创新

消费既是生产的最终目的和动力，也是人民美好生活需要的直接体现。消费的重要性不言而喻。消费是保持经济平稳运行的利器。

在现代消费社会中，商品和服务不仅要满足人们基本生活的需要，还要满足人们发展和享受的需要。当前，我国居民消费已经从主要解决"有没有"转向实现"好不好"，消费呈现多元化、品质化、个性化、融合化等特征。要扩大消费，就要紧紧地把握消费升级和创新的大趋势，积极培育、壮大、形成一批消费新增长点，这样才能形成以点带面、可持续的消费增长格局。这要求企业贯彻以消费者、客户为中心的理念，并在当今的数字化背景下落实。

自测题目见"电子资源包"。

项目评价

任务的评价考核，采用多元评价方式，从自评、组内、组间、教师几个角度来评价，主要从团队协作、任务完成的完整性、方案质量、任务的逻辑性、专业知识的掌握和应用、方法和能力的提升几个方面进行评价，见表2。

表2 任务考核表

专业名称		班级		组别			
任务内容							
评价维度	评价项目	评估标准	分值	自评	组内	组间	教师	得分
知识	数字化供应链基础知识	能清晰解释数字化供应链的基本概念和原理	10					
	客户关系管理（CRM）系统原理	能准确描述CRM系统的功能和作用	10					
	供应链服务优化的数字化工具	能举例说明用于供应链服务优化的主要数字化工具	10					
能力	数字化工具应用能力	能有效应用相关数字化工具优化供应链服务	10					
	数据分析与处理能力	能够收集、分析和处理与供应链服务相关的数据	20					
	表达与沟通能力	能清晰地向小组成员和教师表达自己的观点和见解	10					
素养	团队合作	能积极参与小组讨论并与组员合作完成任务	10					
	学习态度	学习态度积极，主动查找相关资料并参与讨论	10					
	时间管理	能合理安排时间，按时完成任务	10					

（注：总分值以100分制计，得分＝自评10%＋组内评10%＋组间评10%＋教师评70%）

供应链需求计划的数字化应用

知识目标

● 了解需求预测的特点

● 掌握需求与供应预测的方法及其数字化技术运用

● 会使用数字化需求规划工具（如 ERP 和 SCM）及其在集成业务计划和韧性供应链中的应用

技能目标

● 能运用需求与供应预测方法进行相关预测

● 能自主设计在线调查问卷

● 能自主制定数字化韧性供应链对策

素养目标

● 具备制订科学合理、有效可行的计划的能力，提高统筹意识

● 增强合作精神，培养发展"数字经济"的意识和担当

● 提高在数字化供应链中的创新和实践能力

任务一 分析客户需求行为

任务导入

海尔启动三种战略以应对供应链体系的崩溃

2020 年，很多企业的生产经营面临中断风险，同时面临整个供应链体系的崩溃。海尔迅速启动了短期、中期和长期策略，恢复并重塑企业竞争力和产业供应链。

其中，海尔的长期策略是在变化的环境中实现 6 个方面的改变：第一，组织结构变革，即建立更灵活、更有弹性的网状结构，更好地适应时代变化。把小微作为平台上基本的创新单元，让大企业变小、小企业做大。例如，依托海尔卡奥斯平台（见图 3-1-1）、海尔工业智能研究院整

合资源，第一时间为山西某市提供了医疗口罩端到端全流程的解决方案，在48小时内完成了核心生产线、设备、原材料等生产资源的调配。第二，制造模式变革，即从单体工厂向超级工厂、互联网工厂发展，减少对人员的依赖，全流程强化用户参与。第三，管理模式变革，即从数字化转型到数字化重生。数字化重生是指用数字化重塑企业生产系统，让企业充满活力，其标志就是让企业成为开放的生态系统、持续发展。海尔过去几年的实践，就是搭建了小前台、大中台、稳后台的三台架构，把过去的条块分割、系统林立、信息割裂、数据孤岛、洞察滞后、交付迟缓等问题通过数字化颠覆，变成目前的三台架构。第四，激励体系变革，即从企业支持到用户支持，把付薪的权利交给用户。海尔的全员创客制，让每个人都拥有共同的价值，实现高分享下的高增值。第五，用户定义变革，即建立终身用户体系，提升用户的忠诚度。这就意味着消费者参与了生产销售全过程，最终变成终身用户。第六，品牌定义变革即通过建构供应链生态平台推动品牌的建立与发展，实现从产品品牌到生态品牌的转变。

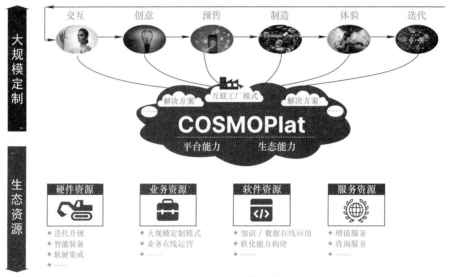

图 3-1-1　海尔卡奥斯平台

结合案例思考，数字化时代对供应链提出了哪些要求？数字化供应链具有哪些优势？

任务分析

在这个任务中，你要了解供应链的数字化应用。以海尔的长期战略为例，你需要了解海尔长期战略包含的6个方面的改变，分析其做出改变的原因，思考数字化时代对供应链提出了哪些要求？数字化供应链具有哪些优势？

任务实施

海尔集团的案例涉及企业敏捷应变能力、业务系统连接和管理数字化等多个环节，展示了数字化供应链转型的作用与方法。其通过重塑和改变，产生新的战略，以应对当下外部环境的冲击，保有良好的竞争力。

1. 企业敏捷应变能力

海尔通过外部环境分析，制定短期、中期和长期策略，恢复并重塑企业竞争力和产业供应链。

2．业务系统连接

海尔从单体工厂向超级工厂、互联网工厂发展，减少对人员的依赖，全流程强化用户参与，并通过全员创客制，让每个人都拥有共同的价值，实现高分享下的高增值。

3．管理数字化

海尔依托各平台进行数字化管理，在48小时内完成了核心生产线、设备、原材料等生产资源的调配。

综上所述，海尔通过数字化技术的应用，应对供应链危机，恢复并重塑企业竞争力和产业供应链。

相关知识

一、传统供应链面临的挑战

（1）预测与响应能力

供应链包括需求与供应两个方面的内容。一般来说，需求与供应具有两种形式，分别是to B（面对企业）与to C（面对消费者）。无论哪一种形式，都会面临需求快速变化与不确定性的挑战。

在需求预测方面，随着新品生命周期的急剧缩短，预测、库存控制和生产弹性都面临巨大的挑战。此外，产品更新迭代速度加快、消费者个性化需求日益增长，以及对数字化服务体验期望的提高等因素都迫使企业需要通过供应链管理促进企业间的协同与融合，提高供应链的敏捷性。在不确定、持续变化的外界环境下，企业需要对自身供应链和生态系统进行重塑以应对这些挑战，从而获得客户响应优势、客户个性化需求优势和成本优势。

（2）成本与风险控制能力

企业供应链至少影响了50%～75%的企业经营成本。随着顾客对产品质量和服务的期望值不断提高，产品的销售途径和形式越来越呈现多样化的趋势，供应链面临着降低成本和实现新的绩效水平两个方面的压力。如何以不损害未来业务增长和不降低企业敏捷性的方式来持续削减供应链成本是企业面临的难题。

此外，地震、洪灾、国际贸易争端等不可预测事件使全球贸易中断、企业停工停产、物流停滞、库存积压等，也暴露出精益生产原则下传统供应链的复杂性和脆弱性，导致其无法有效应对突发事件。企业需要重新评估其供应链风险并构建韧性供应链，有针对性地准备与规划以应对日益增加的不可预测事件，从而规避风险影响、稳定企业运营。

（3）数字化转型

随着物联网、区块链、人工智能、增强现实（AR）等新兴数字化技术的涌现与日益普及，企业正积极开拓新模式、新业务、新产品和新服务。在这一背景下，企业还需要重新审视并优化其供应链与运营能力，为企业数字化战略与转型助力。在持续保障盈利增长的背景下，供应链从传统的线性形态转变为网络化的复杂生态系统。这将导致企业从传统的成本关注转向智能化协作，从而建立端到端内外部供应链的全方面管理能力。

微课 3-1
当前供应链面临
的挑战

二、需求预测

(一)预测的定义与需求预测的特点

预测是指对目标值的未来进行预计。在供应链场景下,用户需求预测是核心的目标值。采购、仓间调拨、仓库人员配置、安全库存等决策都是建立在用户需求预测的基础上的。企业通过需求预测,能够降低运营成本,同时提高交付率设定目标。需求预测的特点如图3-1-2所示。

需求预测的特点
- 预测总是不准确的,所以有必要同时进行误差估计
- 预测的期限越长,预测的误差就越大
- 综合性的预测更准确
- 基于供应链终端销售量的协作预测能够帮助整个供应链降低预测的误差

图 3-1-2　需求预测的特点

(二)需求预测维度与方法

(1)常见的预测维度

根据需求预测的特点,企业可以从多个维度进行预测,然后相互验证,以使依据更加充分和全面,同时去除单元预测中的干扰因素,使最终预测的准确度更高。

由于行业不同、企业运营模式不同,可以组合的多元方式也会有差异。常见的预测维度见表3-1-1。需要注意的是,这几种方式要基于企业销售组织架构、销售规模、销售管理能力等条件进行选择和组合,多数企业并不需要太复杂的预测组合方式。

表 3-1-1　常见的预测维度

维度	具体内容
区域预测	各个销售区域周期性进行本区域销售预测,然后将预测信息统一汇总到相关部门。区域预测主要基于机会点信息和销售人员的定性把握。(这里的机会点信息是指销售人员收集并分析研究的影响推销环境变化的因素的信息和资料,从中发现销售机会出现的可能性和具体内容)区域预测的周期一般为1～3个月
客户群预测	客户群预测是从客户分类分群角度展开的预测,通过对从客户群角度归类的机会点信息、行业信息、政策变化、竞争态势、最终用户情况等多方面进行分析,输出客户群分析报告和客户群预测
渠道预测	渠道预测是从渠道角度进行的预测。对于多销售渠道企业,渠道往往是高于地域的分类维度,这时要分别进行各渠道下属各个区域的预测,然后按渠道进行汇总、加工和汇报
市场分析预测	市场分析预测的输出一般包括市场分析报告、中长期趋势预测和新产品预测。市场分析报告从宏观经济政治形势、技术分析、行业分析、竞争态势、最终客户分析等方面进行综合判断,描述未来市场发展趋势。中长期趋势预测是基于市场分析进行瞻望期至少一年的预测,前面几个月要按月度预测,后面几个月要按季度预测。新产品预测一般由产品部门负责,因为新产品尚未充分展开销售。最有资格做新产品预测的部门是产品部门,所以新产品预测也由产品部门负责
基线预测	基线预测主要依据历史数据,通过一定的预测模型进行预测,但是要考虑市场基本面分析、客户群分析、竞争分析和机会点信息

（2）统计中常见的预测方法

常用的预测方法可分为定性与定量两类。典型的几种预测方法包括销售人员意见综合法、专家意见综合法、时间序列法，如表3-1-2所示。

表 3-1-2 常见的预测方法

方法	具体内容	
销售人员意见综合法	这是一种自下而上的预测方法，由一线销售人员先对自己负责范围内的未来销量进行估计，再汇总所有销售人员的预测结果，形成总的销售预测。这是一种比较容易驾驭的预测方法，信息获得及时、准确，在短期预测精准度上有优势；不太适合做中长期预测，对于整体管理能力和执行能力偏弱的企业，这种方法容易沦为形式主义	
专家意见综合法	组织公司资深营销人员、市场部高层领导者对销量进行预测评估，又可细分为三种具体形式	集体意见法	组织专家以圆桌会议形式对销售形势和销量交换意见，通过讨论逐步达成共识，形成代表集体意见的预测。这种方法有集思广益的优势，也会受立场态度、时间紧促等因素的干扰
		个别意见综合法	由专家分别独立提出自己的预测方案，再汇总进行综合分析获得最终预测。在实操时，可以用权重公式综合多评委评分，得出最终分数。这种方式的不足是缺乏比较和控制，且数据分散度高，往往预测准确度并不高
		迭代式样专家意见法	在个别意见综合法的基础上扩展而来，具体做法是先获取各个专家分别的预测，进行汇总整理后，将预测结果再返回给每个专家，让他们依据预测结果再修正预测。如此迭代，直到每个专家的预测和假设趋向固定或基本一致时为止。这种方法因为经过了多轮修正，数据集中度高，预测准确性大大提高。这种方法适用于比较宏观的预测
时间序列法	是从历史数据推导未来数据的方法，具体做法是对历史销量或出货量数据按一定的时间顺序排成一个数字序列，然后预测未来的销量或出货量 假设影响销售的历史因素和影响未来的因素基本是一致的，并且销量变化是有一定时间规律的。这样从历史数据中可以识别出趋势、循环性、季节性、偶发性几种要素，进而通过要素组合分析发现数字变化的规律，消除偶然性，再采用平均方法进行预测：分别计算一段时间内每期（最常用的是月度）相对于上期的变化数量（或变化比例），然后求和后除以期数，就得出一个平均的每期增长幅度，那么由上一期的销售数据加上平均增长幅度，就得到下一期的销售预测。这种方法是最简单的平均法。如果用每期前面几期的平均变化幅度替代这期相对于上期的变化幅度，其他算法不变，就是移动平均法。如果在移动平均法基础上，赋予距离现在越远的变化幅度越小的权重、越近的变化幅度越大的权重，就是移动加权平均	

在预测实战中，单独运用上述任何一种预测方法都有其特定的片面性和局限性，所以最好综合运用各种预测方法，通过相互参照与校验，有助于提高预测可靠性。

三、计划预测管理数字化技术运用的作用

需求计划是基于历史订单、现有订单、市场情况、企业战略情况预测未来有多少需求。换句话说，就是从市场客户端角度，预测未来每个月、每周、每天销售多少。需求计划是所有计

划的源头，其重要性不言而喻。

计划预测管理是企业从战略到执行的重要环节，是企业决策和管理活动的总纲。传统计划预测管理之所以难以有效地推进实施，主要原因在于其执行过程中无法得到及时的监控、汇总、审核和推进。数字化的计划预测管理，不仅可以实现全员、全域、全时、全流程的数据监测，还可以在预测过程中根据实际运营情况进行滚动调整。因此，计划预测管理的数字化是企业决策和管理活动的核心，也是引领企业整体数字化转型的重要起点。

第一，构成企业数字孪生的重要内容。数字孪生是指所有企业经营活动都需要数字化，且都要被纳入一个完整的数字化运营体系中。计划预测和执行的全流程数字化不仅是数字孪生的重要组成部分，也是推动其他领域数字化转型的重要力量。

第二，提升企业敏捷应变能力。企业把算法与 AI 等新技术融入计划预测管理中，可以全面提升计划预测的科学性、准确性。具体操作包括基于算法结果优化企业的利润、成本目标管理；利用 AI 技术全面洞察计划执行情况，并对异常情况及时采取预防措施等。

第三，与业务系统保持连接。传统的计划预测管理往往只关注指标项的预算与预测，而指标项仅仅是企业经营活动的结果。要实现企业重要任务与年度指标计划的有机衔接，必须聚焦计划背后的驱动事项。在这一过程中，计划预测管理必须与企业的 CRM、SCM、ERP 等核心业务系统相衔接，并动态连接客户需求与销售预测、连接采购计划与供应商、构建数据驱动的计划和执行，从而提升资源调配的及时性和准确性。

第四，云技术助力计划预测管理数字化。基于云计算、微服务和互联网前端架构的快速发展和算力的不断提升，计划预测平台有机会首次开启为企业全员提供计划和预测的功能。

需求与供应预测是供应链计划的基础。为了生成准确的需求与供应预测，企业必须能够处理大量可能影响需求与供应的变量。在互联网时代，庞大的数据量以及预测的复杂性升级，导致传统的预测方法难以满足企业需求，因此大数据算法、机器学习、人工智能等新技术被逐步引入需求与供应预测领域。

大数据算法可以更好地应对大数据的挑战，系统可以在 1 分钟内进行数百万次的预测计算。

机器学习不仅可以增强需求预测的准确性，还可以使大量的工作自动化。

人工智能在接入企业内部数据的同时，可以结合外部数据，如天气、交通、搜索指数、大型活动和竞争对手定价数据等进行预测分析，从而提高预测结果的准确性。有数据显示，结合天气数据进行预测可以将单个产品销售预测误差降低 5% ～ 15%，将门店销售预测误差降低 40%。

微课 3-2
当代供应链的
需求预测

素养园地

我们常说的一叶知秋，是指通过观察当下的迹象，看到整个形势的发展趋势与结果。

世界上一切事物的存在和发展，都是绝对运动和相对静止的统一。唯物辩证法认为，事物都是一分为二的，要用全面的观点看问题，尊重客观规律与发挥主观能动性。在大数据时代，我们应该看到"大数据技术"的两面性：大数据的发展既可以推动经济的发展，又会带来负面影响，如威胁信息安全、暴露公民隐私。

事实上，数据和信任是并行且相关联的，获得数据最大价值的核心方法就是将数据提供给最需要的人。因此，需要推动采用数据伦理原则，加强公众信任和消解阻碍数据收集、共享和使用的力量，在道德准则、行业框架和政府法律法规之间取得更好的平衡。针对数据使用对不同群体的影响的研究表明，数据伦理问题涉及更广泛的主题及非常实际的社会问题，通过践行数据伦理有助于减轻无意中融入系统、政策和服务的负面影响和偏见，从而创造更公平的社会。

自测题目见"电子资源包"。

任务二　应用数字化工具和方法制订供应链需求计划

◎ 任务导入

华瑞集团实施 ERP 项目

华瑞集团成立于 1995 年，是一家集服装研发、生产、销售于一体的综合性企业。华瑞集团拥有多个知名服装品牌，产品包括男装、女装、童装等多个品类。经过多年的发展，华瑞集团在全国范围内拥有多家生产工厂、销售分公司和专卖店，员工总数超过 5000 人。

随着业务的不断扩张，华瑞集团在管理方面遇到了一系列问题：

1）各生产工厂和销售分公司使用不同的信息系统，数据难以整合和共享，导致集团无法及时、准确地掌握整体运营情况。

2）服装行业的流行趋势变化迅速，库存管理难度大，经常出现库存积压或缺货的情况，影响了销售和利润。

3）生产计划的制订缺乏有效的数据支持，导致生产效率低下，生产成本增加。

4）市场需求预测不准确，新品研发与市场需求脱节，影响了产品的市场竞争力。

为了解决这些问题，华瑞集团决定采用金蝶 ERP 系统。

在实施 ERP 项目的过程中，部分员工一开始对新系统的操作和改变不太适应，存在抵触情绪。但随着培训和实践的深入，他们逐渐认识到 ERP 系统带来的便利和优势。

从实施 ERP 项目的效果来看，ERP 系统为华瑞集团带来了诸多益处：

1）实现了集团内部数据的集中管理和共享，提高了信息的准确性和及时性，让管理层能够快速做出决策。

2）优化了库存管理，通过精确的需求预测和库存控制，降低了库存成本，减少了积压和缺货现象。

3）生产计划的制订更加科学合理，提高了生产效率，降低了生产成本。

4）基于市场数据的分析和预测，使新品研发更贴合市场需求，提升了产品的竞争力。

综上所述，ERP 项目的实施显著提升了华瑞集团的管理水平和运营效率，增强了企业的市场竞争力。

结合这个案例思考实施 ERP 项目能给企业带来哪些益处？

◎ 任务分析

在华瑞集团实施 ERP 项目的案例中，ERP 系统的引入为企业带来了显著的管理和运营效率提升，包括实现了集团内部数据的集中管理和共享，提高了信息的准确性和及时性；优化了库存管理；通过精准的需求预测和库存控制，降低了库存成本；科学合理地制订生产计划，提高了生产效率并降低了生产成本；基于市场数据的分析和预测使新品研发更贴合市场需求，提升了产品的市场竞争力。结合这一案例，可以清晰地看出 ERP 系统在数据整合、库存管理、生产计划制订和市场需求预测等方面为企业带来的益处。

⊘ 任务实施

在华瑞集团实施 ERP 项目的过程中，通过系统化的步骤和有针对性的措施，成功解决了管理中遇到的诸多问题，显著提升了企业的运营效率和市场竞争力。以下是关键步骤的梳理。

（1）需求分析与系统选择

首先，华瑞集团进行了全面的需求分析，了解了各生产工厂和销售分公司现有的信息系统，明确了库存管理、生产计划和市场需求预测等方面的问题。基于需求分析，选择了符合企业需求的金蝶 ERP 系统。

（2）项目规划与资源准备

制订了详细的 ERP 实施计划，包括时间节点和人员安排。同时，配置了所需的硬件、软件资源，并组建了项目实施团队。

（3）系统实施与测试

在各生产工厂和销售分公司安装并配置 ERP 系统，确保与现有业务流程的兼容性。进行了数据迁移和系统测试，确保系统能够正常运行并满足企业的需求。

（4）员工培训与变更管理

制订并实施详细的员工培训计划，帮助员工熟悉新系统的操作。通过有效的变更管理，管理员工对新系统的适应过程，解决抵触情绪，确保员工接受并使用 ERP 系统。

（5）系统上线与持续优化

逐步将 ERP 系统投入实际使用，监控系统运行情况，及时解决出现的问题。根据实际使用情况，对系统进行持续优化，确保其能够不断满足企业发展的需求。

通过以上关键步骤，华瑞集团成功实施了 ERP 系统，实现了数据整合与共享、优化库存管理、提高生产效率，以及新品研发更贴合市场需求等，显著提升了企业的管理水平和市场竞争力。

⊘ 相关知识

一、数字化需求采集方式

（一）在线问卷调查

（1）问卷调查的定义

问卷调查又被称为调查表，它是社会调查或市场调研的一种重要方式，即通过问问题的方式系统地记录调查内容。问卷调查的方式有很多种，如表格式、卡片式、询问式等。随着互联网的不断发展，现在最常用的方式为在线问卷调查。

（2）在线问卷调查的优势

在线问卷调查的优势包括以下几点。

1）在线问卷调查能够节省时间、人力和物力。

2）在线问卷调查的结果更容易量化。在线问卷调查是一种结构化的调查方式，调查的表现形式、提问的序列、给出的答案是固定不变的，没有过多的主观性问题，便于样本的量化。

3）在线问卷调查的结果更容易统计处理和分析。在受访者填写完问卷之后，系统会自动对样本进行数据回收，数据统计更加快捷、高效、准确。

4）在线问卷调查能够实现大规模调查。无论受访者是否认真、仔细回答问卷内容，调查者都可以从问卷中了解到大众的想法和态度。

（3）在线调查问卷的设计和实施

设计和实施在线调查问卷是收集客户需求信息的一种常用方法。以下是设计和实施在线调查问卷的一般步骤。

1）确定研究目的。明确收集的客户需求信息的目标和目的。这有助于指导问卷设计和问题选择。

2）定义目标受众。确定在线调查问卷的目标受众，即确定收集信息的客户群体。具体可以根据产品或服务的特性、市场细分和客户群体的特点来确定。例如，在供应链需求采集中，可以根据供应链的特点和市场细分，选择代表性的样本群体，也可以通过供应链数据库、行业协会成员、社交媒体群体等渠道获得样本。这一过程需要确保样本具有多样性和代表性，以反映不同参与者和环节的需求。

3）设计问卷结构。问卷的结构一般包括引言、背景信息、主要问题和结尾语。在设计时需要确保问卷结构简洁明了、问题顺序逻辑合理、语言通俗易懂。

4）编写问题。根据研究目的编写问卷的问题。问题可以包括单项选择、多项选择、开放式问题等。编写时需要确保问题具有明确的意思，避免歧义和误导。

5）添加逻辑跳转。根据回答选项的不同，设置逻辑跳转，以确保问题的连贯性和准确性。这样可以根据受访者的回答，自动跳转到相关的问题或部分。

6）进行测试和修订。在问卷正式发布之前，需要进行测试和修订。具体可以招募一些测试受众，进行问卷测试，以评估问卷的可用性、清晰度和逻辑性，并根据测试结果进行必要的修订。

7）选择在线调查工具。这些工具提供了简便的问卷设计、数据收集和分析功能。

8）发布问卷。将问卷链接通过电子邮件、社交媒体、网站或其他适当的渠道发布给目标受众。发布时需要确保问卷向受众提供足够的信息，并清楚解释调查的目的和匿名性。

9）收集和分析数据。根据问卷工具提供的功能，收集参与者的回答数据。在收集数据后，使用统计软件或数据分析工具进行数据分析和解读，并得出结论。

10）撰写报告和总结。根据收集的数据和分析结果，撰写报告和总结，概括并解释客户需求信息。这些报告可以为改进产品或服务、市场定位和客户满意度提供重要参考。

（二）社交媒体监测

（1）定义

社交媒体监测是指通过对社交媒体平台上的帖子、评论、分享、喜欢、转发等活动进行监测和分析，了解有关品牌、产品、事件或特定话题在社交媒体上的表现和影响的过程。通过社交媒体监测可以了解公众对特定主题的看法、情感倾向、趋势和互动程度。

（2）作用

社交媒体监测的作用见表 3-2-1。

表 3-2-1　社交媒体监测的作用

序号	作用
1	实时追踪和评估品牌声誉和形象，了解公众对品牌的态度和反馈
2	监测市场趋势和消费者行为，发现新话题和热门关注点
3	收集消费者的反馈和意见，了解产品的优点和改进点
4	发现并解决潜在的危机事件，防范负面舆情的扩散
5	发现关键意见倡导者和影响者，与他们进行合作和互动
6	追踪竞争对手的活动和策略，获取市场竞争情报

（3）步骤

1）确定监测目标。明确要监测和分析的产品或品牌，以及关注的特定需求和反馈。具体可以包括产品功能、质量、价格、服务、用户体验等方面。

2）选择合适的社交媒体平台。根据目标受众和产品特性，选择与目标受众密切相关的社交媒体平台，例如微博、小红书等。

3）设置关键词和话题。确定与产品或品牌相关的关键词和话题，包括产品名称、品牌名称、特定功能、竞争对手等。这些关键词和话题将用于监测和搜索相关的社交媒体内容。

4）使用社交媒体监测工具。利用专业的社交媒体监测工具，设置监测参数和过滤器，以便捕捉和收集与关键词和话题有关的社交媒体上的帖子和互动。

5）分析和解读数据。分析收集到的数据，了解消费者对产品或品牌的需求和反馈。这一过程可以使用情感分析工具来评估消费者的情感倾向，如正面、负面或中性。此外，还可以识别常见的关注点、问题和改进建议。

6）响应和参与。根据分析结果，及时回复消费者的反馈意见、解答问题、提供支持；同时，通过参与和产品或品牌相关的对话，了解消费者的需求，并适时进行产品改进和优化。

动画 1-3
同步计划

二、数字化需求规划工具

（一）企业资源计划（ERP）系统

（1）ERP 系统概述

ERP 系统是指建立在信息技术基础上，以系统化的管理思想为企业决策层及员工提供决策运行手段的管理平台。1990 年，ERP 系统由美国 Gartner Group 公司提出。ERP 系统集信息技术与先进的管理思想于一体，是现代企业的运行模式，反映时代对企业合理调配资源、最大化地创造社会财富的要求。当下，ERP 系统已经成为企业在信息时代生存、发展的基石。

ERP 系统把客户需求和企业内部的制造活动以及供应商的制造资源整合在一起，形成一个完整的供应链。

（2）ERP 系统在生产控制管理模块的应用

1）生产计划管理。ERP 系统在企业生产计划管理中的应用，可以实现对生产计划、生产调度、生产进度等方面的全面管理。ERP 系统可以实现生产计划的标准和优化，可以根据市场需求、生产能力和资源情况等因素进行优化和调整，提高生产效率和产品质量。

2）物流管理。ERP 系统在企业物流管理中的应用，可以实现对物流流程的控制和管理。ERP 系统可以实现对物流流程的全面管理，包括采购、仓储、运输、配送等环节，可以实现物流流程的优化和标准化，提高物流效率和降低成本。

3）质量管理。ERP 系统在企业生产质量管理中的应用，可以实现对产品质量和生产过程的全面管理。ERP 系统可以实现质量管理标准化和优化，可以实现对生产过程的全面控制和检测，提高产品质量和降低产品缺陷率，对产品反馈和质量追溯也更加便捷。

4）成本管理。ERP 系统在企业生产成本管理中的应用，可以实现对生产成本的实时监测和控制。ERP 系统可以实现对原材料、人工成本、设备维修等方面的管理和计算，在生产过程中实时监测成本情况，可以提高企业的运营效率和盈利情况。

5）在线销售管理。ERP 系统可以实现对在线销售的全面管理和控制。ERP 系统可以帮助企业建立销售渠道和客户数据库，实现对客户需求的全面掌控和满足，可以实现在线销售的标准化和规范化，提高企业的营销能力和竞争力。

ERP 系统在企业管理中有着重要的作用，帮助企业实现了对生产计划管理、物流管理、质量管理、成本管理和在线销售管理的全面控制和优化。通过 ERP 系统的应用，企业可以提高生产效率和质量、降低成本和风险、提高竞争力和盈利能力。

（二）供应链管理（SCM）系统

（1）供应链管理概述

供应链管理（Supply Chain Management，SCM）于 20 世纪 80 年代提出。受目前国际市场竞争激烈、经济及用户需求等不确定性的增加和技术的迅速革新等因素的影响，虽然 SCM 提出的时间不长，但已引起人们的广泛关注。SCM 系统能够随着发展和变化不断修正和强化计划的内容，直至计划执行的最后时刻。作为对 ERP 的补充，它进一步提供了智能决策支持信息，使企业能够评估供应链中的各个环节、事件和客户需求变化对企业的影响。

SCM 有多种不同的定义。在物流行业，SCM 是指从供应链整体目标出发，对供应链中采购、生产、销售各环节的商流、物流、信息流及资金流进行统一计划、组织、协调、控制的活动和过程。

（2）SCM 系统的主要功能模块

1）供应商管理。SCM 系统中供应商供货信息管理以购货价格为中心，对供应商供货业务资料的记录和控制信息进行了比较完善的管理，包括详细记录不同供应商、不同物料、不同数量段、不同币别的价格和折扣信息，以及进行业务传递、自动更新、数据分析，同时进行采购最高限价的控制和预警管理。

根据公司产品的生产特性，针对某些特殊的供应商，企业将生产线上的实际生产情况和产品的配置信息通过 SCM 系统传递给相关供应商，并要求供应商根据 SCM 系统依据产品的配置和上线顺序，将自己的货物排序后送到生产线旁，实现同步生产，有效降低供应链的库存。

2）仓储管理。SCM 系统中的仓储管理模块是指通过仓库对商品进行储存和保管。通过库存物品的入库、出库、移动和盘点等操作全面控制和管理企业的物流，以达到降低库存、减少资金占用、杜绝物料积压、避免物料短缺、提高客户服务水平、保证生产经营活动顺利进行的目的。

SCM 系统仓储管理模块提供的多层次管理包括：提供物料分类、分级管理；支持对库存物品进行批次、单件、保质期管理；支持分销模式下的内部订单调拨；能够确保最大或安全库存量，完成超限报警处理、积压或短缺统计；支持多种仓库盘点，提供存盈、盘亏调整处理；动态地查看各种物料库存、各类物品进出情况等。

3）协同采购。协调供应商和制造商之间的信息通信，提供多种信息查询服务，为供应商提供生产咨询，使供应商可以提早安排生产计划以配合供应需求。

4）生产计划查询。公司将生产计划发布到网上以便供应商查询，供应商可以随时看到最新的生产情况，然后根据公司的生产计划提早完成生产、送货等准备工作。这一步能够提高双方的作业效率和协作效率。

5）订单管理。公司将采购订单发布在网上，采购人员与供应商随时随地都可以利用网络进行相关作业处理。系统会对供应商的确认时间进行监控，若供应商未在规定时间内做出回复，系统会主动向相关人员示警，通知其进行处理，从而缩短采购订单的确认周期，提高双方的作业效率和协作效率。

6）运输管理。SCM 系统中运输管理模块是指利用计算机网络等现代化信息技术手段，对运输计划、工具、人员及过程进行追踪、调度、指挥等，对管理作业进行有效管理的人机系统。它以现代供应链和物流管理思想为基础，结合长远发展的需求，综合现代物流技术和 IT进行设计，为物流企业、制造企业、流通企业提供物流电子化方案，节约物流运输成本。最终目标是建设一个高度现代化的物流运输网络。运输任务是 SCM 系统的核心，SCM 系统通过运输任务中的订单接收、车辆调度、货物配载、运输状态跟踪等信息确定任务的执行状态。

7）财务管理。SCM 系统财务管理模块是在一定的整体目标下，关于投资、筹资和营运资金，以及利润分配的管理。财务管理是企业管理的一个组成部分，是根据相关制度处理财务关系的一项经济管理工作。简单地说，它是组织企业财务活动、处理财务关系的一项经济管理工作。

8）客户关系管理。SCM 系统客户关系管理模块能将来自多渠道的客户数据转换成单一、综合的客户视图，从而创建比以往任何时候都更迅速、更智能和更可盈利的营销活动；能为正确的客户选择正确的渠道，从而轻松优化同客户的交流方式。此外，它还能根据不同的客户领域来分配营销和销售资源。

9）综合查询。SCM 系统综合查询模块中的财务报表查询模块可将对账单、付款清单等资料通过互联网发送给供应商，供应商可以直接进行查询和下载使用。SCM 系统综合查询模块中的质量报表查询模块主要是对与质量有关的部分信息的统计汇总与计算，目的是统计有关质量问题的信息，以便及时发现问题，并采取相应的措施解决问题。

三、协同合作与信息共享

（一）供应商管理平台的功能

供应商管理平台是一种用于管理和协调供应商关系的工具，具备一系列功能，能优化供应链的效率并提高可见性。它的功能包括以下几个方面。

（1）供应商评估

供应商管理平台可以帮助企业对供应商进行评估和筛选，评估内容包括供应商的质量管理、交货能力、价格竞争力等。通过标准化的评估指标和流程，企业可以更加客观地评估供应商的综合能力，并选择最满足自己需求的供应商。

（2）合作伙伴协作

供应商管理平台提供了供应商和企业协作的平台，便于双方进行信息共享、沟通和协作。在平台上，供应商可以及时更新产品信息、库存情况和交货进度等，企业可以实时了解供应商的情况，并进行相应的调整和决策。

（3）供应链可见性

供应商管理平台可以提供供应链的可见性，使企业能够实时监控供应链的各个环节和关键指标。通过可视化的仪表盘和报告，企业可以了解供应链的供应情况、库存水平、交货准时率等关键信息，并识别潜在的风险和瓶颈。

（4）信息共享和协同决策

供应商管理平台促进了信息的共享和协同决策，使供应商和企业能够基于共同的数据和分析结果进行决策。通过共享销售预测、需求计划和库存数据等，供应商和企业可以更好地协调生产和供应，减少库存过剩和短缺的问题。

（二）协同规划、预测和补给

供应链是错综复杂的，供应链的业务活动不仅要跨越供应链通道（供应商、制造商、分销商、零售商和其他合作伙伴）的范畴，而且要跨越功能、文化和人员的范畴。为了协调供应链各节点、优化供应链管理，企业开始重新构思、重新定义和重新组织供应链合作伙伴关系和模式。为了建立新型合作伙伴关系，一种面向供应链的策略——协同规划、预测与补给（Collaborative Planning Forecasting and Replenishment，CPFR）应运而生。

（1）CPFR 的含义

CPFR 是一种协同式的供应链库存管理技术，它能同时降低销售商的库存量和增加供应商的销售额。它相当于供应链的成员之间在一个平台上共同按商量好的流程做事，例如库存预测、生产调度、物流运输等。

（2）CPFR 的指导性原则

1）以消费者为中心。合作伙伴框架结构和运作过程以消费者为中心，面向价值链。

2）共同参与。合作伙伴共同负责开发单一、共享的消费者需求预测系统，这个系统驱动整个价值链计划。

3）共担风险。合作伙伴均承诺共享预测结果，并在消除供应过程的约束上共担风险。

（3）CPFR 的流程步骤

CPFR（协同计划、预测和重补充）的流程步骤主要包括以下几个阶段：

计划阶段：

供应链伙伴达成协议：确立合作伙伴关系，制定共同的目标和责任。

创建联合业务计划：基于共同的目标，制订具体的业务计划。

预测阶段：

创建销售预测：利用历史销售数据、市场趋势等信息，进行销售预测。

识别销售预测的例外情况：分析预测数据，识别异常或需要特别关注的情况。

销售预测例外项目的解决／合作：针对预测中的异常或例外情况，进行合作和解决问题。

创建订单预测：基于销售预测，制定更具体的订单预测。

识别订单预测的例外情况：再次分析订单预测数据，识别异常。

订单预测例外项目的解决／合作：处理订单预测中的异常或例外情况。

补给阶段：

订单产生：根据需求预测和补货计划，产生具体的订单。

此外，CPFR 的实施还包括以下关键步骤：

确定实施目标：明确实施 CPFR 的目标和预期成果，如减少库存水平、提高订单交付率等。

建立合作伙伴关系：与供应商和零售商建立强大的合作伙伴关系，制定共同的目标、建立相互信任和透明度。

数据共享：共享相关的数据，包括销售数据、库存数据、预测数据等，通过建立共享平台或系统实现。

需求预测：基于共享的数据，进行需求预测，使用各种算法和工具如时间序列分析、回归分析等。

制订计划：根据需求预测结果，制订供应计划和补充计划，包括订单量、交货期、补充策略等。

执行计划：供应商根据计划进行生产和补充，零售商根据计划进行销售和补充，双方保持沟通，确保计划顺利完成。

素养园地

中国物流与采购联合会于 2023 年 5 月 8 日发布《国有企业采购操作规范（2023 版）》团体标准。新版团体标准为国有企业编制采购管理制度、规范采购行为提供了参照和依据，有助于进一步提高国有企业采购的规范化和专业化水平。

据介绍，《国有企业采购操作规范（2023 版）》团体标准，适用于国有企业的工程、货物和服务采购活动，结合国有企业数字化采购的发展方向，在 2019 版的基础上对采购通用流程、采购管理模式和采购方式进行了补充和完善，体现了国有企业采购管理向供应链管理转型的行业发展趋势。中国物流与采购联合会公共采购分会相关负责人介绍说，近年来国有企业数字化转型步伐明显加快，尤其是中央企业。作为一项推荐性行业标准，《国有企业采购操作规范（2023 版）》团体标准已从 2023 年 5 月 15 日起实施，并在中央企业和地方国有企业开展实施试点工作。

自测题目见"电子资源包"。

任务三 运用数字化技术制订集成业务计划

任务导入

Z公司隶属Y集团，主要从事团购供应链服务业务。其原有的业务模式主要依托现有的产品及供应链体系为客户提供产品服务，近期Z公司进行了整体业务的数字化重构，通过对整体业务需求进行详细分析，运用数字化技术搭建了以客户为核心的商品供应链平台。

任务分析

以Z公司数字化供应链平台为背景，了解供应链数字化转型的变化，从原有的产品导向转化为客户需求导向的平台服务模式的业务运作内容。

任务实施

Z公司的商品供应链平台是以供应链服务运营商为核心，为团购客户、供应商等建立一个以需求为核心的供应链服务业务集成平台。

第一步：整合数据源

Z公司作为供应链服务运营商，通过线上平台实现供应商的自助入驻。其供应商管理系统整合了供应商信息、商品数据、订单情况、采购竞价、询价、售后管理和对账发票等数据（见图3-3-2）。这一整合使过去分散的数据变得集中且易于访问，实现了供应链数据的统一化管理。

图 3-3-1 供应商入驻

图 3-3-2 供应商管理系统功能页面

第二步：集成业务数字化

平台提供强大的 API（应用程序编程接口）用于对接各类线上采购平台，匹配采购需求（见图 3-3-3）。此外，客户可以自助下单，运营商可以在后台下单；数字化流程提升了数据流转效率，使不同部门间的协作更加紧密，同时为服务商、供应商、客户提供了业务全程的可视化。

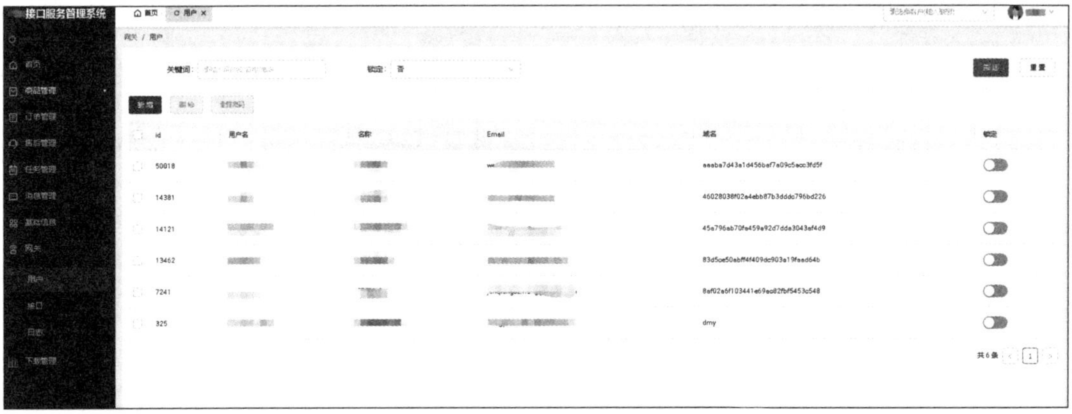

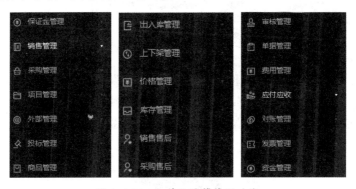

图 3-3-3　API 接口服务系统

第三步：系统功能实现的端到端服务

如图 3-3-4 所示，通过平台提供的各种系统功能，可以实现整个团购业务的端到端服务。客户可以直接向供应商进行询价，同时供应商可以依托平台进行招投标的竞价。订单确认后的发货、结算、售后等均可在平台实现一站式管理。

图 3-3-4　订单及结算管理功能

通过这一数字化重构，Z 公司获得了明显的成效。供应商入驻过程更加便捷，业务流程更加高效。API 对接提高了需求匹配的准确性。业务的可视化促进了各参与方之间的协作和沟通，提高了数据管理的透明度。可以看出数字化重构对提升供应链运营效率、提供更好的供应商和客户体验，以及实现业务全程可视化等方面的积极影响。这种集成业务数字化平台在当前的数字化潮流下，能够更好地满足市场需求、提高企业的竞争力。

华为集成供应链变革取得丰硕成果

华为在进行集成供应链（ISC）变革前，它的痛点在于：由于业务发展速度很快，同时预测的准确性比较差，生产计划很难准确，大量订单发生更改，导致整个订单交付不及时，生产的产能和采购也难以匹配，经常发错货，如果仅仅从供应链内部进行优化很难解决问题。由于从预测、计划到生产整条线并没有理顺，华为当时的及时齐套发货率非常低，只有20%～30%。存货周转率一年两次，计划和采购之间的矛盾非常突出；采购不能满足要求，采购方式很单一。

销售预测与运作计划是一体的，因此将两者集成起来才能更好地运营，华为深刻认识到这一问题。集成的表现是销售部门、生产部门、采购部门每个月都要开会，通过开会把供需和供货能力之间的差距找出来。这样做效果很好，通过开会讨论出措施弥补差距，进而满足客户需求，满足采购计划、发货计划和生产计划。

全球统一的订单管理和物流也是重点。华为以前的业务主要是在国内、比较简单，很多东西物流部门可以自己掌握，但在国外要通过大量的第三方、第四方物流才可以完成。华为采取的策略是把国际上最好的物流公司拉过来作为供应商，这样做比较可靠，能够使物流供应从深圳工厂到国外的整个物流有保障。

当然，也有当地的一些小的物流公司，通过外国企业在华常驻代表机构获得认证，负责从当地的海关到一些基站的站点运输，借此获得当地的运输能力。

经过一段时间的变革，集成供应链变革在华为取得了丰硕成果（见图3-3-5）。供应链计划实际上是公司整体计划的重要组成部分。华为每年都会做3～5年的业务规划，同时会做年度经营规划。供应链的计划是重要的支撑。在供应链主计划下可以进行分解，包括生产计划、产能规划、采购计划，从而形成完整的计划链条，保障公司业务发展。

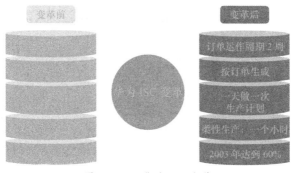

图3-3-5 华为ISC变革

计划来源于预测，同时要考虑平衡：华为的计划是18个月滚动计划，基本每个月要做一次滚动。前6个月的计划直接指导生产活动和采购计划，因此必须准确。计划支撑了整个公司的不同业务，也保证了生产物料及生产计划的准确。

供应链能力提升成为华为核心竞争力的一部分，有效支撑华为高速发展。目前，华为的供应链对外提出了"四个一"承诺：软件交付一分钟、打合同一分钟、订单发货一周、安装交付一周。这一切都是供应链对业务本身的承诺，也是对客户的承诺。

什么是集成供应链？供应链集成有什么好处？

🔗 **相关知识**

一、供应链集成业务计划概述

（一）集成业务计划概述

在数字化经济高速发展的当下，供需关系高频动态变化，企业面临客户需求差异性大、产品多、异常多的问题，为了实现客户交付，与交付相关的各功能部门之间的协同要求大幅度提高，过去那种关注生产环节和自身专业技能提升、通过简单接口进行协作的模式已不能满足需求。于是，必须围绕交付这个核心任务，重新审视传统生产运作模式，把生产、质量、计划、工程工艺、设备、采购、仓储等功能作为一个整体进行自上而下的运作设计，除了提高各自的专业性，各专业功能之间的协作、协同也变得更为重要。在组织关系上，需要有一个统一的组织对最终交付负责。

如图 3-3-6 所示，集成业务计划作为供应链的指挥中枢，贯穿企业内部的采购、制造、运输等多个业务系统，对接企业外部的客户和供应商，是端到端交付的纽带和控制中心。销售预测与运作计划是一体的，因此将两者集成起来，才能更好地运营。集成的表现是销售、生产、采购一起协同，找出需求和供货能力之间的差距，采取措施弥补差距，进而满足客户需求。

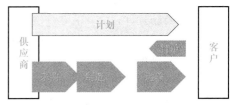

图 3-3-6　集成业务计划

当前我们处于一个以客户需求驱动、产业链上下协同的环境，在需求充满不确定性、易变性、供应网络复杂的背景下，谁能适应市场、快速地满足客户需求，谁就将站在时代的潮头。

（二）集成业务计划的意义

供应链计划范围非常广，销售计划、市场计划、产品计划、采购计划、生产计划、库存计划、物流计划、财务计划都与供应链运营密切相关。

随着时代的发展，专业化分工呈现越分越细的趋势，这意味着跨部门博弈的复杂性也越来越高。

企业需要面对的问题是如何把这么多的计划进行集成与整合，以协同不同的职能部门。

集成业务计划把销售、市场、研发、运营、物流、财务、人事和 IT 全部整合在同一个流程中。它自提出以来，一直都在自我迭代更新，并且随着最新商业模式的变化、供应链软件和硬件技术的发展，不断与时俱进。

集成业务计划作为领先的供应链管理理念被众多企业采用，以解决协同、整合与决策的问题。

二、数字化集成业务计划赋能韧性供应链

（一）当前供应链面临的挑战

全球经济呈现越来越多的不确定性，企业供应链正面临着前所未有的挑战。

（1）供应短缺与延迟

中国经济已经与全球经济深度融合，很多行业的关键原材料从国外进口。目前，这部分采

购普遍受到了不同程度的影响，原因可能是供应商自身的产能被缩减，或是需求暴涨而上游供不应求，或是物流遇到瓶颈。

（2）需求剧烈波动

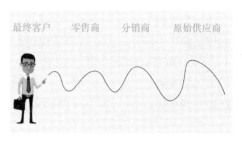

图 3-3-7　牛鞭效应

各类产品的需求因为外部环境的变化产生剧烈波动，波动的幅度大、频率高是新的趋势。同时，很多新兴业务模式也普遍放大了供应链的"牛鞭效应"。"牛鞭效应"是指由供应链下游需求的小变动引发的供应链上游需求变动逐级放大的现象。这种现象在图形上显现形状时如同挥舞的牛鞭，因此被称为"牛鞭效应"，如图 3-3-7 所示。

（3）过度转向

因为供应与需求的错配，不少产业发生了过度转向的问题，资源无法被合理利用。例如，作为口罩关键原料的熔喷布，价格经历了过山车式的起伏；电子和汽车行业的全球性"缺芯"，使几乎所有的公司加大了库存储备，而这带来的结果是进一步加剧了芯片短缺问题。

（4）业务决策更加困难

对负责供应链业务的管理层来说，面对纷繁复杂的外部环境，做出正确决策的难度也比以往更大。

（二）对策

为了应对以上挑战，打造数字化的韧性供应链是各行业领先企业的普遍举措，其中计划能力的建设尤为重要，计划是整个供应链的中枢神经和智慧大脑。企业所面临的问题是如何把众多计划进行集成与整合，以协同不同的职能部门。集成业务计划作为领先的供应链管理理念被众多企业运用以解决协同、整合与决策的问题。

集成业务计划从销售与运营计划发展而来，是一个为有效决策而设计的流程，它推动整个组织的所有职能协同、战略落地，并加强整个供应链之间的协作，从而赋予企业把握方向以及持续获得竞争优势的管理能力。通过集成业务计划，管理层可以在 24 个月或更长时间内计划和管理整个组织，每个月调整战略和战术计划，实现关键资源、人力、设备、成品库存、原材料、时间和资金的合理分配，在满足客户服务的同时最大化企业利润。

组织与绩效、流程、数字化平台是实现集成业务计划高效运作的三大基石。从数字化能力的角度来看，集成业务计划有九大潜在的提升领域。

（1）统一的计划数据

一般而言，计划有四个维度：计划层级，即计划的对象；计划展望期，即计划覆盖的未来时间跨度；计划时段，即计划的时间颗粒度；计划周期，即计划执行的周期性。显然，在这四个方面，不同职能部门的计划存在差异。要实现集成业务计划，必须有一套完整的数据包括所有类型的计划，既能够进行分解，也能够实现聚合。在这一架构中，数据的一致性是集成业务计划的基石。

（2）实时计划与场景模拟

协助实现供应链战略，并为企业战略的实际执行提供支持，是供应链计划的一项关键使命。不同的时段、不同的区域、不同的销售渠道、不同的产品线的策略往往是不同的。因此，在制订集成业务计划时，需要进行快速的业务场景模拟，分析在不同情境下的最佳业务抉择。

（3）计划流程建模

流程是集成业务计划的基石之一。但在许多企业中，计划流程往往仅停留在书面层面，仅记录每个流程节点的责任人、必须完成的时间、需要完成的任务等。对计划流程进行建模，并通过系统化手段执行，能够将流程进行高效的串接与固化。

（4）跨组织计划协同

集成业务计划需要不同职能部门的输入与输出，跨组织的结构化与非结构化数据的传递与互通变得至关重要。同时，这种协同不再局限于企业内部，很多企业的供应链管理已经延伸到上下游，与客户、经销商、供应商、代工厂建立计划的协同来协调需求和供应。数字化平台的建立可以使协同变得更加简便高效。

（5）基于网络的计划

越来越多企业的供应链结构变得网络化，多供应源、多工厂、多分销中心、多渠道带来的复杂性不断挑战着供应链运营。这就需要企业能够从全局的角度出发，对整个供应链网络进行需求、供应和库存计划，达到体系最优化。

（6）高级分析与可视化

需求、库存、产能等信息的可视化一直以来都是供应链管理领域的重要议题。在集成业务计划中，不仅要对过去和现在的数据进行可视化呈现，还需要通过计划清晰展现未来的情况。同时对数据进行细致分析，通过梳理出绩效指标的变化趋势判断供应链运营的表现，以及未来的改进措施。

（7）集成财务指标

传统的供应链管理注重数量，无论需求还是供应，往往以数量为主要平衡依据。然而，在集成业务计划中，财务评价往往成为最终业务决策的重要依据，因此必须将数量转化为涉及销售收入、毛利等财务指标的要素。如果没有数字化平台，在引入售价、成本等因素后，计划会变得极其复杂。

（8）加速计划周期

在数字化尚未普及之前，计划往往需要耗费大量时间用于数据收集、整理、流程串联，以及分析与决策，并且对于供需两端的变化，无法做出快速的响应。数字化能够显著加速计划周期，通过较高的计划频率应对风险和机遇。

（9）机器学习与人工智能

机器学习已不再是供应链专业人士的美好愿景，通过机器学习能够大幅提升集成业务计划的数字化能力、智能分析大量数据、精准捕捉市场需求、敏捷地做出业务决策。

微课 3-3
数字化推动集成
业务计划

如今挑战与机遇共生，利用数字化能力优化供应链计划流程，打造企业决策中枢和韧性供应链，进而提升差异化的核心竞争力，成为摆在企业面前的重要课题。

素养园地

根据唯物辩证法中因果联系的观点，一定的原因必然引起一定的结果，这要求人们应当根据现状和客观规律，预见事物发展的结果，进而统筹当下的行动。有了对结果的科学预见，才能正确指导具体行动，促使事物向人们期望的方向发展。

正如《礼记·中庸》中的"凡事预则立，不预则废"，如果只顾眼前的行动，不顾长远的结果，必然会给工作和日常生活带来危害。供应链管理也是如此，"预"字就是计划之意。供应链计划就是任何供应链行动（运营）开始之前的"预"。此处"预"字还有分析预测之意，供应链计划是建立在一定的需求预测之上的。供应链计划是企业供应链管理的核心职能，也是企业的核心竞争能力之一。

> 自测题目见"电子资源包"。

项目评价

任务的评价考核，采用多元评价方式，从自评、组内、组间、教师几个角度来评价，主要从团队协作、任务完成的完整性、方案质量、任务的逻辑性、专业知识的掌握和应用、方法和能力的提升几个方面进行评价，见表3。

表3　任务考核表

专业名称			班级		组别			
任务内容								
评价维度	评价项目	评估标准	分值	自评	组内	组间	教师	得分
知识	数字化供应链基本知识	能够清晰解释数字化供应链的基本概念及其重要性	10					
	供应链管理软件的应用	能够熟练使用至少一种供应链管理软件，并进行基础操作	10					
	数据分析与解读	能够对供应链数据进行基本的分析并解读分析结果	10					
能力	项目规划与管理能力	能够制订合理的项目计划并有效管理项目进程	10					
	解决问题的能力	能够识别供应链操作中的问题并提出解决方案	20					
	团队合作能力	能够积极参与团队工作并有效沟通协作	10					
素养	职业道德	遵守职业道德规范，在工作中表现出高度的责任感	10					
	创新意识	能够提出具有创造性的改进建议，推动供应链操作的优化	10					
	学习态度	积极主动地学习新知识和技能，保持持续改进的态度	10					

（注：总分值以100分制计，得分＝自评10%＋组内评10%＋组间评10%＋教师评70%）

项目四

供应链采购管理的数字化应用

学习目标

知识目标

- 了解数字化采购的发展背景和方式转变
- 掌握在数字化背景下合理选择和管理供应商的方法
- 熟悉数字化采购战略的实施路径和发展趋势

技能目标

- 能评估和筛选出合适的供应商
- 能用数字化技术选择合适的采购服务商
- 能合理地对供应商进行分级和管理

素养目标

- 把握数字化进程，培养与时俱进的意识
- 培养全局意识，合理统筹规划数字化管理
- 增强职业道德和社会责任感，适应数字化采购环境

任务一 了解采购的数字化进程

任务导入

中粮糖业电子采购平台

早先中粮糖业采购业务具有很多痛点，例如：

1）采购管理集中程度不高。

2）时间投入流程执行中，未有效体现管理价值。

3）采购过程存在廉洁风险。

4）制度执行不到位。

5）供方管理不严格。

针对这些痛点，中粮糖业构建了电子采购平台。中粮糖业电子采购平台项目于 2016 年 6 月启动，分三期于 2020 年 12 月完成上线。系统支撑中粮糖业招标采购业务及价格管控，实现物料及供应商标准化及准入控制，通过对接 MDM（移动设备管理）、SAP（企业资源管理软件）、京东西域电商平台、电子签章、企业微信、BI（商业智能）等信息系统，实现供应链端到端全流程管控及数据分析。它以谈判定价为核心内容，覆盖所有子公司。组织机构范围包括中粮糖业各职能部门、甘蔗糖部、甜菜糖部、番茄公司、中糖公司、华商储备、会展公司等。适用业务包括：物流及供应商主数据准入、采购计划提报及审核、采购方案提报及审核、立项提报及审核、供应商评价、采购报表分析等。

目前，中粮糖业电子采购平台项目已取得众多成果。

1）通过信息化系统建设，落实"平台管事"的效能，实现平台共享、资源共享、供应链增值。

2）完成核心系统整合，提高采购效率、流程透明化。

3）实现对接电子签章平台，实现合同用印电子化。

4）实现对接 BI 报表系统，采购运行情况可视化。

中粮糖业电子采购平台，实现了集团采购的集中化管理，规范了采购流程，采购行为合理规范；采购过程公开透明，最大限度地避免了人为因素的干扰，降低采购风险，成为真正的"阳光采购"，实现降本增效。同时，平台强化了对供应商的管理环节，提升了采购管理能力。这是中粮糖业在信息化系统建设过程中的又一重要成果。

中粮糖业采购的数字化转型能为其带来哪些益处？

任务分析

本任务从中粮糖业电子采购平台案例出发，讲述了中粮糖业面临的采购困境及其基于此构建的电子采购平台所取得的成果，借此引出数字化采购的相关知识。在这个任务中你需要学习数字化采购的发展背景、采购方式的发展。

任务实施

中粮糖业通过构建电子采购平台实现数字化采购转型，形成全新的协作方式，大幅提升采购效率，实现更敏捷、更透明、可持续的采购。

1. 采购申请

准确判断申购物资，系统自动关联在途数据、库存数据，实时跟踪申请采购进度。

2. 寻源定价

在内外部电商模式下可极大降低定价的频次；定价完成后，价格自动通过接口传递给 ERP（企业资源计划管理系统）。

3. 采购订单

将中标结果写入 ERP 自动形成信息记录，一键生成订单，自动发布订单，供应商在线确认；自动跟催提醒。

4. 收货

基于电子送货通知单，批量读取待收物料数据，直接确认结果。

5. 供方评价

基于定价数据、收货数据、质量数据、供应商事件数据评价供方时，会自动生成供方得分。

6. 统计分析

所有采购过程数据电子化，快速生成报表。

综上所述，中粮糖业达成了"利用采购电子商务平台实施采购操作、利用信息化手段规范采购管理"的项目建设目标，通过数字化采购让企业走得更远。

相关知识

一、数字化采购的发展背景

在数字化时代，互联网对社会和商业的改变正在进一步深入。在个人消费互联网化已经逐渐看到"天花板"的同时，产业互联网化的趋势日益显现。在数字化浪潮下，许多传统业务模式的转型更是刻不容缓。

（一）采购环节的重要性

采购，简而言之就是企业、机构从供应市场获取所需产品或服务的经营活动。采购的目标包括：为企业提供所需的物料和服务、实现最低的成本、使存货和损失降到最低限度、保持并提高自己的产品或服务质量。

在当下的企业管理中，采购管理环节的重要性不言而喻，它是企业降低成本获取利润的关键。在供应链管理中，采购与供应在协调各种计划的执行方面发挥着重要的作用。

（二）传统采购模式的缺点

传统采购模式已经无法满足当下数字化产业生态的需求。传统采购模式的缺点见表 4-1-1。

表 4-1-1　传统采购模式的缺点

缺点	含义
成本管控难	供应商增多，采购金额飙升，成本难以管控、风险增大
过程不透明	线下操作，报价流程难管控、过程不透明、操作不规范
人工效率低	采购对账流程烦琐、人工核对效率低、易出错
信息不共享	信息资源不共享、协调困难、影响后期的生产销售环节

（三）数字化采购的必要性

在当下的市场环境中，数字化采购对提高企业的核心竞争力、优化资源配置有着至关重要的作用。

（1）降低成本

数字化采购平台可以解放人力、提升效率：通过全面线上操作，降低人力成本投入、实现高效率运作、自动化控制成本需求，完成降本增效。

动画 1-4
传统采购的缺陷
及数字化解决方案

（2）协调管理

通过建设一体化采购管理平台，可以充分利用信息化技术手段，实现数字化管理；可以对采购流程进行全面梳理和简化，实现所有业务线上的协同、内部系统集成，使业务环节自动流转至相应的业务负责人，从而减少信息反馈的时间差，实现采购管理高效化、阳光化、规范化、增强组织与系统间的协同效率，进一步降低成本、提高效益。

（3）数据驱动、优化决策

数字化技术将企业的生产过程、物料移动、事务处理、现金流动等业务过程进行数字化处理。通过使用各类信息系统和网络，生成新的信息资源，以使各级业务人员能够了解当前流程进展情况等各种业务信息。这些信息能够为管理者提供可靠的数据支持，以辅助其做出决策。

二、采购方式的发展

（一）分散采购与集中采购

图 4-1-1 展示了某企业分散采购与集中采购两种不同的组织方式。分散采购是指企业下属各单位为满足自身生产经营需求而进行的采购活动。在分散采购中，采购批量通常较小或只采购单件，其价值相对较低、开支有限、资金占用较少，同时所需的库存空间较小、保管简单且便捷。

集中采购是指企业在核心管理层建立专门的采购机构，统一组织企业所需物品的采购进货业务。

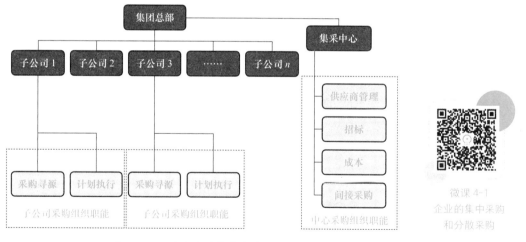

图 4-1-1　分散采购与集中采购

（二）供应链协调采购

在供应链管理的视角下，采购方和供应方之间的关系从简单的买卖关系转变为建立战略协作伙伴关系。

在供应链同步计划的协调下，采购计划与制造计划、供应计划等都是同步进行的，采购工作的重点是协调各种计划的执行（见图4-1-2）。订单驱动的采购方式要求采购部门协调供应与制造的关系。相较于传统的供需双方零和竞争模式下竞争多于合作的关系，供应链协调采购提倡双赢，甚至是多赢的机制。

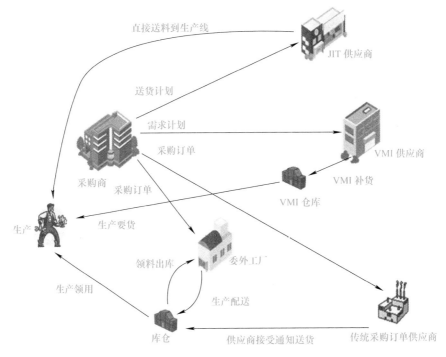

图 4-1-2 供应链协调采购

（三）数字化采购

数字化采购是指企业和机构通过数字化系统或平台，从供应市场获得所需产品或服务的经营行为。在数字化采购中，相关参与方通过高效衔接的数字化工具，依靠大数据分析和算法驱动生成决策智能化、流程自动化的全新协作方式，从而大幅提升采购效率、降低采购成本，实现更敏捷、更透明、可持续的采购。

素养园地

央国企成为数字化采购火车头

自"一带一路"倡议提出以来，我国逐步将愿景变为现实，取得了丰硕成果，展现了强大活力和韧性，彰显了我国作为负责任大国促进全球经济共同发展的责任担当。随着新一轮科技革命和产业变革的蓬勃兴起，互联网、大数据、云计算、人工智能、区块链等新技术与各行业加速融合，共建"一带一路"也呈现出新的时代特征，为参与国家经济发展和产业数字化转型带来难得的机遇。

亿邦智库联合中国物流与采购联合会公共采购分会共同发布的《2024数字化采购发展报告》中指出：2023年，全国企业物资采购总额175.4万亿元，其中生产性物资采购额97.3万亿元，以此作为采购数字化的基础特征，我国数字化采购渗透率达 9.8%。图 4-1-3 所示为 2017—2023 年我国数字化采购渗透率。

百万亿级的采购市场规模，数字化率每提升一个百分点，就会为数字化采购市场带来万亿级的市场空间。由此可见，在产业数字化进程中，数字化采购前景可期。

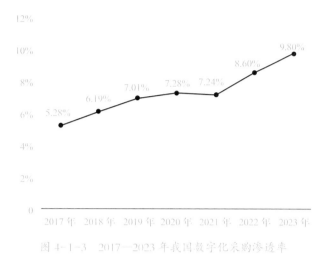

图 4-1-3　2017—2023 年我国数字化采购渗透率

自测题目见"电子资源包"。

任务二　优化供应商的选择和管理

任务导入

J 公司隶属 Y 集团，主要从事流通供应链服务业务，公司近期因市场变化，需要进行新业务拓展。目前，公司敲定了一些备选的上游品牌商，现需要对其进行优选。

任务分析

Y 集团在新业务拓展方面有完整的风险控制（简称风控）逻辑及数字化管理工具，J 公司依托 Y 集团建立客户准入机制以及准入流程，进行供应商选择。

任务实施

J 公司依据要求，提交供应商准入资料，进入系统审批流程。

第一步：准备供应商准入资料

J 公司为供应商及项目的准入制定了详细的数据模型，图 4-2-1 所示为供应商准入需要提供的资料。

项目信息					
供应商				是否为进口产品	否
品牌		品牌影响力	其他	品类/产品系列	
产品描述					
项目概述					
项目简称			业务模式	平台服务	
项目来源	自营		行业	其他	
目标销量			合同销量	无	
下游渠道类别					
结算条款		TT 现金			
渠道销量 & 历史销量预算					
快消百货	规模	历史销量	快消百货	规模	历史销量
不可分解成本			分销商		
可分解成本、建议成本			批发		
连锁小店			电商		
总目标小店			...		
预测销量合计			历史销量合计		
历史销量介绍					

图 4-2-1 供应商准入需要提供的资料

第二步：准入审核

供应商在准备好需要的相关资料后，便可提交CRM系统进入供应商/客户导入的审批流程，图 4-2-2 所示为 CRM 系统相关操作界面。

图 4-2-2 CRM 系统相关操作界面

第三步：客户信息同步

准入审批通过后，CRM 系统会自动生成供应商及对应的项目结算编号（见图 4-2-3），并同步到各个业务系统。

NO.	单据编码	条款编码	结算客户编码	标题	客户需求	签约单位	审批类型	审批类型	创建人	创建时间	流程单位	流程状态	流程节点	合同是否完成	客户同步	条款同步	额度同步	结算账户是否关闭
1	CRM2308-0324	AR2306-0408	AA01				新业务导入	是	甲			新建		否				
2	CRM2306-0500	AR2306-0409	AB02				新业务导入	是	乙			流程结束		否				是
3	CRM2306-0404	AR2306-0410	AC03				新业务导入	是	丙			流程结束		是				否
4	CRM23085-0341	AR2306-0411	BC04				新业务导入	是	丁			流程结束		否				否
5	CRM2305-0373	AR2306-0412	DC05				条款变更	是	戊			流程结束		是				否

图 4-2-3　供应商及对应的项目结算编号

第四步：日常业务处理

供应商信息导入业务系统后，日常采购业务即可开展。对于 J 公司而言，为了减少资金占用、控制不良采购，公司业务系统执行严格的采购限额控制。系统会根据特定规则计算出每个商品的采购限额，一旦某次采购申请单中此商品的采购金额超出采购限额，系统会阻止此采购申请单的生成。

J 公司在新业务拓展方面采取了完整的风险控制逻辑和数字化管理工具。这种方法有助于降低在业务拓展过程中的不确定性和风险。通过准入机制和准入流程，公司能够筛选并选择最适合的供应商，从而降低了合作伙伴选择上的风险。

通过数字化管理流程和系统，公司能够提高供应商选择和管理的效率。自动生成结算编号、自动同步到业务系统等功能，减少了人为错误的可能性。此外，数字化流程还有助于确保在供应商选择和管理方面的一致性，从而减少了信息丢失或处理不当的风险。由于 J 公司建立了详细的数据模型和供应商准入的数据要求，管理层可以基于数据来做出更加明智的供应商选择和业务决策。这有助于提高决策的准确性和可靠性。

学习标杆

黔云招采为贵州省国企采购交易数字化转型提供跑道

2019 年，贵州省政府同意对黔云招采加挂"贵州省公共资源（国有企业生产资料）交易中心"（以下简称中心）牌子。至此，黔云招采成为国内首家将国有企业生产资料交易纳入公共资源交易体系的市场化交易平台。图 4-2-4 所示为黔云招采平台交易信息页面。

截至 2024 年上半年，黔云招采交易覆盖能源业、制造业、建筑业、技术服务业、投融资业、大数据应用等多品目多门类，平台交易已达 5800 余宗，成交金额达 235 亿元，注册用户达 16500 余家，系统功能服务的高效性、可靠性及安全性得到业界和广大用户的一致好评。

图 4-2-4　黔云招采平台交易信息页面

2017 年，经省国有资产监督管理委员会批准成立，由贵州鹏业国际机电设备招标有限公司、贵州茅台酒厂（集团）置业投资发展有限公司、贵州盘江投资控股（集团）有限公司、贵州贵财招标有限责任公司、云上贵州大数据产业发展有限公司 5 家国企共同出资组建的黔云招采应运而生。

出资方的构成兼顾了涉及行业的多样性，有利于搭建起能适应不同行业的交易体系，也有力地保障了交易平台的专业性、安全性。此后，为进一步适配国企采购个性化需求，黔云招采探索出"柔性的个人化＋可控的自由裁量权"理念。

电子化交易只是平台的手段，多级数据的应用才是平台建设的目的。强化数据管理运用，黔云招采实现了生产资料交易从计划、交易、签约、使用到库存评估的生产资料全生命周期信息闭环。在做优交易服务的同时，黔云招采基于系统的智能化，以交易为锚点，依托区块链、大数据、人工智能等科技手段，延展服务边界。

在黔云集中招标采购交易平台上，每一个流程均实现了不可逆、有迹查。信息发布时间、文件下载次数、对投标人的答疑内容等公开、透明。较过去的事后监管，全流程实时在线监督，有效制约了围标、串标等违法违规现象的产生。

黔云招采这一数字平台能为国有企业提供哪些招标环节的优化服务？

相关知识

一、选择合适的供应商

（一）企业评估筛选供应商的方法

供应商的选择关系到企业商品质量和供货的稳定。企业往往要从价格、质量、服务、位置等多方面进行考量和选择。以下为企业评估筛选供应商的四种方法。

（1）直观判断法

直观判断法是指通过调查、征询意见、综合分析和判断来选择供应商，这是一种主观性比较强的判断方法。通常由经验丰富的采购人员，凭借经验直接判断。因此，它的使用效果往往取决于评审人员对供应商资料掌握的是否齐全，也受制于决策者的分析判断能力和经验。这种方法简单快速，但缺乏科学性。所以，它常用于选择非主要原料的供应商。

（2）考核选择法

考核选择法是指在对供应商充分调查了解的基础上，进行认真考核、分析比较而选择供应商的方法。

供应商的调查可以分为初步书面调查和现场考核的调查对象及选择依据，见表4-2-1。

表4-2-1　初步书面调查和现场考核的调查对象及选择依据

调查形式	调查对象	选择依据
初步书面调查	条件合适的供应商	产品的品种规格、质量价格水平、生产能力、运输条件等
现场考核	影响企业的关键产品、重要产品的供应商	企业的实力、产品的生产能力、技术水平、质量保障体系和管理水平等

（3）招标竞价选择法

当采购物资数量大、供应市场竞争激烈时，可以采用招标方法来选择供应商。采购方作为招标方，事先提出采购的条件和要求，邀请众多供应商参加投标，然后由采购方按照规定的程序和标准一次性地从中选择交易对象，并与提出最有利条件的投标方签订协议。招标竞价的基本流程如图4-2-5所示。

招标的过程要求公开、公正和择优。如图4-2-6所示，随着电子招标平台的发展和日益完善，招标流程的透明化、可视化、可追溯，有利于实现阳光招标。

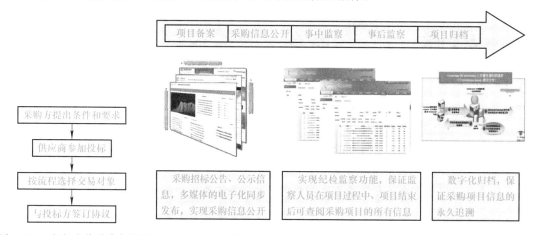

图4-2-5　招标竞价的基本流程　　　　图4-2-6　电子招标助力阳光招标的实现

（4）总体成本法

总体成本法是一种为了降低供应商的总体成本，达到一个新的水平，从而降低采购价格的方法，如图4-2-7所示。采购方组织一支强有力的综合专家团队，对供应商的财务及成本进行全面、细致的分析，找出可以降低成本的方法，并要求供应商付诸实施与改进，改进后的受益则由双方共享。

图4-2-7　总体成本法

（二）数字化采购为供应商开源

现代采购模式已实现线上寻源，通过互联网的连接，缩短采购人员与供应商之间的信息传递时间；通过互联网整合全国甚至全球的供应商资源，形成庞大的供应商网络资源库；采购人员无须外出，便可轻松搜罗并筛选出满足需求的供应商，从而极大地提高了寻源的效率。

面对现代企业多元化的采购需求，以及企业对供应商和采购管理的规范性、合规性的更高要求，采购寻源系统需要具备强大的供应商资源整合能力、精准的供应商筛选能力、完善的供应商风险预警能力，以及供应商准入、采购流程的规范性和合规性审查能力，才能为采购寻源筛选优质供应商提供抓手。

企业一般会选择数字化采购系统服务商来帮助企业进行采购流程的数字化转型。当下市场上的数字化采购服务商很多，大致可以分为平台类服务商和解决方案服务商（见表4-2-2）。

表4-2-2 数字化采购服务商的分类

平台类服务商	解决方案服务商
非生产性物资平台类服务商 以辅料为主的生产性物资平台类服务商 大宗原材料平台类服务商	ERP延伸扩展出来的供应商关系管理系统 专业供应商关系管理系统，如一采通、携客云、元速等 以招标为主延伸出来的供应商关系管理系统，如优质采、明信阳光、企企通等

图4-2-8列举了一些行业内的数字化采购服务商。

图4-2-8 数字化采购服务商

企业在进行决策时，需要考量以下几个步骤。

1）明确企业自身的采购需求。

2）了解服务商提供的服务和功能模块，并要求对方演示采购人员如何在该系统进行全流程的操作。

3）询问对方是否能提供与本企业背景相似的成功案例。

4）询问报价。

5）衡量该系统的投入成本是否符合公司当下的情况和需求。

二、供应商质量管理

（一）供应商绩效管理

供应商绩效管理旨在根据不同的评估指标对供应商进行评估，推动供应商不断提升和改进。评估指标的选择应尽量客观可量化、确保一致性，保证不同的人进行绩效管理会得出同样的结果。判断绩效时的指标主要有成本、质量、交付、服务等。

供应商绩效管理是一项非常困难的工作。不同供应商类别的考核内容差异巨大，难以制定统一的标准。供应商绩效数据的不一致性和供应商管理的责权划分都给企业的供应商管理带来了困难。

在具体实施时，采购组织应该加强对采购培训和理念的宣传，督促各个部门和单位制订供应商绩效管理工作计划，并监督其执行，以改善实际的供应绩效管理现状。图 4-2-9 所示为某供应商绩效管理平台的供应商评分界面。

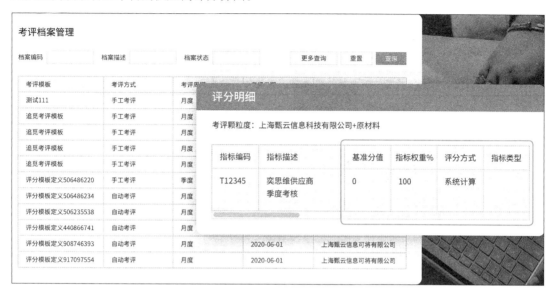

图 4-2-9 某供应商绩效管理平台的供应商评分界面

（二）供应商全生命周期管理

企业可以通过建立供应商全生命周期管理机制，如图 4-2-10 所示，从供应商评估及准入、监控、考核评级、改进淘汰四个核心环节入手，建立供应商档案，使供应商全生命周期可追溯，合理把控供应商关系和风险。

供应商管理数字化使供应商全生命周期形成数字化闭环，借助大数据和人工智能等技术，在供应商评估及准入环节及时洞察供应商的风险，提出预警；通过对日常监控数据的分析，系统能够自动对供应商进行考核和评级，为采购人员提供持续优化供应商的决策依据。所有供应商资源整合沉淀为企业自有供应商资源库，并通过数据不断沉淀，逐步优化供应商等级体系，提升企业采购供应链的能力，进而提高企业的核心竞争力。

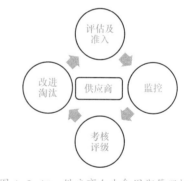

图 4-2-10 供应商全生命周期管理机制

动画 1-5
供应商生命周期管理

三、差异化管理——供应商分级

供应商分级是指根据供应商对供应链的重要性，也就是其业务与最终产品的密切程度，把供应商逐层分级的过程。表 4-2-3 所示为供应商级别及其在供应链中扮演的角色。

表 4-2-3 供应商级别及其在供应链中扮演的角色

供应商级别	在供应链中扮演的角色
一级供应商	企业直接开展业务的合作伙伴，能够为企业提供最终组件或产品，包括签约的制造设施或生产合作伙伴
二级供应商	向另一家公司提供产品、服务、材料或零件，然后将其提供给第三方或组装最终产品的制造商。简单来说，就是企业一级供应商的材料来源
三级供应商	一般是零件或原材料供应商，离最终产品更远

此外，供应商关系管理首先要根据品类对供应商进行划分，并遵循相应的关系管理原则。物料分类之前要做品类划分，品类通常是指客户眼中的一组组商品和（或）服务，它们相互关联或可相互替代。采购管理主要以品类为基准进行管理。依照品类之间的关系，分层次进行结构描述。图 4-2-11 所示为采购品类示例。

图 4-2-11 采购品类示例

分级这个环节的实施有利于企业实行差异化的供应商管理工作。

供应商开发和管理的基本流程如图 4-2-12 所示。

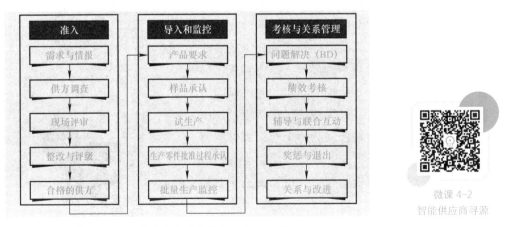

图 4-2-12 供应商开发和管理的基本流程

微课 4-2
智能供应商寻源

素养园地

2022 年 5 月，国务院印发《扎实稳住经济的一揽子政策措施》，提出七项"保产业链供应链稳定政策"，强调了供应链采购对经济发展的重要性。经济发展是时代命题，党的二十大提出："我们要坚持以推动高质量发展为主题，把实施扩大内需战略同深化供给侧结构性改革有机结合起来，增强国内大循环内生动力和可靠性，提升国际循环质量和水平，加快建设现代化经济体系，着力提高全要素生产率，着力提升产业链供应链韧性和安全水平，着力推进城乡融合和区域协调发展，推动经济实现质的有效提升和量的合理增长。"

企业的业务连续性是保证经济体系平稳运行的关键。为维持企业的稳定经营，保链、稳链、强链、延链的重要性再次提升，供应链采购数字化的重要性不言而喻。另外，市场内外部环境日新月异，竞争越来越激烈，企业降本增效原生动力持续增强，对内：采购环节承载着企业"降本增效"的责任；对外：采购是保证供应链连续性、企业经营稳定性的关键环节。

> 自测题目见"电子资源包"。

任务三 实施采购的数字化战略

◎ 任务导入

B 大型团购供应链服务公司（以下简称 B 公司）需要重构其业务管理平台，从原有的内部管理信息系统拓展为多企业角色的供应链协同平台，现要结合业务特点及数字化发展趋势对系统供应商及采购管理部分的功能进行设计。

任务分析

B 公司需要结合现有线下业务操作逻辑及数字化采购管理的特点，设计业务管理平台的供应商及采购管理模块的功能。

◎ 任务实施

经过详细的需求调研，B 公司设计的新平台的供应商及采购管理的功能如下。

第一步：供应商入驻

平台提供在线的供应商入驻功能，供应商可以通过线上平台（或 App、小程序）进行平台入驻申请，填写资料和提交相关资质，由平台采购人员进行审核。

如图 4-3-1 所示，供应商入驻申请需提交公司名称、社会统一信用代码、注册地址、电话、联系人信息、开户信息、银行账号信息、供应商评估表、发货 / 退货地址等信息。

审核通过后，运营商发起合同签署功能，供应商通过系统平台进行在线合同签订（见图 4-3-2）。

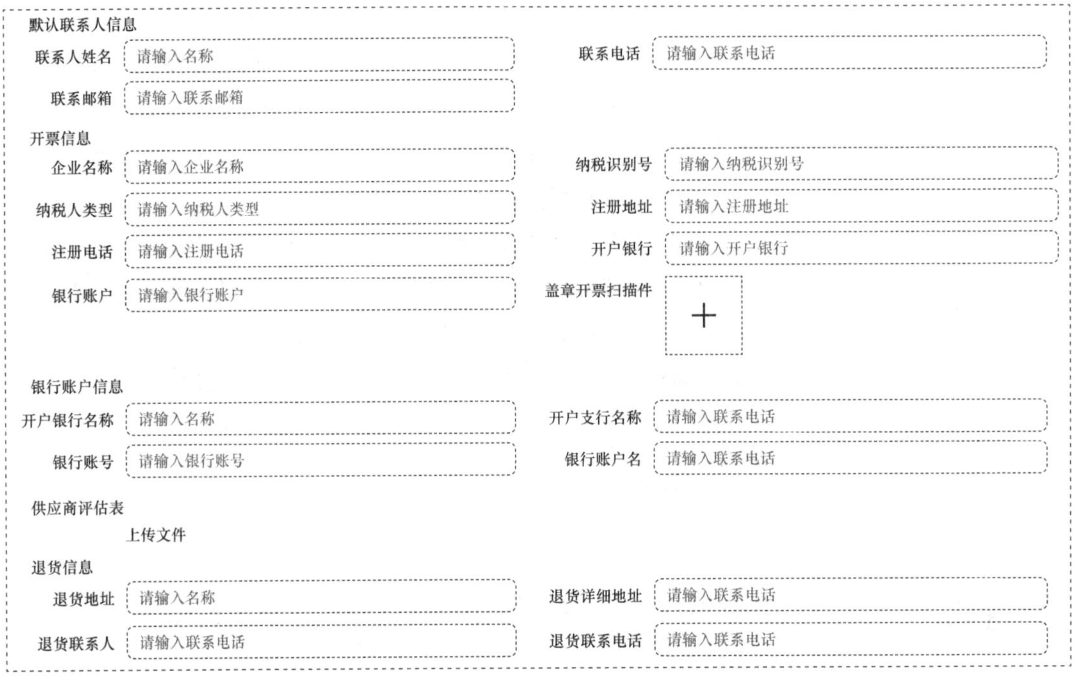

默认联系人信息			
联系人姓名	请输入名称	联系电话	请输入联系电话
联系邮箱	请输入联系邮箱		

开票信息

企业名称	请输入企业名称	纳税识别号	请输入纳税识别号
纳税人类型	请输入纳税人类型	注册地址	请输入注册地址
注册电话	请输入注册电话	开户银行	请输入开户银行
银行账户	请输入银行账户	盖章开票扫描件	＋

银行账户信息

开户银行名称	请输入名称	开户支行名称	请输入联系电话
银行账号	请输入银行账号	银行账户名	请输入联系电话

供应商评估表

上传文件

退货信息

退货地址	请输入名称	退货详细地址	请输入联系电话
退货联系人	请输入联系电话	退货联系电话	请输入联系电话

图 4-3-1 供应商入驻需提交的信息

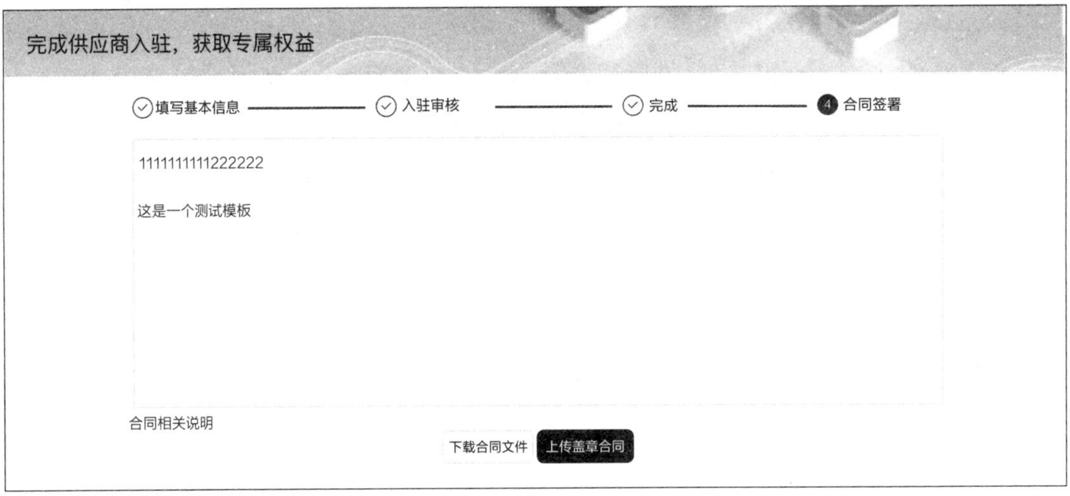

完成供应商入驻，获取专属权益

填写基本信息 —— 入驻审核 —— 完成 —— 4 合同签署

1111111111222222

这是一个测试模板

合同相关说明

下载合同文件　上传盖章合同

图 4-3-2 供应商在线合同签订

第二步：商品信息管理

供应商在完成平台的入驻流程后，即可进行商品信息的录入工作，如图 4-3-3 所示。创建商品要按照平台要求的分类原则、商品创建规则等进行，创建商品后需平台进行审核，方可进行后续的操作。

第三步：价格管理

在商品审核完毕后，即可进行商品的价格设置，商品的价格要根据不同的供货区域分别设置，如图 4-3-4 所示。

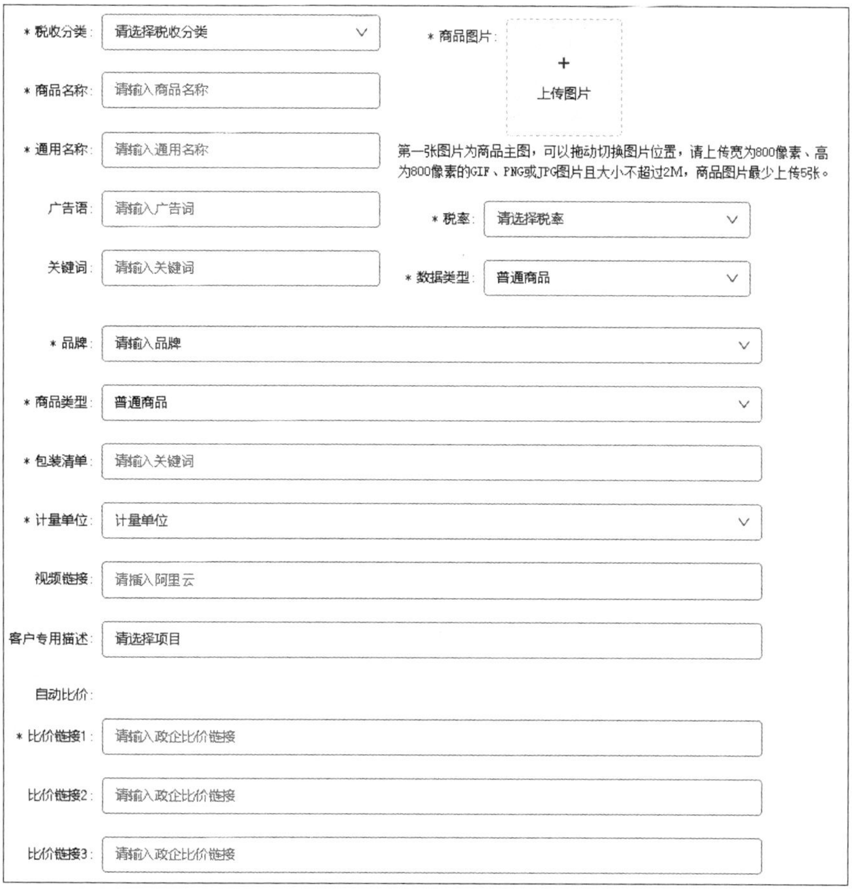

图 4-3-3　商品信息录入界面

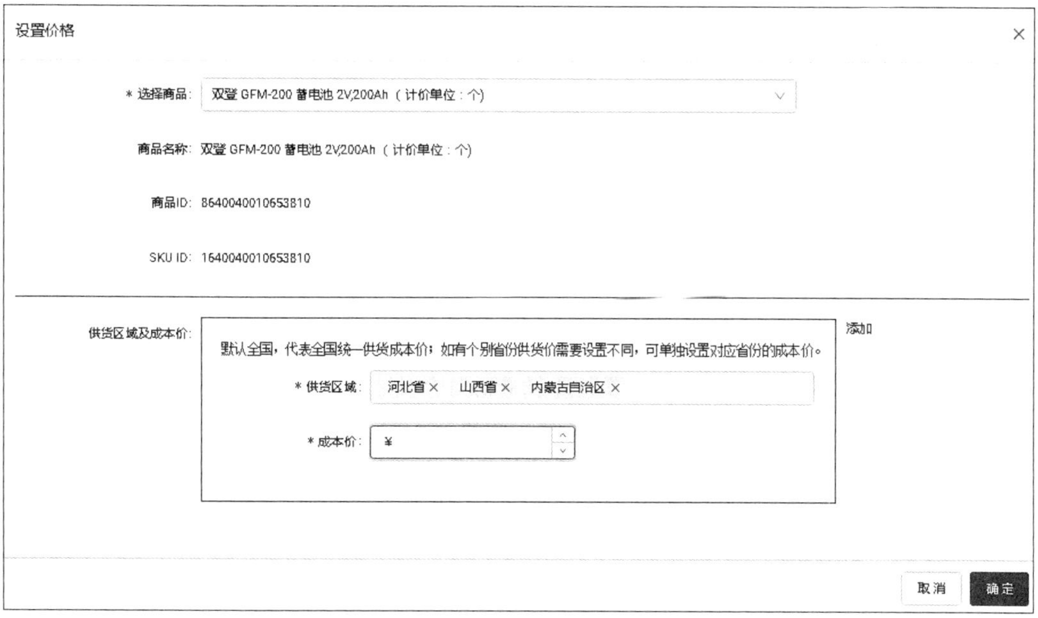

图 4-3-4　商品价格设置

注意，此处要设置与平台的结算价格以及商品的市场价格，商品与客户的实际成交价不在此处实现。

第四步：询价与竞价

客户向平台进行询价申请，接入询价单管理，同步给所有提供该商品的供应商后，供应商可进行对应询价的报价，提报后生成客户报价单反馈给提出询价的客户。

平台可以通过业务端或 API（应用程序编程接口）获取竞价商品信息。然后，平台会将这些商品的供货信息上传到系统中，以便供应商能够参与竞价，供货价提交后统一汇总到平台。在经过综合确认和比较后，系统会确定出哪个供应商提供了最优惠的价格，然后将这个供应商的信息作为最优的选项，用来确认订单的详细信息。

第五步：订单及发货

客户订单接入系统后，按照规则进行拦截审核、确认预审处理。在匹配商品最优供应商后，进行订单/发货单自动处理，最终匹配到供应商系统中，由供应商进行发货。

通过数字化的方式，B 公司实现了供应商管理、商品信息管理、报价、订单处理等多个环节的自动化，从而显著提升了运营效率，减少了人工处理的时间和工作量。通过自动处理订单和及时发货，B 公司可以更好地满足客户的需求、提高客户满意度。

数字化流程增强了信息的透明度和准确性。供应商的资质和信息在线提交并被记录、询价和竞价过程都能够以数字化的方式被跟踪和监控，减少了错误和信息不一致的风险。数字化的竞价流程能够帮助 B 公司获取最优惠的供应商报价，从而节省成本，提高了在市场中的竞争优势。

微课 4-3
新兴供应链战略
技术趋势介绍

学习标杆

京东与美的合力共建数字化采购新生态

2022 年 3 月，京东与美的签订战略合作协议，双方将整合各自在产品智造、数智化供应链和服务上的优势资源和能力，围绕企业客户联合拓展、服务资源共享、场景化营销互动、数字化工程推进，以及进一步打通 B 端商品供应链等方面展开深度合作，助力企业实现采购数字化转型并取得高质量发展，共同构建数字化采购新生态。

通过此次合作，美的商用 B 端旗下包括空调、厨热、洗衣机、冰箱、智能小家电等全系产品及系统解决方案入驻京东，全面接入京东"快采购、轻管理、一站式"的数字化采购服务平台。双方就各品类进一步深化合作，更加精准地对接企业客户需求，在携手拓展金融、制造、运营商、畜牧业及更多行业企业级客户的同时，以京东 3C 家电"数字化工程"为基础深耕区域市场，为各行业提供高契合度、高品质的商用家电及工程产品，为各区域落实高效的配送、安装、调试等一站式服务。

在营销方面，双方打通线上与线下资源，基于京东企业业务多年来的服务经验与技术积累，以及美的丰富的产品和解决方案，面向中小微企业及大型客户联合开展贯穿全年的场景化营销活动，结合企业办公、员工服务、市场营销等企业级采购场景，为客户提供从设计选型到安装维护一站直达的数字化采购体验，通过精准化场景商品服务，让客户低成本、高品质、高效率地完成项目采购工作，提升企业物资采购效率。

相关知识

一、实施数字化采购战略的意义

从导入案例可以看到，越来越多的企业在积极实践数字化采购战略，它能帮助采购企业实现电商化、透明化、自动化、智能化、协同化的供应链。

数字化采购战略对企业外部环境的意义，如图4-3-5、图4-3-6所示。

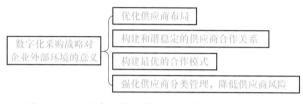

图4-3-5 数字化采购战略对企业外部环境的意义

图4-3-6 数字化采购战略对企业内部环境的意义

二、数字化采购战略的实施路径

图4-3-7展示了数字化采购战略的实施路径。

图4-3-7 数字化采购战略的实施路径

（一）电子化

这个阶段是指将采购流程中的每个过程、每个零件都以电子化的形式记录下来，做到可视化、可统计和可追溯。这个阶段就像现在很多公司正在开展的"档案电子化""无纸化办公"。档案电子化如图4-3-8所示。

除了将所需要的信息以电子化的形式呈现出来，其呈现形式还要能为管理者做出决策提供参考依据，

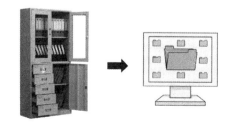

图4-3-8 档案电子化

让管理者能直观地通过电子化的成果观察整个流程的运作情况，以便在发生异常时能及时做出应对措施。

（二）系统化

系统化是让电子化阶段记录的信息流动起来，通过 IT 系统（如采购管理系统、供应商寻源系统、电子招标系统等）实现某一个流程、某一个功能。

以供应商关系管理（SRM）系统为例。SRM 系统对供应商进行全生命周期管理，例如引进新的供应商，建立优秀供应商数据库；通过与供应商共享信息，加快产品开发进度；提高供应商满意度，保留和吸引优秀供应商；改进供应链商业流程，降低采购和储存成本等。以前是流程，未来是"流程+数据"。系统除解决一个流程、一个功能的问题外，还会记录数据，为后续智能化做准备。

（三）集成化

这个阶段的目标是打通信息孤岛、实现互联互通、链接供应链的各个节点，最后使整条供应链化，实现网络协同。

（四）智能化

这个阶段的目标是一切业务数据化，一切数据业务化；通过数据挖掘、数据洞察，继而实现智能决策。

企业如何用智能化改造自己的流程和业务呢？

首先，企业的业务流程必须在线化、软件化，也就是将所有核心流程构建在互联网上，然后由软件自行驱动，这样才有智能化演进的可能。

其次，企业要让决策数字化，需要实现三个方面的内容。

1）所有采购过程被实时记录，例如谁什么时候买了什么、买了多少，以便进行支出分析。

2）根据用户反馈和绩效，让算法帮助自动调整采购策略，例如自动选择最合适的供应商。

3）依靠人的洞察将数据、算法结合起来，让绩效每时每刻都得到改进。

目前，国内大多数企业的采购业务普遍以手工为主，效率低下。随着企业信息管理系统逐渐普及，部分企业开始使用电子采购系统，但是系统间的数据兼容问题、共享问题、大家对数字化采购的认识问题，以及对采购地位重视的问题，正阻碍企业快速、科学地制定决策。至于智能化更多是一种展望，部分领先的数字化采购产品提供商在先行先试。

三、数字化采购的发展趋势

（一）更注重供应商全生命周期管理

围绕供应商注册、档案维护、绩效考核、淘汰整改等环节进行全流程监控，降低采购成本。

微课 4-4
数字化采购战略

（二）更注重供应链协同

利用数据的联通性，全链路强化风险控制水平，维护供应链的稳定性、连续性。

（三）更注重采购全生命周期合规管理

在供应商资质、对外招标、合同条款、员工廉洁四个方面提高对合规风险的管控能力。

素养园地

目前，我国社会经济领域的数字化程度仍为初级，现阶段仍处于政府、国有企业主导的数字化转型项目的建设阶段；国内通信企业、互联网企业等的主要竞争赛场仍集中在数字化转型项目的采购阶段，以争取抢占市场、获得数字化转型项目的先发优势。上述情况导致数字化转型项目采购阶段的争议、违规事件日趋增多，推动了2022年度数字化转型项目在政府采购法、招投标法领域的改革。

2022年7月15日，财政部发布新版《中华人民共和国政府采购法（修订草案征求意见稿）》（以下简称《政府采购法（修订草案征求意见稿）》）。相比于此前的征求意见稿版本，该征求意见稿的最大亮点集中在数字化转型类项目的采购规则的变化上，包括：新设立了政府采购安全审查制度；将竞争性谈判作为信息化应用系统建设等服务采购的主要方式；新设立了创新采购方式；要求信息化项目的专业分类或分包采购；要求明确信息化项目的知识产权归属。

整体而言，新版《政府采购法（修订草案征求意见稿）》拟定的上述新规则，回应了目前数字化转型项目在实操中面临的"采购需求难以确定""信息化项目更新换代速度快""知识产权归属不清""变相进行技术垄断"等问题，对后续数字化转型项目的采购及发展起到了积极影响。

> 自测题目见"电子资源包"。

项目评价

任务的评价考核，采用多元评价方式，从自评、组内、组间、教师几个角度来评价，主要从团队协作、任务完成的完整性、方案质量、任务的逻辑性、专业知识的掌握和应用、方法和能力的提升几个方面进行评价，如表4所示。

表4 任务考核表

专业名称		班级		组别				
任务内容								
评价维度	评价项目	评估标准	分值	自评	组内	组间	教师	得分
知识	理解数字化概念	对数字化采购管理的主要概念有清晰的理解	10					
	熟悉相关工具	熟悉并了解至少两种数字化采购管理工具和平台	10					
	了解应用案例	了解并能描述至少一个成功的数字化采购管理应用案例	10					
能力	数据分析能力	能够使用数字化工具进行数据分析，做出合理的采购决策	10					

（续）

评价维度	评价项目	评估标准	分值	自评	组内	组间	教师	得分
能力	实际操作能力	能够熟练操作相关数字化采购管理软件	20					
	解决问题的能力	能够在数字化采购管理中发现问题并提出解决方案	10					
素养	团队协作能力	在小组任务中能积极参与，与组员有效沟通和合作	10					
	学习态度	积极主动地学习新知识和技能，参与课堂讨论和实践	10					
	职业素养	在完成任务时表现出良好的职业素养，如责任感、时间管理等	10					

（注：总分值以100分制计，得分＝自评10%+组内评10%+组间评10%+教师评70%）

项目五
供应链智能制造的数字化应用

学习目标

知识目标

- 了解第四次工业革命背景下的 3D 打印技术
- 掌握数字孪生技术及其在生产中的应用
- 了解智能工厂的特征及规划要点

技能目标

- 能运用智能工厂的规划要点进行工厂规划
- 会分析在智能制造中起重要作用的软硬件的市场应用情况

素养目标

- 认识到新一轮科技革命和产业变革带来的机遇，主动把握并转化为自身优势
- 增强提高作业效率的意识，提升个人竞争力

任务一　确定智能制造的关键要素

任务导入

金属 3D 打印助力贵州"智"造

西南地区最大的 3D 打印创新中心位于贵州遵义航天高新技术产业园区内，由贵州航天天马机电科技有限公司（以下简称航天天马）建设，开展高端智能 3D 打印装备研发与技术服务、航天航空 3D 打印技术应用、创新创意设计、创新教育等业务。

金属 3D 打印使用铝合金、钛合金、高温合金等超细粉末材料，利用激光熔化成型技术，完成一些在机床上无法加工的结构复杂的零部件（见图 5-1-1）。工作人员只需要设定好程序，就能精准地将一张张图纸转化为成型零件，产品精度和强度大大高于传统制造，能够缩减 2/3 以上的人力、时间和材料等成本。

图 5-1-1　金属 3D 打印零部件

据介绍，2021 年上半年，航天天马聚焦创新驱动和产业化发展，新布局的机器人、新材料、智能装备、增材制造等产业取得实质性进展。截至 2021 年 6 月底，航天天马营业收入 5.2 亿元，利润总额 2700 余万元。

任务分析

在这个任务中，你需要学习 3D 打印技术的应用场景。以贵州航天天马机电科技有限公司为案例，你需要分析 3D 打印技术在该公司中所发挥的作用，并由此思考我国的 3D 打印技术在哪些领域得到较多的应用和发展？为什么是这些领域？最后，你需要总结 3D 打印技术的应用场景。

任务实施

贵州航天天马机电科技有限公司的案例为我们展现了 3D 打印技术在机电行业中起的作用：完成一些在机床上无法加工的结构复杂的零部件；增强产品精度和强度；缩减 2/3 以上的人力、时间和材料等成本。从效率、成本与作业上优化了企业的生产运作流程。

随着我国市场对个性化、定制化和高效生产的需求日益增长，以及在 3D 打印技术的研究和创新方面取得了重要的进展，3D 打印技术除了在制造业上发挥了重要的作用，还在以下领域中得到了广泛的应用。

1. 制造领域

3D 打印技术在制造领域的应用广泛。它可以用于原型制作、定制化生产、小批量生产和零部件制造等方面。特别是对于制造复杂形状的产品和个性化需求较高的行业，如航空航天、汽车、电子等，3D 打印技术能够提供更灵活和高效的制造解决方案。

2. 医疗领域

3D 打印技术在医疗领域的应用非常广泛。它可以用于医学影像的重建和可视化、手术前的模拟和规划、个性化医疗器械和假体的制造等。通过 3D 打印技术，医疗领域能够实现精准治疗和个性化医疗，提高手术的成功率和患者的治疗效果。

3. 文化艺术领域

3D 打印技术在文化艺术领域的应用越来越多。它可以用于文物的数字化保护和复原、艺术品的制作和创新等方面。通过 3D 打印技术，文化艺术领域能够保护和传承传统文化，同时推动艺术创新和设计的发展。

4. 建筑与建造领域

3D 打印技术在建筑与建造领域开始得到应用。它可以用于建筑构件的制造、建筑模型的打印和建筑结构的模拟等方面。通过 3D 打印技术，建筑与建造领域能够实现快速建造、精确制造和节能环保。

5. 教育和研究领域

一是用于创新教育：在学校和教育机构中用于创新教学和学生的设计实践。二是用于科研和实验：用于科研领域的实验和样品制备，推动学术研究的开展。

6. 消费品领域

可以应用于个性化产品的生产，如个性化手机壳、饰品、玩具等，满足消费者的个性化需求。

相关知识

一、3D 打印——数字技术制造空间

在第四次工业革命中，3D 打印技术被认为是实现这次工业革命的关键技术。

（一）什么是 3D 打印技术

打印机靠控制墨水或墨粉，在纸张表面生成文字或图像。3D 打印机（见图 5-1-2）采用类似的方法，通过逐层控制"建筑材料"在 3D 空间的位置和黏合力制造物体，这就是 3D 打印技术。

3D 打印技术可分解为几个彼此联系的基本环节：构造三维模型、模型近似处理、切片处理、后处理等，如图 5-1-3 所示。

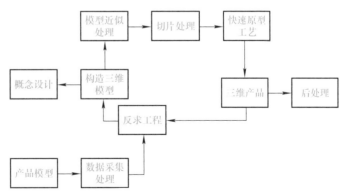

图 5-1-2　3D 打印机　　　　图 5-1-3　3D 打印技术的基本环节

如图 5-1-4 所示，传统制造的生产方法大多属于减法生产，也就是将一大块原材料进行处理，去掉不需要的部分。3D 打印机则是从零开始，根据需求增加材料。所以，3D 打印也被称为增材制造或加法制造。相较于传统的研发和改进新产品需要耗费大量的时间和物料成本，3D 打印可以通过调整数字模型节省成本。

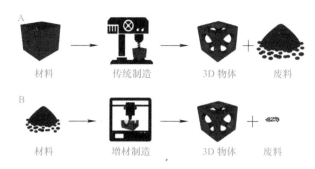

图 5-1-4 传统制造与增材制造

（二）3D 打印技术如何优化供应链

3D 打印技术能对供应链进行优化，主要体现在提高供应链的可持续性、优化库存管理和实现按需制造三个方面，见表 5-1-1。

表 5-1-1 3D 打印技术优化供应链

优化措施	具体表现
提高供应链的可持续性	通过本地化生产和就业减少运输 通过减少生产过剩和在某些情况下简化生产操作降低物料的消耗 通过附加维修和按需备件以提高产品的使用寿命 使用改进的零部件对使用中的产品进行改造和更新
优化库存管理	在供应链库存管理中，增材制造正在改变制造商以库存零件来进行快速维护的局面，因为某些需要用于维护的零件可以通过 3D 打印技术快速生产出来
实现按需制造	增材制造可帮助实现按需制造。例如，可以在世界某个地方创建一个数字文件，然后在另一个地方进行原型制作

（三）3D 打印技术的应用场景

在制造生产流程中，3D 打印技术主要应用于以下几个场景。

（1）快速成型

在传统制造方式中，产品的原型和概念模型需要由熟练的工艺师使用劳动力密集型的车间技术创建，要想批量生产，就必须投入大量的时间、材料和资源。3D 打印技术，只需要数天，甚至数个小时就能完成，成本比传统的制造方式要低得多。除节约成本与时间外，3D 打印让设计者可以不断地修改自己的作品，并将其推向市场。

目前，越来越多的行业开始采用 3D 打印来生产快速原型。例如，众多汽车厂商用它来制作汽车原型，以满足汽车研发阶段的设计验证、装配验证，甚至是功能验证。

（2）制作模具等生产工具

模具是大型工业生产中基础的工艺设备，采用模具可以减少生产中的切削加工，也可以实现质量稳定的批量化生产。所以，模具在工业生产中一直有"制造之母"的美称。图 5-1-5 和图 5-1-6 所示分别为 3D 打印制作而成的熔模铸造模具和吹塑模具。

图 5-1-5 熔模铸造模具

图 5-1-6 吹塑模具

大部分传统生产过程要求工具把金属和塑料定型成合适的形状。与制造产品原型类似，在传统模式下，模具、夹具等工具都需要经过复杂的形式和流程来完成制作。使用 3D 打印可以为以前使用传统生产方式的工厂节省大量的时间和金钱，同时减少生产商在改变设计时需要付出的成本，方便其更新产品类型、扩充产品组合。采用 3D 打印机制作生产模具、模型和夹具已经是当下工业生产的流行趋势，也是 3D 打印应用的一个重要发展方向。

（3）实现数字化制造

在一些细分市场中，3D 打印被用来制造最终产品，既包括工业零部件，也包括直接面向消费者的产品等。3D 打印技术的优点就是能够跨越传统的手工制作技术的障碍，直接制造出所需的产品。如今，它已广泛应用于航空航天、玩具制造、时尚服装等领域。图 5-1-7 展示了运用 3D 打印技术的服装设计。

例如，早在 2018 年，全球知名的玩具制造商乐高就已看好了 3D 打印技术的未来发展前景，并领投了 1900 万美元用于选择性热塑性电子照相工艺技术，旨在从根本上改善制造模式。2022 年 9 月，乐高之家在举办活动时，现场的参观者获得了一只来自官方的 3D 打印鸭子积木（见图 5-1-8）。虽然它并不存在与原版一样的 621 件拼装模块，但它依靠 3D 打印技术还原了原版拉动绳子轮子会转动和不断开合的鸟喙的效果。

图 5-1-7 运用 3D 打印技术的服装设计

图 5-1-8 3D 打印鸭子积木

二、制造执行系统与制造运营管理

（一）制造执行系统

市场上大部分制造企业离不开制造执行系统（MES）。通过制造执行系统可以控制和把握车间作业，从而执行物料需求计划。美国 AMR（先进制造研究）机构对制造执行系统的定义是："位于上层的计划管理系统与底层的工业控制之间的面向车间层的管理信息系统。它为操作人员和管理人员提供计划的执行、跟踪，以及所有资源（人、设备、物料、客户需求等）的当前状态。"

一个设计良好的MES可以在统一平台上集成如生产调度、产品跟踪、质量控制、设备故障分析、网络报表等管理功能，使用统一的数据库和通过网络连接可以同时为生产部门、质检部门、工艺部门、物流部门等提供车间管理信息服务。系统通过强调制造过程的整体优化，帮助企业实施完整的闭环生产。图5-1-9所示为制造执行系统的功能框架。

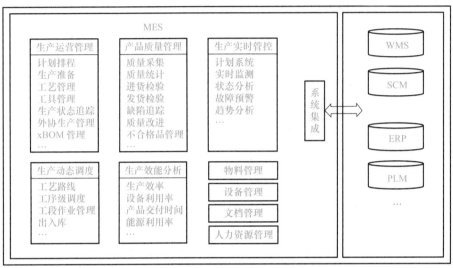

图 5-1-9　制造执行系统的功能框架

我国目前提供MES开发的服务商日益增多，针对不同行业、不同规模的企业提供或设计MES。同时，随着工业的进一步发展，为满足智能制造时代的需求，MES也在不断进化发展。

新一代MES具有开放式、客户化、可配置、可伸缩等特性，可以根据企业业务过程的变化或重组，实现系统的重新构建与快速配置。MES的发展趋势，见表5-1-2。

表 5-1-2　MES 的发展趋势及其含义

MES 的发展趋势	含义
集成范围更加广泛	新型 MES 的集成范围更广泛，已不再局限于传统的制造车间现场，开始逐渐覆盖企业的整个业务流程
各类数据模型统一化	通过建立能量流、物流、质量、设备状态的统一数据模型，使数据能适应企业业务流程的变更或重组的需求，真正实现 MES 软件的可配置
实现与异构系统的互联互通	通过制定系统设计、开发标准，使不同厂商的 MES 与其他异构的企业信息系统可以实现互联与互操作
数据采集、分析和决策能力不断优化	新一代的 MES 应具有更精确的过程状态跟踪和更完整的数据记录功能，可实时获取更多的数据来更精确、及时地进行生产过程管理与控制，并具有多源信息的融合及复杂信息的处理与快速决策能力
支持协同制造	新一代 MES 支持生产同步性和网络化协同制造，能对分布在不同地点甚至全球范围内的工厂进行实时化信息互联，并进行实时过程管理，以协同企业所有的生产活动，建立过程化、敏捷化和级别化的管理

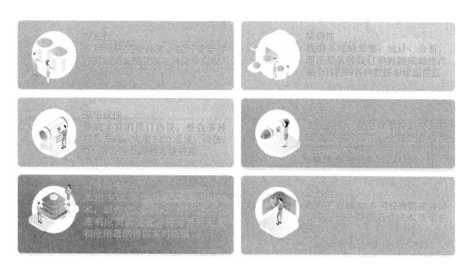

图 5-1-10　摩尔元数官网对其 MES 的介绍

以入选国家级"双跨"（跨行业跨领域）工业互联网平台的摩尔元数为例，其以 MC 摩尔云工业互联网平台、云智造系统 N2 系列、云产品 N2Cloud 系列等多元化产品为核心，为制造企业提供开放式的工业软件开发平台及多行业的 MES 方案支持，助力下游客户更高效自主地构建 MES。图 5-1-10 所示为摩尔元数官网对其 MES 的介绍。

很多中小软件厂商没有很强的技术开发能力。通过平台获得微服务组件、二次开发、柔性配置、数据集成等能力，能够让工业软件及 SaaS（软件运营服务）开发变得简单。此外，工业知识需要长时间的积累沉淀，并非是一家企业一朝一夕能够实现的。而摩尔云工业互联网平台以自主研发的 MoreDEV 低代码开发平台为核心，把工业知识、算法模型等结构变成可复用的工具；通过开源、套件共享的方式，授权给 MES 等软件厂商，让 5%～10% 的头部企业的工业知识、经验，通过互联网赋能给另外 80% 以上的企业，实现软件开发和工业知识的复用及迭代，更好地服务于企业需求，推动"共创、共享、共赢"的生态圈的构建。

（二）制造运营管理

制造运营管理是美国国际标准管理局（ISA）于 2000 年首次确立的概念，它针对更广义的制造运营管理划定界限，构建通用活动模型，并应用于生产、维护、质量和库存四个主要运作领域，同时详细界定了各类运行系统的功能及各功能模块之间的关系。这一概念在第四次工业革命中成为广泛共识时被一些企业采用并实践，在 MOM 的倡导者与践行者之中，就有西门子、达索等著名的软件和硬件厂商。MOM 平台采用了一个统一的框架、一个单一的数据源，它将各个专业标准所定义的生产执行、质量控制、库存控制、维护运营四大功能领域的制造活动都覆盖在内，并对这些领域之间的协作进行了管理。

相较而言，即使是只有少数功能模块的 MES 也被称为 MES，这导致 MES 形式繁多。如果企业选择的 MES 功能模块不能覆盖 MOM 要求的功能范围，就需要实施其他的软件系统，例如 QMS（质量管理系统）、WMS（仓储管理系统）等，来弥补 MES 功能的缺陷，这很容易造成信息孤岛、数据分散、集成困难，从而使不同业务板块之间的协同变得困难且效率低下。因此，MOM 系统在市场上越来越受到重视，也越来越被更多的企业认可和接受。

MOM 平台能够打破单个工厂空间、时间的约束，基于互联网实现全供应链上的供应商、工厂、客户的协同，包括工厂内车间之间的协同、多个工厂之间的协同、供应商与工厂之间的协同、工厂与客户之间的协同。相较 MES，MOM 或许将更有可能成为未来的主流，表 5-1-3 列举了 MOM 相较 MES 的优势。

表 5-1-3　MOM 相较 MES 的优势

比较角度	优势
覆盖范围	MOM 比 MES 范围更广
功能	MOM 作为一个集成化软件平台，在集成标准化、开放性和云部署方面都比 MES 更强
应用层面	MES 专注于解决生产问题，其他部分运营管理被弱化为功能模块，用于辅助生产运行 MOM 将生产运营、维护运行、质量和库存并列起来，并将它们进行协作管理，更符合数字化企业的运作需求

总而言之，MES 是一种用于解决特定问题的标准软件产品，而 MOM 是一种由多种软件组成的制造管理集成平台，它不仅包含 MES 及其与制造管理有关的各种功能，而且包含 MES 主体之外的用于解决具体问题的功能延伸与价值增值部分。

微课 5-1
EIQ 分析法

素养园地

近年来，我国不断发力制造业转型升级，党中央、国务院高度重视智能制造的发展。《"十四五"数字经济发展规划》提出：深入实施智能制造工程，大力推动装备数字化；并发布《"十四五"智能制造发展规划》，持续推进制造业数字化转型、网络化协同、智能化变革，为推进数字经济发展提供有力支撑。

从国家层面来看，已发布 285 项国家标准，在石化、船舶、建材等 14 个行业初步建立了智能制造标准体系，人才、财税、金融等措施的支持力度不断加强。构建了国际先行的标准，积极参与国际标准的制定与合作。当前，已经主导制定智能制造国际标准 42 项。

在企业端，"互联网+"逐渐落实到制造业生产管理中，制造业的数字化水平不断提升；包括数字化车间、智能工厂、自动化生产线等智能装备升级，以及远程运维服务、个性化定制等制造新业态涌现。

自测题目见"电子资源包"。

任务二　实现智能制造的集成形态

任务导入

奥迪智能工厂

奥迪智能工厂位于德国英戈尔施塔特市，是奥迪推动数字化和智能化生产的重要场所。该工厂充分利用了工业物联网、人工智能、机器学习和自动化等先进技术，以提高生产效率、灵活性和质量。奥迪智能工厂的关键实践要点如下：

数据驱动生产

奥迪智能工厂通过大数据分析和实时监控系统，收集和分析生产线上的大量数据，包括生产进度、设备状态、质量指标等。这些数据被用来优化生产计划、提高生产效率和预测维护需求。

无人驾驶物流系统

智能工厂引入了自动化的物流系统，包括自动导航车和机器人，用于材料运输、零部件配送和生产线上的物流操作。这些无人驾驶物流系统能够提高物流效率和灵活性，减少人力成本和错误。

人机协作

奥迪智能工厂注重人机协作，通过智能工具和设备与工人进行无缝合作。例如，智能工具可以为工人提供实时指导和反馈，提高操作的准确性和效率。同时，工人的专业知识和经验也被整合到智能系统中，用于优化生产过程和解决问题。

虚拟仿真和数字孪生

奥迪利用虚拟仿真和数字孪生技术，在生产前阶段进行产品设计和工艺规划的模拟和优化。这有助于减少生产线上的试错和改进时间，提高产品质量和生产效率。

数据安全和隐私保护

奥迪非常重视数据安全和隐私保护，在智能工厂建设中采取了相应的措施，确保生产数据的安全性和机密性。

任务分析

在这个任务中，你需要学习如何规划企业的智能工厂。以奥迪智能工厂为案例，你需要通过提取奥迪智能工厂的关键实施要点，获取关于企业规划智能工厂要点的信息，并在此基础上进行拓展、总结。

任务实施

奥迪企业的案例为我们展现了智能工厂的建造前提：大数据分析能力与实时监控系统能够优化生产计划、提高生产效率和预测维护需求；自动化的物流系统能够提高物流效率和灵活性，减少人力成本和错误；人机协作能够优化生产过程和解决问题；虚拟仿真和数字孪生技术的应用有助于减少生产线上的试错和改进时间，提高产品质量和生产效率；数据安全与隐私保护的举措能够确保生产数据的安全性和机密性。根据上述分析，可以总结出以下智能工厂的规划要点。

（1）技术基础设施规划

确保智能工厂能够支持各种先进技术的应用，包括工业物联网、人工智能、自动化系统等。需要考虑网络架构、传感器和设备的布置、数据存储和处理能力等方面。

（2）数据整合和分析

制定数据整合和分析策略，以确保从不同设备和系统收集到的数据能够被有效地整合和分析。这将为生产优化、故障预测和决策提供可靠的基础。

（3）自动化和机器人化

确定自动化和机器人化的应用范围和程度，包括选择适当的自动化设备和机器人，优化生产线布局和工艺流程，以提高生产效率和质量。

（4）人机协作

规划人机协作的方式，使智能工具和设备与工人进行无缝合作。确保工人能够接受并适应新的技术和工作方式，提供培训和支持。

（5）虚拟仿真和数字孪生

建立虚拟仿真和数字孪生系统，用于产品设计、工艺规划和生产线优化，这能降低试错成本，提高生产效率和质量。

（6）安全和隐私保护

制定安全和隐私保护策略，包括物理安全措施、数据加密、权限管理和隐私保护规范等，确保智能工厂的数据和系统安全。

（7）持续改进和创新

规划持续改进和创新的机制，以不断优化智能工厂的运作。这包括设立指标和监控系统、定期评估和改进生产流程、跟踪新技术和趋势等。

（8）合作伙伴关系

建立与供应商、技术提供商和研究机构的合作伙伴关系，共同推动智能工厂的发展和创新。

相关知识

一、工业物联网

（一）概述

工业物联网（IIoT）已成为智能制造和第四次工业革命的代名词。工业物联网是物联网在工业领域的应用，是物联网与传统工业产业相结合的一种新技术。工业物联网能够根据需要部署人工智能、机器学习、增强现实、数字孪生、云计算、边缘计算等智能技术，并已渗透智能制造的各个领域。

它在智能制造中的作用主要有三个方面。

1）工业物联网可以为智能制造应用提供支撑平台，是传感器、设备、机器、控制器、数据库和信息系统之间的通信主干，它可以与现有技术相连接，并对其进行包装和扩展，从而扩大其功能和使用寿命。

2）工业物联网的最大优势是其能对采集的各种数据进行智能分析应用。制造商能够利用该数据改善质量控制、优化可持续和环境保护措施、增强供应链的可追溯性，并提高供应链的效率。

3）工业物联网能助力现场技术人员确定何时需要维修机器、检测炼油厂管道内的腐蚀程度、监控工业运营中的基础设施，甚至进行资产跟踪。

工业物联网的生态系统如图5-2-1所示。

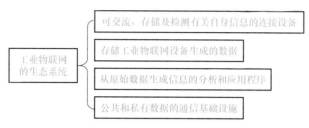

图 5-2-1　工业物联网的生态系统

其中，公共和私有数据的通信基础设施是指收集到的信息直接传输至数据通信基础设施，然后转换为包括预测性维护和业务优化在内的可在分析后应用的各种信息。

艾瑞咨询研究院发布的《2021 年中国物联网行业研究报告》指出：制造业企业具有业务传统、设备众多、作业环节多、工厂规模大等特点，因此工业物联网建设步伐较为缓慢，大致可以分为 5 个阶段（见图 5-2-2），分别为传统工厂、设备数据直采、内部信息融合、产业链打通，以及行业资源共享，最后构成整体产业生态的共通互联。目前，中小型生产企业主要集中在从 0 到 1 的跨越阶段，即部署物联终端，进行设备数据直采。头部工业企业的数字化程度较高，带动更多企业上云上平台，逐步打通上下游数据链。目前，我国不同规模的企业数字化改革的步调不一，小型企业需要着力进行数字化改造，持续提升数字化水平以贴近行业节奏；大型生产型企业应进一步打通产业链上下游及企业间数据，促进行业整体的物联网应用发展成熟。

图 5-2-2　工业物联网建设的 5 个阶段

（二）工业物联网平台

工业物联网平台是工业物联网产业发展的制高点，也是工业物联网应用的支撑载体。工业物联网平台需要不断将各行业、各领域的工业知识与经验沉淀为数字化模型，并以工业组件的形式供开发者调用，以快速构建面向工业场景的定制化应用。由于平台涉及生态和长远商业利益，因此这一领域的竞争十分激烈。目前来看，可以大致归为三类。

一是根植于工业制造领域的巨头，包括传统制造企业、装备制造商，其基于在工业领域主营业务的积累、工业知识的沉淀，将技术积累和经验体系模型化、代码化和工具化，以此构建工业物联网平台。规模大的头部企业，均拥有或正在建立完整的工业物联网平台架构，如工程机械、电子信息、高端装备、电力、钢铁、轻工家电、建筑、船舶等行业，均致力于 OT（运营技术）与 IT（信息技术）融合，并细化应用场景。例如，国外的西门子、PTC（美国参数技术公司），国内的华为、研华、树根互联、海尔、航天科工、徐工信息、工业富联等公司，纷纷推出各自的工业物联网平台，并发展生态合作伙伴。

二是信息通信巨头借助云计算优势，积极发展工业物联网平台。互联网 IT 公司具备强大的基础设施支撑、丰富的大数据分析和 AI 能力、成熟的定价体系，以及安全的保障策略，形成了成熟的云计算服务模式，以云平台为基础，通过联合上下游企业，布局工业物联网。例如，国外的微软、亚马逊，国内的阿里巴巴、百度和腾讯等互联网公司都推出了物联网平台，用友、浪潮等传统企业运营管理系统厂商也纷纷布局。移动运营商也积极参与这个赛道，努力避免被管道化（单纯为互联网企业提供数据管道服务），例如中国移动搭建了物联网平台 OneNET。

前两类以行业巨头为主，第三类则是针对细分领域的中小企业。工业物联网的链条很长，任何一家公司都不可能在链条的每个环节做到极致和领先，需要依赖生态合作伙伴，完成解决方案闭环。正因如此，在传感器、设备接入、工业自动化、测试与测量、通信、安全、工业大数据等环节，诞生了一些优秀的物联网企业。它们专注自己专长的领域，长期深耕，产品不断迭代，从定制化走向标准化，并构建了自己的技术"护城河"。同时，基于客户的要求，它们也开发了一些轻量级的工业物联网平台，实现端到端的完整解决方案交付。平台并非它们的核心优势，更像是产品能力的延伸。这对中小客户比较有用。大企业有自己的 IT 团队，不太会用这些物联网企业的平台，通常只在概念验证阶段测试使用。但也有例外，如果物联网企业平台的有些功能比较实用，而且能很好地满足行业需要，大企业可能会将它整合进来，以平台对平台的方式对接数据。

视野拓展

工业互联网平台"根云"助力传统产业链转型升级

树根互联股份有限公司打造的以工业物联网操作系统为关键的"根云平台"可以为工厂提供设备实时数据采集、产品生命周期管理、大数据分析等服务。在三一重工的"18 号厂房"无人阀块加工中心（见图 5-2-3），"根云平台"根据厂房内数千个传感器反馈的数据，为每一道工序、每一个机型，甚至每一把刀具等匹配最优参数，优化生产流程。

图 5-2-3　三一重工"18 号厂房"无人阀块加工中心

在办公室内的终端屏幕上，时任常德市佳鸿机械有限责任公司总经理的谭宇岐正观察着订单、生产线数据与库存数据的跳动。"拣货状态、作业差错、作业绩效，以及产线上各台设备的利用率等，管理人员都可以很直观地看到。更重要的是，我们的大客户三一集团的订单需求，可以通过这套电子数据交换系统与我们的生产能力紧密对接，指导我们安排生产。"谭宇岐说。树根互联高级副总裁王锦霞介绍，目前，已从过去的单一企业竞争发展为产业链竞争，需要整合供应体系来应对快速的市场变化。

2021年，三一集团依托"根云平台"的功能模块（见图5-2-4），推进产业链互联互通，实现200多家供应商1000多台设备互联；推行系统电子数据交换（EDI）互联，实现200多家供应商系统互联，744家供应商库存共享，51家供应商排产共享。"得益于数字化改造，交货周期缩短，产业链上下游企业在存货和现金占用等方面都实现了改善。"王锦霞说。

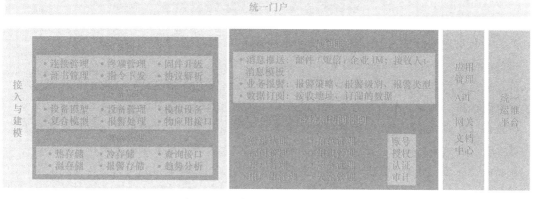

图5-2-4　"根云平台"的功能模块

如今，"根云平台"已为装备制造、钢铁冶金、汽车整车及零配件、电气等数十个行业近千家工业企业提供工业互联网服务，并连续4年入选工业和信息化部"跨行业跨领域工业互联网平台清单"。

"根云平台"为企业提供工业互联服务有哪些意义？

二、智能工厂

智能工厂是工业物联网重要的实践场所，在当前智能制造的热潮下，很多企业在规划建设智能工厂。

学习标杆

贵州铜仁中伟新材料智能工厂

中伟新材料股份有限公司成立于2014年，是国家高新技术企业，也是国家智能制造、绿色制造工厂等示范基地。该公司是专业的锂电池正极材料前驱体与新能源循环材料综合服务商，属于国家战略性新兴产业中的新材料、新能源领域，公司在贵州铜仁建立西部产业基地。

通过实现生产工艺的自动化、信息化、智能化，建设智能工厂（见图5-2-5），中伟新材料股份有限公司的锂离子电池三元正极材料智能工厂项目实现年产1.5万t高性能动力型锂离子电池三元正极材料，预计可新增销售收入18亿元/年，新增利税1亿元/年，是铜仁市省级大数据与工业深度融合的标杆项目。

图 5-2-5 中伟新材料智能工厂

"通过建设智能工厂，去年我们公司生产效率提高了 29.6%，运营成本降低了 25%，产品研制周期缩短了 32%，产品不良品率降低了 22.2%，能源利用率提高了 24.2%。"中伟新材料股份有限公司相关负责人介绍。

智能工厂建设起的工业网络，打通了各个中控室之间的壁垒，将它们统一联网，集中采集数据。例如，在西部产业基地的三元一车间，溶解、配料、反应等工序的主要槽罐设备以及离心的辅助设备的参数通过采集软件直接采集；员工的生产运行记录数据能够自动完成采集、保存、查询和统计分析流程。这大大降低了员工的劳动强度、提高了数据的准确性，更便于管理人员进行生产决策分析。MES 结合该公司的实际情况，实现了基于数据采集、物料批次信息等业务的重组。建立了追溯的前提条件，实现了原材料、生产过程、工艺、质量的双向追溯。

循环高效的环保系统能变废为宝，铸就绿色生产。随着新能源汽车的迭代更新，动力电池开始逐步进入批量化退役阶段。基于此市场机遇，该公司于 2022 年新设再生资源中心。该中心依托全自动化生产的优势，以实现锂电池全生命周期闭环为目标，专攻退役电池回收及资源再生，带动产业链各企业最大限度地减少对自然资源的消耗及环境影响。图 5-2-6 展示了其废旧电池资源的再生产工艺。

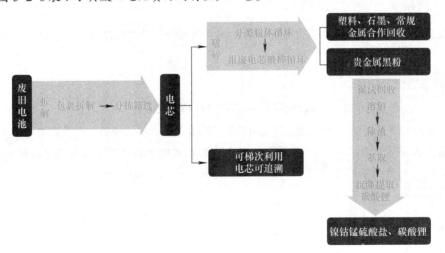

图 5-2-6 废旧电池资源的再生产工艺

关于原材料质检管理全流程，在原材料取样、样品登记、检验项目确定等工序中，系统使质量管控部门得以自动获取各检验室在制品和成品的结果数据，系统自动判定。同时，实现了基于 RFID（射频识别）的智能寻料亮灯系统，通过声音、灯光和看板快速确定要找的物料的位置，减少了在离心、烘干、盘干、混批等环节找料的时间，提高了工作效率。

此外，通过部署无线 Wi-Fi 网络和移动 PDA（手持终端），可以实现全场的设备台账、报修、维修和保养。设备故障一经发现，在第一时间就能通过系统找到有能力维修它的工程师，工程师也可以通过系统的历史数据库、维修记录，以及专业判断快速地找到问题的解决办法，第一时间把检修结果反馈给一线操作人员。

从该案例中可以看出，智能工厂一般具备哪些关键要素？

（一）智能工厂的特征

（1）设备互联

智能工厂能够实现设备与设备互联，通过与设备控制系统集成，以及采取外接传感器等方式，由数据采集与监视控制系统实时采集设备的状态、生产完工的信息、质量信息，并通过应用 RFID、条码（一维和二维）等技术，实现生产过程的可追溯。

（2）广泛应用工业软件

智能工厂广泛应用 MES、APS（高级生产计划与调度系统）、能源管理、质量管理等工业软件，实现生产现场的可视化和透明化。例如，在新建工厂时，可以通过数字化工厂仿真软件，进行设备和生产线布局、工厂物流、人机工程等仿真，确保工厂结构合理；在推进数字化转型的过程中，确保工厂的数据安全，以及设备与自动化系统的安全；在通过专业检测设备检出次品时，能够通过统计过程控制等软件，分析出现质量问题的原因。

（3）充分结合精益生产理念

智能工厂充分体现了工业工程和精益生产的理念，能够实现按订单驱动、拉动式生产，尽量减少在制品库存、消除浪费。推进智能工厂建设要充分结合企业产品和工艺特点。在研发阶段需要大力推进标准化、模块化和系列化，奠定推进精益生产的基础。

（4）实现柔性自动化

智能工厂结合企业的产品和生产特点，持续提升生产、检测和工厂物流的自动化程度。产品品种少、生产批量大的企业可以实现高度自动化，乃至建立"黑灯工厂"；小批量、多品种生产的企业则应当注重少人化、人机结合，不要盲目推进自动化，应当特别注重建立智能制造单元。

（5）注重环境友好，实现绿色制造

智能工厂能够及时采集设备和生产线的能源消耗数据，实现能源高效利用。在危险和存在污染的环节，优先用机器人替代人工，能够实现废料的回收和再利用。

（6）实现从生产排产指令的下达到完工信息反馈的闭环

智能工厂通过建立生产指挥系统，实时洞察工厂的生产、质量、能耗和设备状态信息，避免非计划性停机。通过建立工厂的数字孪生，方便地洞察生产现场的状态，辅助各级管理人员做出正确决策。

（二）智能工厂规划的要点

在智能制造的热潮中，企业不宜盲目跟风。建设智能工厂，应围绕企业的中长期发展战略，根据自身产品、工艺、设备和订单的特点，合理规划智能工厂的建设蓝图。在推进规范化、标准化的基础上，从最紧迫需要解决的问题入手，务实推进智能工厂的建设。

（1）进行智能工厂整体规划

智能工厂的建设需要实现 IT 系统与自动化系统的信息集成；处理来源多样的异构数据，包括设备、生产、物料、质量、能耗等海量数据；应当进行科学的厂房布局规划，在满足生产工艺要求、优化业务流程的基础上，提升物流效率，提高工人工作的舒适程度。

智能工厂的推进需要企业的 IT 部门、自动化部门、精益推进部门和业务部门的通力合作。制造企业应当做好智能工厂相关技术的培训工作，选择有实战经验的智能制造咨询服务机构，共同规划推进智能工厂建设的蓝图。在规划时应注意行业差异性，因为不同行业的产品制造工艺差别很大，智能工厂建设的目标和重点也有显著差异。

（2）建立明确的智能工厂标准

在智能工厂的建设中，企业往往忽视管理与技术标准的建立，容易造成缺少数据标准、一物多码；作业标准执行不到位；缺失设备管理标准，不同的设备采用不同的通信协议，造成设备集成难度大；管理流程复杂，职权不匹配；质检标准执行不到位，导致批次质量问题多等问题。因此，需要建立明确的智能工厂标准，例如业务流程管理规范、设备点检维护标准、智能工厂评估标准等管理规范，以及智能装备标准、智能工厂系统集成标准、工业互联网标准和主数据管理标准等技术标准。

（3）强调人机协作而不是机器换人

智能工厂的终极目标并不是要建设成无人工厂，而应追求在合理成本的前提下，满足市场个性化定制的需求。因此，人机协作将成为智能工厂未来发展的主要趋势。人机协作的最大特点是，可以充分利用人的灵活性完成复杂多变的工作任务。在关键岗位上，人的判断能力和决策能力显得更为重要，而机器人则擅长重复劳动。

素养园地

贵州省推动实体经济向数字化转型，工业发展是引领，融合是主线，政策引导是关键。贵州省围绕"四新"主攻"四化"，积极抢抓新一轮科技革命和产业变革机遇，全省工业经济加"数"发展。

近年来，贵州省坚持把推进新型工业化作为经济高质量发展的首要任务，坚定不移地实施工业强省战略，大力实施工业倍增行动，十大工业产业提速发展，构筑起了贵州省工业发展的四梁八柱。

通过生产线上的"五轴三维测量机"激光扫描，3～4分钟就能完成上百万个数据的收集与分析处理。贵州安吉华元科技发展有限公司（以下简称安吉华元）的智能加工生产线投用后，加工一个飞机发动机叶片的时间，比之前人工操作缩减一半。安吉华元是国家级专精特新"小巨人"企业，已掌握50余项国家授权专利，获多个国家和省部级科学技术进步奖。其中，该公司参与研发的高导叶片电火花微孔加工智能生产线，填补了国内电加工智能生产线空白。

贵州泰和超硬工具股份有限公司自从进行机器换人"车间革命"后，在智能化生产的加持下，生产效率和产品品质实现双提升。该公司相关负责人向记者透露，今年公司又新增加了一条全自动的丝锥生产线，产值达到 60 万元。

用"智造"推进制造，助力企业转型升级做大做强的故事，每天都在贵州省的工业领域精彩上演。

贵州航天林泉电机有限公司将 5G 深入融合运用到企业网络建设中，通过构建多个业务板块的智能化数据上传渠道，帮助企业提升自动化业务承载能力。仅仓储管理系统，入出库周期时间就缩短 20%，产品合格率整体提升 10%。

以"数"为媒，乘"云"而上。贵州省在工业引领下，在蓬勃发展的数字经济助推下，以数字技术与实体经济深度融合为主线，协同推进数字产业化和产业数字化，为传统产业转型升级赋能，为培育新产业新业态提供了发展原动力。

> 自测题目见"电子资源包"。

任务三 运用数字孪生技术推动制造业发展

任务导入

达诺巴特集团：用数字孪生技术赋能中国工业技术创新

作为中国智能制造的"幕后英雄"，达诺巴特集团自身数字化建设包含通过数字孪生技术缩短产品的设计和调试周期，增强业务流程的数字化和加强数据安全保障。

一、数字孪生照进现实

达诺巴特集团是来自西班牙的专注于提供尖端机械解决方案和服务的公司，是"中国制造"高端产品背后的"无名英雄"。

面对中国智造升级和数字化转型的市场需求上升，该集团自身数字化建设包括：通过数字孪生技术缩短产品的设计和调试周期，增强业务流程的数字化和加强数据安全保障。

数字孪生技术的价值体现：以拧螺丝为例，在先进工厂中机器人或机械手执行拧螺丝工序，其遍布的传感器可设定拧螺丝的力度，每个进程的数据在"孪生"系统中都有记录。若发现成品件中螺丝力度不够，可通过系统追溯原因，如机械手上的螺丝刀坏了，更换后继续正常使用。更先进的数字孪生技术甚至可在螺丝刀损坏或即将达到使用上限时，提前提醒工作人员更换。

二、更大化数字孪生的价值

达诺巴特集团全球已有成功案例。例如，在澳大利亚皮尔巴沙漠地区建设铁路货车自动化维修工厂项目中，当地环境恶劣，货车磨损快，工人工作环境和成本高，传统建厂、模拟、试运营方式效率低且试错成本高。

达诺巴特集团早期利用数字孪生技术对工艺方案、工厂布局、内部物流自动运输、生产流程和质量追溯进行分析和优化，在数字世界里模拟工厂运营，发现瓶颈点并加以改善，以优化工厂整体产出并减少投资成本。

同时，通过数字孪生技术的实施，客户能在早期深入参与设计过程，结合达诺巴特集团和用户双方的经验来满足最优方案。具体来说，通过数字孪生技术对数字设备进行模拟运转以及加工验证，改变了早期的串联流程安排，大大加快了设备研发周期。

任务分析

本任务旨在宣传达诺巴特集团数字孪生技术在中国工业技术创新中的应用与价值，面向智能制造领域的相关受众，突出该集团数字孪生技术在缩短产品设计调试周期、优化业务流程、保障数据安全等方面的优势与成果，尤其是通过实际案例展示技术的应用成效与价值。

动画 1-6
认识数字孪生工厂

任务实施

为了将达诺巴特集团的数字孪生技术广泛且有效地推广出去，从而提升其在行业内的知名度、影响力以及市场竞争力，为其在中国工业技术创新领域的发展打下坚实的基础，现制订以下全面且详细的任务实施计划。

1. 传播渠道

1）整合媒体平台资源，包括杂志、网站、公众号。

2）参与展会和研讨会，争取演讲和展示机会。

3）全面扩大传播覆盖面与影响力。

2. 内容形式

1）撰写案例分析报告，呈现技术原理与价值。

2）设计宣传资料，如海报、宣传册等。

3）拍摄制作视频，展示技术优势与成果。

3. 推广节奏

1）前期发布预热稿件，介绍集团和技术前景。

2）中期集中发布内容，形成传播高峰。

3）后期跟踪效果，优化内容与策略。

通过系统且针对性强的任务实施计划，能够深入、广泛且高效地传播达诺巴特集团数字孪生技术的价值与应用成果，助力集团在智能制造领域树立领先的品牌形象，拓展更广阔的市场空间与合作机会。

相关知识

一、什么是数字孪生技术

数字孪生是指通过人工智能、软件分析、机器学习数据等技术来构建数字仿真模型，从而提供物体变化和变化模型的数据资料。用数码技术为实体物体建立一个虚拟模型，以便模仿其行为。虚拟模型可以通过数据了解物理实体的状态，并进行评估和分析其动态变化过程。

通俗地说，数字孪生是指针对物理世界中的物体，通过数字化的方式在数字世界中构造一个一模一样的实体，以此来实现对物理实体的理解、分析和优化。

由定义可总结出数字孪生由三个部分组成，分别是：现实空间中的实物产品、虚拟空间中的虚拟产品、将虚拟产品和实物产品联系在一起进行数据和信息的连接。

通过数字孪生技术，能在问题发生之前发现问题，监控物理对象在虚拟模型中的变化情况；能够完成基于人工智能的多维数据复杂处理、异常分析，并可以预测潜在风险，从而能够合理有效地规划或对相关设备进行维护。

二、数字孪生技术在生产中对不同对象的应用

（一）产品数字孪生

产品数字孪生体的全生命周期演变过程如图 5-3-1 所示。

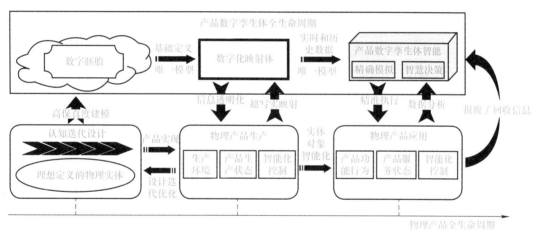

图 5-3-1　产品数字孪生体的全生命周期演变过程

（1）产品设计阶段

数字样机技术能够对产品进行虚拟模拟，但是产品数字孪生体可以包含设计之后的制造和产品运行过程中产生的各种数据。这些数据的采集，可以为产品的仿真和验证提供更多的实际数据，对类似产品的开发具有一定的借鉴意义。利用海量的数据，可以挖掘新颖、独特、具有新价值的产品新理念，并将这些新理念转换为产品设计方案。与此同时，产品的可制造性分析并不仅限于使用虚拟假设的生产系统模型来进行验证，而是结合工厂数字孪生体，利用生产系统实时数据，对产品加工时间、加工质量，以及可能存在的风险进行评估，从而进一步缩短产品设计完成后实现量产的时间间隔。图 5-3-2 展示了产品设计过程的迭代优化。

（2）产品制造阶段

利用产品数字孪生体，可以指导产品制造、装配过程的工作，降低工人技术要求，减少生产过程的错误。一些在线质量检测数据能被记录，对产品装配配合以及产品后续安装运行过程的参数调整起到了指导作用。通过利用产品数字孪生体记录的运行过程数据，可以分析挖掘制造过程的质量缺陷，进一步优化生产制造过程的制造参数，改善质量，提高产品的附加值。

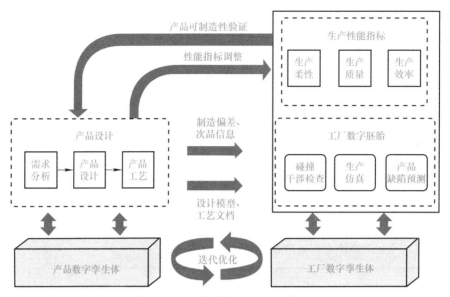

图 5-3-2　产品设计过程的迭代优化

（3）产品运维阶段

在产品安装的调试过程中，可以利用数字孪生体提供的指导书，进行安装和调试的指导工作。特别是单件重大装备，例如大型制造装备、船舶、海工装备、飞机等，它们在设计和制造过程中产生的资料信息对安装调试是非常重要的，利用统一的产品数据，可以提高产品的安装质量，减少调试时间。通过对产品运行过程中的数据进行采集和分析，提高用户对产品运行过程的感知度。同时，制造商还可以利用大量的数据，对其进行数据挖掘和分析，为其提供产品健康管理、设备优化运行、远程维护指导、备品备件调配等增值服务，从而提高其服务水平。

（4）产品的报废回收再利用阶段

通过产品的使用履历、维修 BOM（物料清单），以及更换备品备件的记录，并结合数字孪生模型的仿真结果，判断哪些零部件可以被回收和再制造。

（二）工厂数字孪生

图 5-3-3 展示了工厂数字孪生系统的基本运作原理。

在新工厂建设之前，可以通过数字化工厂仿真技术构建工厂的数字孪生模型，并对自动化控制系统和生产线进行虚拟试运行。

在工厂建设过程中，数字孪生模型可以作为现场施工的指南，还可以应用增强现实等技术在施工现场指导施工。

在工厂建成之后的正式运行期间，可以利用工厂数字孪生模型对实体工厂的生产设备、物流设备、检测与试验设备、产线和仪表的运行状态与绩效，以及生产质量、产量、能耗、工业安全等关键数据进行可视化，并在此基础上进行分析与优化，从而帮助工厂提高产能、提升质量、降低能耗，并消除安全隐患，避免安全事故的发生。图 5-3-4 所示为某数字孪生工厂看板。

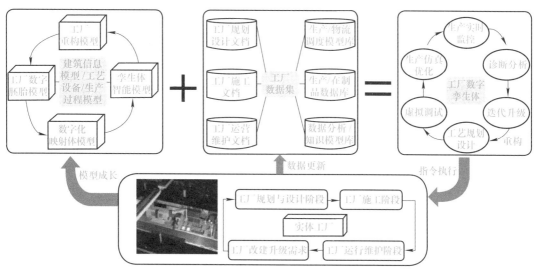

图 5-3-3 工厂数字孪生系统的基本运作原理

对于一个已经建成投产的工厂，在工厂运行过程中，其数字孪生工厂显示的所有数据和状态信息均来自真实的物理工厂，而非仿真结果。毫无疑问，要构建数字孪生工厂，需要实现设备数据采集和车间联网。

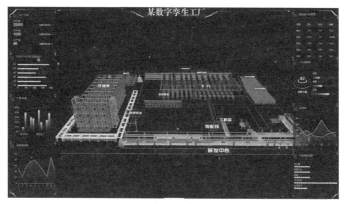

图 5-3-4 某数字孪生工厂看板

产品数字孪生模型与工厂数字孪生模型在产品的制造过程中可以实现融合应用。在推动工厂的数字孪生应用时，如果有高保真的产品数字孪生模型，并且在此基础上能够构建产品的制造、装配、包装、测试等工艺的数字孪生模型，以及各种刀具和工装夹具的数字孪生模型，就可以在数字化工厂环境中，更加精准地对产品制造过程进行分析和优化。

三、数字孪生的主要作用

（一）性能优化

数字孪生能帮助确定设备或产品的最佳参数和操作，实现一些关键性能指标的最大化，并为后期的长远发展做出预测。例如，在注塑中可能需要控制塑料的温度、冷却时间和速度等，而以上各项参数均会受外界条件，如户外温度等的影响。通过收集这些数据可以改进自动化设置和调整机器的各项参数。

（二）运行维护

数字孪生可以通过分析在不同条件下的数据，评估运行状态。远程设备运维经常涉及跨工厂、跨地域设备维护，远程问题定位等情况。将数字孪生应用在这些方面，可以提高系统运行、维护效率，降低运行成本。

（三）机器制造

数字孪生被用作同时创建和开发的真实机器的数字副本。来自真实机器提取的数据会被加载到数字模型中，以便在实际制造开始前就可以对想法进行模拟和检验。例如，美国国家航空航天局使用数字孪生对空间飞行器进行模拟分析、检测和预测，辅助地面控制人员做出相应的决策。

（四）改善客户体验

微课 5-2
数字孪生赋能
智能制造

客户是影响企业战略和决策最关键的一个因素。增强客户体验以保留和开发新客户群是企业日常经营的首要任务。企业可以通过直接创建面向客户的应用程序的数字孪生，获得来自客户的即时反馈，从而提高面向客户的服务水平。例如，特斯拉数字孪生体平台，可以为客户提供实时的操作和维修服务。

在面向市场之前，企业还可以发布新产品概念阶段的数字孪生模型，让客户选择自己更喜欢的设计方案，之后再对其进行详细设计和制造，这样有助于改善客户体验，提升企业销售业绩。

素养园地

2020 年 4 月，国家发展和改革委员会和中央网络安全和信息化委员会办公室联合发布《关于推进"上云用数赋智"行动 培育新经济发展实施方案》，将数字孪生提到了与大数据、人工智能、5G 等并列的高度。

在后续的专题座谈会上，中国工程院院士倪光南提出：工业互联网中的数字孪生技术或平台可以作为工业软件的载体之一。

据倪光南介绍，经过几十年的发展，美国、德国、法国等制造强国在发展工业互联网的过程中，均有强大的工业软件支持。例如，美国 ANSYS 数字化工业互联网平台、法国堪称工业领域的"亚马逊"平台 DaSSault，以及德国 SIEMENS 工业 4.0 平台。

德国工业 4.0 强调的是信息物理融合系统，体现工业软件的作用；美国 GE（通用电气公司）的 Predix 强调了数字孪生技术（见图 5-3-5）。倪光南认为，目前数字孪生的覆盖范围比以前扩大很多，通过建模和仿真，有效融合了物理空间和虚拟空间。

Predix 数字双胞胎

Predix 是唯一一个针对数字双胞胎进行优化的平台和学习系统

Predix 数字双胞胎速览
- 掌握工业资产和系统情报的全新基本方法
- 可用于各种复杂情况：从火花塞到发动机，再到发电机组，甚至整个电厂
- 零件、资产和系统整个生命周期内的多级数据和信息：设计、构建、运行、操作和服务
- 资产和系统知识、早期警告、预测、学习和优化

图 5-3-5　Predix 官方网站对其数字孪生模块的介绍

对比来看，目前中国工业互联网领域的 App 应用企业、App 运营企业、App 供给企业，以及个人开发者主要集中于应用层、平台层，虽然在打通产业链现代化方面取得了很多成效，但是在体现价值链高端方面的边缘层和资源层依然投入较少，中国工业互联网应重视融合和加强工业软件开发。

倪光南说，工业互联建立在传统工业和信息通信技术的基础上，应该实现应用融合与技术创新，从而构建新型产业体系。

> 自测题目见"电子资源包"。

项目评价

任务的评价考核，采用多元评价方式，从自评、组内、组间、教师几个角度来评价，主要从团队协作、任务完成的完整度、方案质量、任务的逻辑性、专业知识的掌握和应用、方法和能力的提升几个方面进行评价，如表 5 所示。

表 5　任务考核表

专业名称		班级		组别					
任务内容									
评价维度	评价项目	评估标准	分值	自评	组内	组间	教师	得分	
知识	智能制造基础	能清晰解释供应链智能制造的基本概念和关键技术	10						
	技术应用案例	能描述并分析实际应用中的供应链智能制造案例	10						
	行业趋势分析	能探讨智能制造在当前行业中的发展趋势和影响	10						
能力	数据分析能力	能有效运用数据分析工具分析智能制造数据	10						
	技术集成能力	能够理解和应用供应链智能制造的技术集成方法	20						
	解决问题的能力	能够针对供应链智能制造中的挑战提出解决方案	10						
素养	信息安全意识	能够理解并遵守供应链智能制造中的信息安全规定	10						
	创新能力	能够提出并实施供应链智能制造的创新策略	10						
	责任感	表现出对任务和团队的责任感和承诺	10						

（注：总分值以 100 分制计，得分 = 自评 10%+ 组内评 10%+ 组间评 10%+ 教师评 70%）

项目六

供应链智慧物流的数字化应用

学习目标

知识目标

- 了解智慧物流中智能仓储、数字化运输配送、数字通关和智慧港口的新兴技术及其应用场景
- 掌握智慧物流的服务特征和技术要求
- 熟悉数字化运输调度平台和车货匹配平台的功能及类型

技能目标

- 能进行仓网规划
- 能运用 EIQ 分析法对仓储对象进行分析
- 能自主完成简单的 VMI 模型的实践步骤

素养目标

- 培养全局思维，增强整体意识
- 基于现代物流的数字化、国际化和"一带一路"的背景，提高学习能力和应用能力，培养国际化视野

任务一 认识智慧物流

任务导入

美的智慧物流的实践者

——安得智联的数智化"1+3"物流服务模式

作为美的集团产业数字化板块核心成员之一的安得智联是一家致力为客户提供端到端数智化供应链解决方案的物流科技企业。基于美的产销模式及渠道"一盘货"变革的经营实践，安得智联建立了端到端全链路数智化的物流运营迭代能力，能协助企业推动渠道变革与供应链效

率优化，提升竞争优势，助力客户实现可持续性发展。

安得智联总裁将其物流服务模式概括为："1+3"模式。

"1"是指"全链路"。当前，安得智联已发展成国内屈指可数的供应链服务商，它能提供从原部件到工厂再到成品，且从成品下线后就交由安得统仓统配到全国任何一地的最小分销门店，并且实现了直接2C的全链路一体化。

"3"是指"一盘货""送装一体""生产物流"。

"一盘货"的实质是与客户一起解决渠道多元化、订单碎片化带来的履约成本上升、增收难、增利更难的困境，通过全渠道库存共享，减少搬运次数的同时，提高库存周转、降低库存水位、减少库存呆滞等。

"送装一体"则主要服务于大件商品，旨在帮助品牌方连接用户，并给其更好的服务与体验。

"生产物流"脱胎于美的集团的业务变革。安得智联将美的几十年的精益制造，沉淀转化为"灯塔工厂供应链方案"，从总体框架与实施体系方面，结合客户及行业特征，做系统性的社会化输出。

数智技术也是安得智联"一体化供应链物流服务商"的底色。安得智联作为美的产业数字化版图中的重要一员，一直以来都积极拥抱数智化"浪潮"，已实现"全链路、端到端"的数智化，建立起了极强的核心运营能力和产品经营能力。通过"全链路数据采集及信息化"，可以获得"更高效、更可控的过程执行"，不管是人、货、车、场的连接，还是订单、信息、物流三流合一的智能管理与决策，从而推动新一轮业务变革。图6-1-1中呈现了安得智联的智能仓储设备。

图 6-1-1 安得智联的智能仓储设备

安得智联将积累多年的供应链实践经验，以及长期以来技术投入带来的数智化能力，固化成实用工具；通过技术驱动的一体化供应链物流服务，帮助企业优化库存管理、减少运营成本、高效分配内部资源，让客户专注核心业务，实现新的增长。

通过技术革新，安得智联"一盘货"入选国家发展和改革委员会"物流业制造业深度融合创新发展典型案例"，获得高新技术企业证书、国家认定企业技术中心、中国驰名商标、科技进步奖二等奖、2022LOG低碳供应链＆物流创新优秀企业等各类荣誉奖项。

安得智联成功实践的数智化物流服务模型体现了智慧物流的哪些特征？

📋 **任务分析**

在这个任务中，你需要学习智慧物流的服务特征和打造智慧物流的技术要求。以安得智联的智慧物流服务为例，你需要分析安得智联的数智化物流服务模型，并分析每类服务体现了智慧物流的哪类特征。

✓ **任务实施**

在安得智联的数智化"1+3"物流服务模型案例中，作为美的智慧物流的实践者，安得智联分享了其基于美的资源及自身沉淀的数字化转型经验。它打造的全链路数字化供应链解决方案，展示了其智慧物流一体化、柔性化、社会化和智能化的特征。

1. 智慧物流一体化："全链路"

安得智联的"全链路"模式体现了智慧物流一体化的特征，通过全渠道的供应链资源整合，不断去中间化，使供应链条更短，建立区域库存共享体系，有效盘活渠道库存，进而实现全渠道"一盘货"的整合，构建新型的智慧供应链，助力企业完善以客户为中心的营销体系。

2. 智慧物流柔性化："1+3"模式

安得智联的"1+3"模式帮助品牌方连接用户，并给用户更好的服务体验，体现了智慧物流柔性化的特征。

作为美的数字化变革的供应链物流承接方，安得智联发挥了重要的供应链底盘作用。在智能制造生产端，安得智联构建的柔性供应链体系，伴随美的走过了从"制造"到"智造"的全过程，积累了"灯塔"经验。在流通端，安得智联"一盘货"模式，实现了库存共享与订单分配；在末端的用户直达上，安得智联可打造优质的"送装一体"服务体验。整体来看，安得智联通过数智化能力建设，可支撑企业实现全链路监控和"一张订单的全程可视"。

安得智联的这套智慧物流解决方案已应用于家居行业的众多头部品牌企业。

3. 智慧物流社会化：对外物流服务能力迭代

安得智联基于美的产销模式及渠道"一盘货"变革的经营实践，建立了端到端全链路数智化的物流运营迭代能力，对外部企业的服务规模越来越大，这体现了智慧物流社会化的特征。

4. 智慧物流智能化：数智化能力

安得智联将长期技术投入带来的数智化能力，固化成实用工具，如它的智慧仓储科技中心，这体现了智慧物流智能化的特征。

"数据+物联网+人工智能"的数字技术，让物流的日常营运变为"可视化+可量化+可优化"。在"业务的数据化+数据的业务化"不断迭代过程中，能重构出新的生产关系，甚至商业模式。

相关知识

一、智慧物流的服务特征

现代物流业作为经济体系和民生需求的关键一环，在高质量发展阶段对经济市场效率的提升起到至关重要的推动作用。同时，作为供应链的商流、信息流、物流、资金流四流之一的物流在供应链的运转中起着十分重要的作用。所以，在数字化转型如火如荼的进程中，智慧物流得到了快速发展。那么，智慧物流的具体含义是什么呢？

智慧物流是一种先进的物流运作模式，它在物流业运输、仓储、配送、包装、装卸等基本活动环节中，集成应用先进的物联网技术、大数据技术、传感技术、控制技术、人工智能技术等现代技术，实现对物流运作系统的有效感知和高效学习，从而实现整个物流系统的智能化、自动化运作和高效优化管理，同时能降低成本、减少自然资源和社会资源消耗。

从上述定义和案例中就可以看出，与传统物流相比，智慧物流具有柔性化、社会化、一体化和智能化的特征。

（一）柔性化

柔性化本来是为实现"以客户为中心"的理念而在生产领域提出的，即真正根据客户需求的变化来灵活调整生产工艺。物流的发展也是如此，必须按照客户的需要提供高度可靠的、特殊的、额外的服务。"以客户为中心"服务的内容将不断增加，其重要性也将不断增强，如果没有智慧物流系统，柔性化的目的是不可能达到的。

（二）社会化

随着物流设施的国际化、物流技术的全球化和物流服务的全面化，物流活动不再局限于一个企业、一个地区或一个国家。为实现货物国际性的流动和交换，以促进区域经济的发展和世界资源优化配置，一个社会化的智慧物流体系正在逐渐形成。构建智慧物流体系对降低商品流通成本将起到决定性的作用，并成为智能型社会发展的基础。

（三）一体化

智慧物流活动既包括企业内部生产过程中的全部物流活动，也包括企业与企业、企业与个人之间的全部物流活动。智慧物流的一体化是指智慧物流活动的整体化和系统化，它是以智慧物流管理为核心，将物流过程中运输、存储、包装、装卸等环节集合成一体化系统，以最低的成本向客户提供最满意的物流服务。

（四）智能化

智能化是物流发展的必然趋势，是智慧物流的典型特征，它贯穿于物流活动的全过程，随着人工智能技术、自动化技术、通信技术的发展，智慧物流的智能化程度将不断提高。智慧物流不仅限于处理库存水平的确定、运输道路的选择、自动跟踪的控制、自动分拣的运行、物流配送中心的管理等问题，随着时代的发展，它将不断被赋予新的内容。

二、打造智慧物流的技术要求

打造智慧物流，就必须将现代信息和传感等技术应用到实践中，通过物联网进行信息的交换与通信，从而达到对货物仓储、配送等流程的有效控制，进而达到降低成本、提高效益、优化服务的目的。利用物联网技术和完善的配送网络，建立面向生产企业、流通企业和消费者的社会化共同配送体系。

例如，上述案例中的安得智联的仓配网络，覆盖全国县区无盲点，拥有 117 个区域配送中心，2500 多个"最后一公里"网点（数据截至 2022 年 10 月），这样才能实现其"送装一体"的物流服务模式；将自动化、可视化、可控化、智能化、系统化、网络化、电子化的发展成果运用到物流系统中。

素养园地

《"十四五"现代物流发展规划》的"三个坚持"

2022 年年底，国务院办公厅公开发布了《"十四五"现代物流发展规划》（以下简称《规划》）。

《规划》有三个方面的主要特点，概括起来就是"三个坚持"：一是坚持问题导向。重点聚焦物流成本高且效率低、物流基础设施和服务体系结构性失衡、现代物流大而不强、部分领域短板较为突出等问题，提出系统性、针对性解决举措，包括推动物流提质增效降本、加快物流枢纽资源整合建设、完善现代物流服务体系以及补齐大宗商品物流、农村物流、冷链物流、应急物流、航空物流短板等。二是坚持创新驱动。发挥创新在建设现代物流体系中的引领作用，促进物流业与制造业深度融合，强化物流数字化科技赋能，推动绿色物流发展，培育枢纽经济、通道经济等物流经济新形态。三是坚持系统推进。统筹加强国家物流枢纽和国内国际物流大通道建设，"点""线"结合加快构建内外联通、安全高效的物流网络；统筹发展物流新业态新模式和提升传统物流服务质量效率，"创新""转型"并重加快完善集约高效的现代物流服务体系；统筹健全现代物流发展支撑体系和强化政策支持引导力度，"强基础""优环境"协同发力加快现代物流高质量发展。

《规划》是我国现代物流领域第一份国家级五年规划，是"十四五"时期推动现代物流发展的纲领性文件，具有重要的里程碑意义，必将有力推动构建现代物流体系，推进物流提质增效降本，提升产业链供应链的韧性和安全水平，有效助力稳增长、稳就业、稳物价，为构建新发展格局、推动高质量发展、推进中国式现代化提供有力支撑。

自测题目见"电子资源包"。

任务二 管理数字化仓储与智能配送

任务导入

S 公司是一家专注于通信网络和云运算领域设备研发和生产的企业，主要涉及交换机、路由器、移动基站、机顶盒、服务器、存储器等产品。S 公司主要依照客户订单进行备料，执行的是推动式供应链体系。

随着 S 公司的营业额不断增加，物料需求种类和需求数量也在持续上升。为避免断料、短料情况的发生，公司对库存存储空间的投入资金也持续逐年增加，其库存管理问题迫切需要优化。

任务分析

S 公司通过建立 ABC 分类体系并对现有 VMI（供应商管理库存）系统进行优化，解决目前库存管理存在的库存结构不合理、库存周转缓慢及外租仓库成本过高等问题。

任务实施

S 公司实际管理操作中出现的许多问题给库存管理带来了很大的阻碍，主要问题如下：

（1）库存分类方法陈旧，原物料仓中半成品、成品库存量居高不下。

（2）客户需求临时变更，供应商来不及根据最新需求情况做出调整而安排出货，库存积压严重。例如，当某个客户的生产需求延后时，大部分供应商物料已经备好且出货，无法根据最新情况做出调整。如此一来，大批物料又变成积压库存。

（3）过多的非必要生产用料占据仓库存储空间，导致仓库爆仓，生产急需物料无法入厂及卸货。由于多种异常情况的发生，仓库管理部客服经常发出仓库爆仓预警，大批非生产用料积压，严重影响仓库的生产急用物料的正常卸货和理货。

仓库管理水平的落后直接影响了 S 公司的库存周转率及库存周转天数，使其落后于同行业其他企业，降低了 S 公司的市场竞争力。

为优化库存管理水平，S 公司采取了以下措施。

第一步：建立 ABC 分类体系

S 公司作为生产制造企业，生产所需物料多达上万种。每种物料的具体规格、型号也存在差异，S 公司选择使用 ABC 分类法，对其进行合理分类并进行有效库存管理。

ABC 分类法就是依据一定的原则对众多物品进行分类，对不同类别物品采取不同库存管理策略的一种方法。

（1）ABC 分类原则

在库存管理中，一般将单价高、资金占用比例大、品种比例小的物品划为 A 类，将单价低、资金占用比例小、品种比例大的物品划为 C 类，介于两者之间的划为 B 类，见表 6-2-1。

表 6-2-1 ABC 分类原则

库存物料类别	品种比例（%）	资金占用比例（%）
A 类	5% ~ 15%	60% ~ 80%
B 类	20% ~ 30%	20% ~ 30%
C 类	60% ~ 80%	5% ~ 15%

（2）库存管理策略

ABC 分类法是以控制存货金为原则的管理方法，根据不同的资金占用量和物品品种类别实施不同的管理策略。

例如，对 A 类物品进行重点管理，A 类物品的现场管理要更加严格，应将其放在更安全的地方，对其进行检查和盘点的频率更高，库存记录要准确；对 B 类物品进行次重点管理，现场管理投入的精力比 A 类物品少一些，库存检查和盘点的周期可以比 A 类物品长一些；对 C 类物品给予一般管理，现场管理可以更粗放一些，鉴于 C 类物品品种多，出差错的可能性也比较大，因此必须定期进行库存检查和盘点，但周期可以比 B 类物品长一些。

上述分类原则具体落实到物料分类中是一项巨大的工程，无法一蹴而就，需要规划好、分步骤、有序地进行。

1）明确 S 公司 ABC 分类法需要应用的对象，包括芯片、硬盘、存储器、印刷电路板、电源线、包装材料、栈板等。分析要素就是物料的种类及其所对应的采购金额。

2）收集 S 公司所有生产所用物料及其物料种类和各物料种类所对应的采购金额。以 2021 年 4 月采购物料数据为例进行收集并分析，见表 6-2-2。

表 6-2-2　S 公司 2021 年 4 月采购物料表

序号	物料	数量（PCS）	金额（元）
1	二极管	161500	7561.35
2	三极管	70524	37238.27
3	天线	5500	22920.70
4	包材	69741	84908.52
5	印刷电路板	11805	619649.84
6	芯片	191380	1687258.66
7	屏蔽盖	43782	49721.18
8	连接器	429910	317247.99
9	散热片	63758	210712.05
10	硬盘	325	115407.50
11	开关	18496	462992.51
12	雷击保护器	152000	19390.81
13	电池	30000	110198.25
14	电阻	17007500	38009.60
15	电容	50398800	1006873.09
16	电感	419100	65490.49
17	电源线	2750	869.66
18	垫圈	2000	854.92
19	磁珠	444500	3471.74
20	标签	3557	697.17
21	壳子	205834	811507.45
22	滤波器	1061500	22665.03
23	镜头盖	24300	33034.15
24	变压器	47350	41420.97
25	显示屏	61232	51632.88
	总计	70927144	5821734.78

3）分析处理所收集的数据信息。先根据各类物料的采购金额大小进行排序；然后分别计算出各类别物料采购数量占 S 公司 2021 年 4 月物料采购总量的比例、各类物料采购金额占物料采购总金额的比例、各类别物料采购金额的累计比例，见表 6-2-3。

表 6-2-3　S 公司 2021 年 4 月采购物料表（按金额占比排序）

序号	物料	数量（PCS）	金额（元）	数量占比（%）	金额占比（%）	金额累计比例（%）
1	芯片	191380	1687258.66	0.27	28.98	28.98
2	电容	50398800	1006873.09	71.06	17.30	46.28
3	壳子	205834	811507.45	0.29	13.94	60.22
4	印刷电路板	11805	619649.84	0.02	10.64	70.86
5	开关	18496	462992.51	0.03	7.95	78.81
6	连接器	429910	317247.99	0.61	5.45	84.26
7	散热片	63758	210712.05	0.09	3.62	87.88
8	硬盘	325	115407.50	0.00	1.98	89.86
9	电池	30000	110198.25	0.04	1.89	91.76
10	包材	69741	84908.52	0.10	1.46	93.22
11	电感	419100	65490.49	0.59	1.12	94.34
12	显示屏	61232	51632.88	0.09	0.89	95.23
13	屏蔽盖	43782	49721.18	0.06	0.85	96.08
14	变压器	47350	41420.97	0.07	0.71	96.79
15	电阻	17007500	38009.60	23.98	0.65	97.45
16	三极管	70524	37238.27	0.10	0.64	98.09
17	镜头盖	24300	33034.15	0.03	0.57	98.65
18	天线	5500	22920.70	0.01	0.39	99.05
19	滤波器	1061500	22665.03	1.50	0.39	99.44
20	雷击保护器	152000	19390.81	0.21	0.33	99.77
21	二极管	161500	7561.35	0.23	0.13	99.90
22	磁珠	444500	3471.74	0.63	0.06	99.96
23	电源线	2750	869.66	0.00	0.01	99.97
24	垫圈	2000	854.92	0.00	0.01	99.99
25	标签	3557	697.17	0.01	0.01	100.00
	总计	70927144	5821734.78	100.00	100.00	—

4）根据 ABC 分类原则进行分类。将计算好的物料一览表比照 ABC 分类原则进行分类。

基于表 6-2-3，结合采购数量与采购金额，占采购金额总量 28.98% 的芯片为 "A" 类物料，占采购金额总量 65.35% 的电容等为 "B" 类物料，而剩下的 5.67% 为 "C" 类物料，具体见表 6-2-4。

表 6-2-4　ABC 分类结果

库存物料类别	物料
A 类	芯片
B 类	电容、壳子、印刷电路板、开关、连接器、散热片、硬盘、电池、包材、电感
C 类	显示屏、屏蔽盖、变压器、电阻、三极管、镜头盖、天线、滤波器、雷击保护器、二极管、磁珠、电源线、垫圈、标签

5）针对不同物料类别进行差异化库存管理。

① A 类物料管控方式：设定安全库存量，一般维持在 4～6 周生产用量水准并随时检查库存 "水位"，一旦库存 "水位" 低于安全库存量，采购应督促供应商及时安排出货，把库存补足到安全库存 "水位"。对于此类物料，库存太少会威胁到生产进度，库存太多会出现大额资金占用，所以其安全库存 "水位" 的设置既不能太低，也不能太高。为了加速资金周转，应加速此类物料周转速度，减少其在库时间，避免库存资金的积压。

② B 类物料管控方式：设定安全库存量，一般维持在 3～4 周用量水准，每周对物料库存 "水位" 进行检查，在确保生产能够持续进行的前提下适当减少库存并允许少量物料缺料。此类物料管控的目标是保证实际生产需求持续、顺畅进行。

③ C 类物料管控方式：设定 3 天安全库存量，根据生产需求每天叫料，保证生产物料准时到料即可。

第二步：优化供应链协同仓系统

要想改变供应链协同仓（VMI）单向运作的弊端，让供应商及时了解 S 公司需求预测变更并做出相应响应，首先就要建立信息共享平台。针对 S 公司与供应商信息沟通现状，建议 IT 直接利用现有 SCM（供应链管理）网站，扫除技术障碍，将 SAP-SCM 网站的供应商信息共享串联起来。只要 IT 解决 SAP（企业管理解决方案的软件名称）与 SCM 网站端口对接的问题，供应商便可定期到 SCM 网站（信息共享平台）自行下载缺料报表、回传交期并最终回写到 S 公司 SAP 系统。

如图 6-2-1 所示，S 公司的 VMI 运作流程优化后，VMI 供应商自行在信息共享平台上下载的缺料报表需求是最真实的需求预测数据，无采购人为调整数据困扰，也没有因为采购作业粗心导致的错误数据，其可以根据缺料报表需求进行备料及出货。由于考虑到在途时间及缓冲库存量，厂商一般会安排物料 4～6 周生产用量出货，厂内物控再根据工单需求将物料从 VMI 仓转到 CMI（客户管理库存），发到生产线上使用。整个需求传递及供应商响应都将通过信息共享平台自主完成，采购人员就可以解放出来去确认供应商上传的数量与需求时间是否可以 100% 满足生产需求。如此，既确保了厂商获得需求数据的准确性，又让整个闭环高效、有序进行。通过信息共享平台，厂商可以看到未来 6 个月的需求，有足够的时间去进行备料及调整，防止因为生产前置期不足而导致缺料或者因为 "牛鞭效应" 而导致呆料。

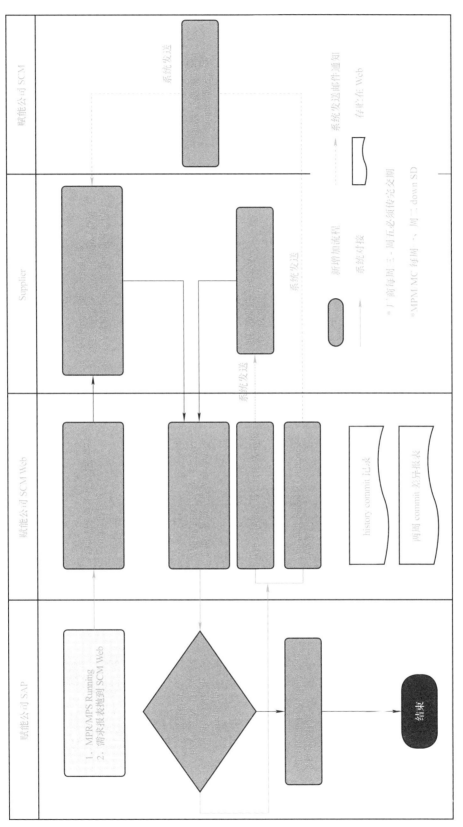

图 6-2-1 S 公司优化后的 VMI 运作流程

优化 VMI 流程后，其成效如下：

（1）有效降低库存

将 SCM 网站对供应商开放，供应商通过网站可直接参与不同物料的需求变化并根据需求预测调整备料与出货，使物料能够在 S 公司平滑生产中消耗，减少积压与呆滞。

（2）减少缺料频率

通过 SCM 网站，供应商能够直观地看到未来几个月的需求预测并安排备料，依据需求将物料交到园区第三方 VMI Hub 仓，生产依照工单需求进行领料，减少因为生产前置期不足而导致的缺料，确保生产持续顺畅进行。

（3）节约调料成本

由于 S 公司同时存在多个客户，为了防止不同客户间出现抢料现象，每个客户都依照自己编码原则编写物料料号，所以很多时候会出现供应商料号一对多的现象。当某个客户料号生产紧急缺料时，可以通过 VMI 网站，对 VMI 现有库存物料进行调拨，调到急需生产的客户料号下，优先满足生产需求。

（4）提高整体供应链效率

通过 SCM 网站，供应商可以根据 S 公司需求预测固定更新周期自行下载需求及回复交期，让采购人员解放出来并有充足的时间去确认供应商的交期是否可以满足 S 公司生产需求，及时查漏补缺，让整个供应链持续高效运转。

（5）削弱"牛鞭效应"影响

VMI 交货模式让供应链上相邻两个节点的企业共享同一份需求预测，使这两个节点企业收到的需求信息是一致的，这在一定程度上减少了"牛鞭效应"的影响。这种信息共享放到整个供应链条上则抑制了传统交货模式上需求层级放大的现象，整体供应链条上的库存改善效果更加明显。

微课 6-1
VMI 供应商管理库存

学习标杆

菜鸟为新锐健康品牌田园主义量身打造无人仓

新锐企业凭借敏锐的市场洞察、强势的尖刀产品迅速打开市场，但是相对薄弱的中后台尤其是供应链限制了企业的扩张。如何帮助新锐企业解决后顾之忧？菜鸟供应链推出了从原材料到消费者的全托管数智化供应链解决和协同方案，为新锐企业提供个性化的定制服务，以解决它在不同场景下的物流需求。

田园主义是以全麦面包为代表的健康食品赛道里快速崛起的品牌之一，主要产品是全麦面包和健康产品。田园主义和菜鸟供应链的合作从新厂最初的选址和仓网规划阶段就已经开始了。

菜鸟供应链可以在全域销售分析的基础上提供优化仓网布局的方案，搭建属地化、分仓化的履约网络。同时，菜鸟协同商家数据提供选址建议，可以利用覆盖全国的仓网资源和物流骨干网络迅速帮助商家建仓、建厂。

菜鸟供应链为这家新锐企业量身打造了智能无人仓，自动化和无人化的仓库效果凸显。面包从田园主义的自动化工厂生产出来后，经自动装袋包装、自动装筐后，经传送带运输，就进入了菜鸟为其量身打造的无人仓内。此后，自动机械手臂将一筐筐的面包整齐码放到托盘上，而自动化叉车则将托盘自动搬运到 AGV（自动导向车）机器人上面，AGV 机器人随之将其推送到存储位进行存储。

当有订单产生时，菜鸟仓库管理系统（WMS）"大宝"将发出指令，AGV 机器人会将货品自动从存储位送到拣选区；拣选区开始自动开箱、自动封箱、自动贴标、自动扫描揽收，通过爬坡机输送到快递车上。自动化不仅带来了效率的提升，还可以减少仓内作业人数、节省人工成本、降低管理成本。

除了提供软硬件支持，菜鸟还通过供应链领域的积累，帮助新锐企业梳理优化仓内流程，提供组织架构的建议，并提供相应的人员培训，进一步提升效率。菜鸟对田园主义进行了仓内动线的优化，用"O"形动线替代原有的交叉动线，减少商品的无效行走距离，使功能区的布局更加合理，提升了仓内流动效率。菜鸟供应链帮助田园主义缩短从下线到物流分拨的每个环节，全面提升从仓储、拣选到物流各环节的流通效能，减少产品的在库时长，使田园主义仓内效率提升 20%。

2019 年 8 月，田园主义第一家天猫店上线之后，不到两年时间，月销售额从 70 多万元，快速飙升至 7000 多万元，日均订单从最初的几十单，上涨到现在的 5 万~6 万单。"为了保证新鲜度，我们必须在 48 小时内把全麦面包发出去，这是提升用户体验的关键环节。"田园主义 CEO 朱江涛说。高效的仓储物流是改善用户体验最关键的环节。

菜鸟为田园主义量身打造的智能无人仓是如何帮它实现供应端到需求端的融合畅通的？

相关知识

一、运用 VMI 实现数字协同

（一）VMI 的概念和意义

根据中华人民共和国国家标准《物流术语》（GB/T 18354—2021）的定义，VMI 是指按照双方达成的协议，由供应链的上游企业根据下游企业的需求计划、销售信息和库存量，主动对下游企业的库存进行管理和控制的库存管理方式。

VMI 打破了传统的各自为政的库存控制模式，体现了供应链的集成思想。在 VMI 模式下，供应商核查代管客户库存，物料被自动地"推"给客户，并按照市场需求安排生产和财务计划。制造商和零售商的紧密合作大大改善了整个流程，制造商不再依赖零售商的订货而组织生产和供货，从而减少了系统成本、订货成本、固定资产，也降低了整个供应链的库存，提高了供应链的效率。

实施 VMI 对供应商和客户双方的意义如图 6-2-2 和图 6-2-3 所示。

图 6-2-2 实施 VMI 对供应商的意义

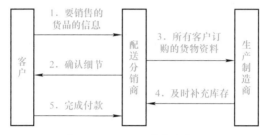

对客户的意义

由于不需要对库存水平进行监测，计算机代替了纸张单据以及简化了订货手续，因此客户的库存管理费用大大降低

由于降低了库存水平、减少了过时存货、加速了库存周转，从而加快了现金流转，客观上相当于增加了现金流量

随着销售的加速，供货提前期缩短，同时减少了挂牌销售而实际仓库缺货的现象；可以提高企业信誉，有效改善企业形象，提高客户满意度和忠诚度

图 6-2-3　实施 VMI 对客户的意义

（二）企业实施 VMI 的步骤和需要具备的条件

一个简单的 VMI 模型和实施步骤如图 6-2-4 所示。

客户　　1. 要销售的货品的信息　→　配送分销商　　3. 所有客户订购的货物资料　→　生产制造商

2. 确认细节　←　配送分销商

5. 完成付款　→

4. 及时补充库存　←

图 6-2-4　VMI 的实施步骤

企业进行 VMI 需要具备的条件见表 6-2-5。

表 6-2-5　企业进行 VMI 需要具备的条件

条件	具体含义
计划系统	要有 ERP 系统。该系统要能实现库存状态的透明化以及业务处理的标准化，使供应商能随时对企业的库存状态进行跟踪、调查
网络传递	网络电子数据传递
条码技术	扫描出入库物料条码，实现对物料的准确识别，便于供应商随时跟踪和检查库存情况，快速反应
合作协议	供应商和采购方之间要有互动共赢的合作框架协议

二、在不远处等你——无人智能仓储的仓网规划

某咨询机构的数据显示，中国经济的持续健康发展和中国物流业的崛起为仓储业的发展提供了巨大的市场需求，加上制造业、商贸流通业外包需求的释放和仓储业战略地位的加强，未来智能仓储存在巨大的市场需求。2023 年，中国智能仓储市场规模已达到 1533.5 亿元。

当前国内智能仓储市场处于发展初期，随着智能仓储行业发展政策促进、应用需求增长和相关技术不断突破，智能仓储行业将得到进一步的发展。

（一）无人仓库规划的要求

判断无人仓库规划布局是否合理。首先要对仓库的交通情况、仓库规模大小、地理位置和仓库设施、道路等各因素进行科学规划和设计。

一个合理的仓库规划布局，可以提升仓库的空间利用率，使产生的经济效益最大化，具体表现为以下几个方面：

1）提高仓库产出率，实现最低仓库成本费用。

2）便于无人仓库的管理人员进行仓库作业管理，提高仓库内存储物资流动速度。

3）利于在运输、保管、装卸物资等方面提高对顾客的服务水平。

4）给仓库管理人员提供良好的工作环境与条件。

（二）常见无人仓库布局

（1）U形布局

可以按照进/出货频率大小，将流量大的物品安排在靠近进/出口的储存区域，以缩短这些物品的分拣、搬运路径。无人仓库的U形布局（见图6-2-5）适用于有大量物品需要一入库就进行出库操作的企业，可以提高运作效率。另外，储存区在靠里位置，比较集中，易于控制与进行安全防范。这是当前仓储行业采用较多的一种布局方式。

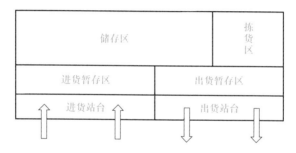

图6-2-5　无人仓库的U形布局

（2）直线形布局

无人仓库的直线形布局无论订单大小与拣货品种多少，都必须经过仓库全程；适用于作业流程简单、规模较小的物流作业。无人仓库的直线形布局（见图6-2-6）可以应对进/出货高峰同时出现的情况。

图6-2-6　无人仓库的直线形布局

（3）T形布局

无人仓库的T形布局（见图6-2-7）可以满足物品流转与储存两大功能，可以根据需求增加储存面积与空间。

图6-2-7　无人仓库的T形布局

（三）无人仓库布局思路

1）根据物品的特点，分区分类存放，具有相似特点的物品共同存放。

2）重不压轻，将单位体积大、单位质量大的物品存放在货架底层，并且靠近出库区和通道。

3）周转率高的货品储存在进/出库装卸搬运最便捷的位置。

4）对同一供应商或者同一客户的物品进行集中储存，便于后期进行分拣配货作业。

（四）无人仓库布置形式

（1）空间布置

空间布置是指库存物品在仓库立体空间上布局，其目的在于充分有效地利用仓库空间，从而提高库容利用率，扩大储存容量。在货架各层中的物品，可以做到随时自由存取，便于实现先进先出。某些专用的货架还能起到防损、防盗的作用。

（2）平面布置

平面布置是指对货垛、通道、货垛间距、收/发货区等区域进行合理规划，主要有横列式平面布置、纵列式平面布置、横纵式平面布置（见图6-2-8）和倾斜式平面布置等类型。

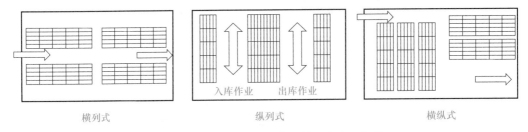

图 6-2-8　横列式、纵列式和横纵式平面布置

横列式平面布置的优点在于主通道长且宽、副通道短，便于存取查点，通风采光良好，但是仓库使用率低。

纵列式平面布置的优点在于仓库利用率较高，适用于主通道货位储存周转率高的物品和副通道货位储存周转率低的物品，但是在该布置下，并不利于机械化作业。

横纵式平面布置是横列式平面布置与纵列式平面布置的结合，它有两种布置的优势，可以根据不同储存物品的特性进行利用。

倾斜式平面布置又分为货垛倾斜式平面布置（见图6-2-9）与通道倾斜式平面布置（见图6-2-10）。

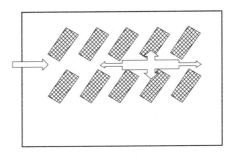

图 6-2-9　货垛倾斜式平面布置

货垛倾斜式平面布置是横列式平面布置的变形，目的主要是便于无人叉车作业、减小叉车旋转角度、提高作业效率。

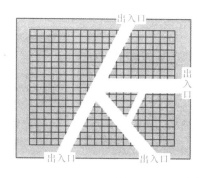
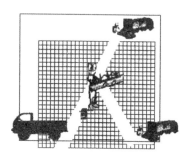

图 6-2-10　通道倾斜式平面布置

通道倾斜式平面布置是指货垛与库墙之间仍垂直，而通道与货垛和库墙之间成锐角。这种布局方式既能避免形成死角盲区，也便于货物的搬运、提高作业效率。这种布局形式，仓库内部结构形式复杂，货位和进出库路线较多。它还可以把仓库划分为具有不同作业特点的区域，如大量存储和少量存储的保管区等，以便进行综合利用。通道倾斜式平面布置可以将仓库划分为不同作业区域的特点，如少量长期储存、量大短期储存等，有利于仓储区域的综合利用。

三、人找货转变为货到人——智能仓储

智能仓储是智慧物流的重要节点，通过对数据的提取、运算、分析、优化、统计，再通过物联网、自动化设备、仓储管理系统（WMS）、仓库控制系统（WCS），实现对仓储系统的智慧管理、计划与控制。

（一）智能仓储装备

智能仓储装备是指物流仓储保管作业活动中运用的智能化、自动化物流装备，涉及的装备种类较多，主要包括智能存储装备、自动输送装备、智能分拣装备等。

其中，智能存储装备主要用于货品的存放，包括自动化立体仓库和密集仓储系统涉及的立体货架、堆垛机（见图 6-2-11）、穿梭车（见图 6-2-12）、升降机等。

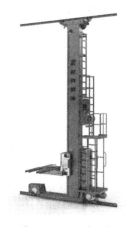

图 6-2-11　堆垛机　　　　　图 6-2-12　穿梭车

自动输送装备主要包括带式输送线（见图 6-2-13）、辊筒输送线（见图 6-2-14），以及

链式输送线（见图6-2-15）等，主要用于托盘和周转箱的输送。

图6-2-13　带式输送线　　　图6-2-14　辊筒输送线　　　图6-2-15　链式输送线

智能分拣装备包括交叉带分拣系统（见图6-2-16）、翻盘分拣系统、摆轮分拣系统（见图6-2-17）、滑块分拣系统（见图6-2-18）等，以及以AGV和机械臂为核心的机器人分拣系统。

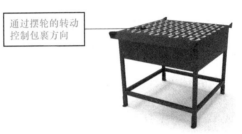

图6-2-16　交叉带分拣系统　　　　　图6-2-17　摆轮分拣系统

图6-2-18　滑块分拣系统

由上述装备组成的智慧仓储装备系统是智能仓储装备应用的重点问题。

智慧仓储装备系统是综合利用计算机、云计算、互联网和物联网等先进技术，将高位立体货架、巷道堆垛机、升降设备、自动出入库输送装备、自动分拣系统装备、室内搬运车、机器人等设备进行系统集成，形成具有一定感知能力、自行推理判断能力、自动操作能力的智慧系统。典型的智慧仓储装备系统包括自动化立体仓库系统和穿梭车式密集仓储系统。

（1）自动化立体仓库系统

自动化立体仓库系统（AS/RS）是现代物流系统的重要组成部分。如图6-2-19所示，它是一种多层储存物品的高架仓库系统，一般由高层货架、巷道堆垛机、出入库输送系统、自动化控制系统（WCS）、仓库管理系统（WMS）及其周边设备组成，可对集装单元货物实现自动化保管和计算机管理。AS/RS通过入出库输送系统将货物送至仓库货架前，由巷道堆垛机实现自动出库和入库，整个过程通过计算机网络化管理和自动控制系统完成。一般 AS/RS 以托盘单元为存储对象，对于以料箱存储为对象的 AS/RS 通常也称为 Miniload 系统。

图 6-2-19 自动化立体仓库系统

AS/RS 最大化利用了空间，整合了物流资源，优化了物流程序，缩短了物流作业周期，提高了物流效率，并降低了物流成本，实现了物流标准化和规范化，优质高效地保证物品的综合管理、控制和配送。因此，AS/RS 是集取送、储存和需求预测等多功能为一体的高度自动化、信息化的物流系统。

AS/RS 广泛应用于机械、轻工、医药、电器、商业、配送中心、军队后勤、纺织、烟草等行业。

（2）穿梭车式密集仓储系统

穿梭车式密集仓储系统（见图 6-2-20）是基于高密度货架、穿梭车及升降机、输送机等设备，配合仓库管理系统完成货物出入库作业，具有较高空间利用率和存取效率的仓储系统。与 AS/RS 相比，穿梭车式密集仓储系统的存储密度更高、存取效率更高、系统柔性更强。穿梭车式密集仓储系统同样可以用于托盘单元或料箱存储单元。图 6-2-21 展示了穿梭车式密集仓储系统的基本构成。

图 6-2-20 穿梭车式密集仓储系统

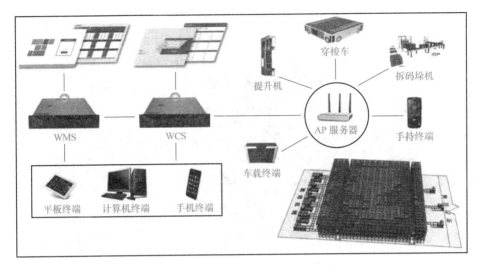

图 6-2-21　穿梭车式密集仓储系统的基本构成

（二）智能仓库的规划目标

微课 6-2
仓储管理系统
的基本构成

（1）高度智能化

智能化是智能时代下的智能仓库显著的特征之一。智能仓库绝不只是自动化，更不局限于存储、输送、分拣等作业环节，而是仓储全流程的智能化，包括应用大量的机器人、RFID 标签、MES、WMS 等智能化设备与软件，以及物联网、人工智能、云计算等技术。

（2）完全数字化

新零售时代的一个突出特征就是海量的个性化需求，要想对这些需求进行快速响应，就需要实现完全的数字化管理，将仓储与物流、制造、销售等供应链环节结合，在智慧供应链的框架体系下，实现仓储网络全透明的实时控制。

（3）仓储信息化

无论是智能化还是数字化，其基础都是仓储信息化的实现，而这也离不开强大的信息系统的支持。

1）互联互通。要想信息系统有效运作，就要将它与更多的设备、系统互联互通，以实现各环节信息的无缝对接，尤其是 WMS、MES 等，从而确保供应链的流畅运作。

2）安全准确。在网络全透明和实时控制的仓储环节中，要想推动仓储信息化的发展，就要依托信息物理系统（CPS）、大数据等技术，解决数据的安全性和准确性问题。

（4）布局网络化

在仓储信息化与智能化的过程中，任何设备或系统都不再孤立地运行，而是通过物联网、互联网技术智能地连接在一起，在全方位、全局化的连接下，形成一个覆盖整个仓储环境的网络，并能够与外部网络无缝对接。

基于这样的网络化布局，仓储系统可以与整个供应链快速地进行信息交换，并实现自主决策，从而确保整个系统的高效率运转。

（5）仓储柔性化

在"大规模定制"的新零售时代，柔性化构成制造企业的核心竞争力。只有依靠更强的柔性能力，企业才能应对高度个性化的需求，并缩短产品创新周期、加快生产制造节奏。

企业要想将这一竞争力传导至市场终端，同样需要以仓储环节的柔性能力作为支撑。仓储管理必须根据上下游的个性化需求进行灵活调整，扮演好"商品配送服务中心"的角色。

（三）智能仓库规划的关键环节

合理规划智能仓库的关键是理解仓储中的对象，核心对象主要是以存储的物料为主。仓库中的物料很多，这些物料有的会有数万种 SKU（库存量单位），因此要进行分类。分类方式有很多，可以按大小分，也可以按品类分，还可以按管理方式分。总之，具体问题具体分析，重点在于只有理解仓储中的对象特征，才能进行合理规划。

（1）从物料物理属性分析

分析物料的物理属性是对存储对象最基础性的认识，分析所要规划对象的外形特征（长、宽、高），便于容器和货位尺寸的规划，梳理存储对象的存放要求，例如温度要求、通风要求、消防要求、摆放要求等。从不同的行业看，如零售、化工、汽车零部件、医药、装备零部件等行业，有无穷无尽的物料在仓库里存储和分拣。因此，对存储对象的物料物理属性进行分析是首要的，也是必不可少的，这个过程我们也可以看成对一个静态环境的分析。

（2）从数据特征分析

对存储对象进行数据分析是另一个重要的分析环节，通用的分析方式就是 EIQ（E 是"Entry"，是指订单或客户；I 是"Item"，是指商品的品项，Q 是"Quantity"，是指出货量）分析。基于物料分类，对其按订单、物料（商品）等多维度进行分析，找出分类对象在一个动态环境中的特征。物料的进出作业可能存在季节性、高频次和低频次，每一天也存在多个波次。

这些数据的处理方法有以下两种。

1）对数据进行简单处理以寻找特征，例如找到出入库数据的峰值、谷值、平均值，或是一些表现频次的数据等。

2）需要使用用于仿真模型输入的分布函数，通常是通过低率统计得出，找到其发生的概率进行模拟，评估设计的方案是否可行。

（3）从运作流程分析

在仓储规划中，对流程进行分析或配置是串联整个仓储活动最重要的步骤之一。为了对仓储流程分析得更清晰，我们可以构造一个流程模型，将其分为两个层级。第一层级是最主要的几个活动，例如入库、理货、上架、分拣等；第二层级就可以按物料对象进行细分，不同的物料对象可能会用到不同的流程或活动，例如有的物料只用一次分拣，有的需要二次分拣，有的甚至是越库操作，所以要按具体活动分清楚。越是进行精细化的仓储生产力评估就越要进行细分，因为每一个活动都会用到"资源"，并产生成本。

四、智能配送设备——无人机

智能配送作为智能物流的重要环节，它的发展为智慧物流带来了巨大改变。新的智能配送技术的出现能够重构配送中心和网络节点，实现分销渠道多样化、大批次小批量进货和配送方式混合、集约、协同配送等智能的配送方案规划系统，从而大大提升配送管理的效率。无人机就是近些年发展迅速的智能配送设备。图 6-2-22 所示为京东无人机。

图 6-2-22　京东无人机

无人机是指利用无线电遥控设备和自备的程序控制装置操纵的不载人飞机。无人机的主要价值在于替代人类完成空中作业，并且能够形成空中平台，结合其他部件扩展应用。

无人机在物流配送中的应用优势如下：

（1）方便高效、超越时空

相比于地面运输，无人机具有方便高效、节约土地资源和基础设施的优点。在一些交通瘫痪路段、城市的拥堵区域，以及一些偏远地区，地面交通无法畅行，导致物品或包裹的投递比正常情况下耗时更长或成本更高。在这些环境和条件下，无人机运输方式能实现"可达性"，这是其他方式无法替代的。物流无人机通过合理利用闲置的低空资源，能有效减轻地面交通的负担，节约资源和建设成本。

（2）成本低、调度灵活

相比一般的航空运输和直升机运输，无人机运输具有成本低、调度灵活等优势，并能弥补传统的航空运力空白。随着航空货运需求量逐年攀升，持证飞行员的数量和配套资源以及飞行员和机组成员的人工成本等成为发展的制约因素。无人机货运的成本相对较低，且无人驾驶的特点能使机场在建设和运营管理方面实现全要素的集约化发展。

（3）节约人力

物流人力短缺问题一直存在，特别是每逢节假日和物流高峰期，人力短缺和服务水平降低的问题往往更为突出。无人机号称"会飞的机器人"，如果在盘点、运输和配送等物流环节对它进行合理的开发利用，并辅以周密部署和科学管理，就能衔接配合好其他作业方式、节约人工。无人机通过协助人力发挥"人机协同"效应，能产生最佳效益。

（4）产能协同和运力优化

在科学规划的基础上，综合利用互联网＋无人机、机器人等技术和方式，能实现产能协同和运力优化。为了处理一些快速交货和连续补货的订单，京东等企业在建设先进的信息系统、智能仓储系统，以及优化业务流程的基础上，规划了智能、高效的无人机城市配送中心以及空中配送基地等。作为新技术的应用，无人机送货是对传统方式的有益补充，传统的"铁公机"、管道运输、水运和多式联运，加上无人机的末端配送和支线运输，必将使现代物流的服务能力再上新台阶，其整体的效率、成本和运力也将得到优化和重构。

贵州电网"智慧仓储"项目驱动供应链数字化转型

2022年7月底，贵州电网有限责任公司（以下简称贵州电网）首个智慧仓储系统项目在贵阳区域仓建设完成。近年来，贵州电网结合南方电网"十四五"仓网规划，运用3D技术、仓库管理系统、RGV（穿梭车）系统等数字技术，在贵阳、都匀高标准建设智慧仓储项目，提高储备物资"共享共用、统筹调配、库存合理"水平，努力实现仓库智能化运营，驱动供应链业务数字化、智慧化转型。

微课 6-3
配送路线规划

在整个贵州电网的仓储物流体系中，贵阳一级仓是作为全省第一个区域仓进行实体化运作的，十分重要。2021年9月，贵州电网对贵阳区域仓的部分区域进行数字化改造、升级，为电力系统的物流仓储管理注入新鲜"血液"。

需要入库的物资，只需要通过手持移动作业终端在物资的条码上扫一扫，就能立即把数据上传到仓库管理系统，且能自动识别出最佳存放区域，极大地提高了工作效率及仓库利用率。当物资存放妥当后，展示厅的3D全景会实时更新。

同样，在商品出库过程中，只需要在仓库管理系统中，对电网管理平台发送领料申请，就能按照"先进先出"原则，自动生成相关业务数据，生成出库清单、出库任务、出库记录等业务数据，同时找出货物的具体位置，减少人工盲目寻找，不仅规范了操作流程，还缩短了操作时长。在过去，录数据、找储位、查情况、出入库等全部都要靠人工。但是现在，直接"扫一扫""点一点"就能全部实现，极大地提升了数字化水平。

自智慧仓储项目启动以来，贵州电网有力推进了物资可视化管理，提升了供应链的数字化水平，为构建南方电网特色现代数字供应链体系提供了强劲动能。

> 自测题目见"电子资源包"。

任务三　实施数字化运输管理

任务导入

C公司专注于为消费者提供时尚、舒适、健康的鞋服产品和服务。公司采用多品牌、全产业链纵向一体化的运营模式，旗下拥有多个自有品牌。C公司线下门店经营采用"自营＋经销"相结合的模式，在全国布局超过2000个营销网点，遍布全国370余个大中城市；线上整合众多主流电商平台，并自主研发自有移动电商平台。

C公司原先采用门店自主发快递的模式，承运商管理混乱、手动下单、人员工作量大；门店自主决定快递价格，成本可控度很低；司机调度派单不及时、效率低下，且无线路管理、无时效性和定位管理。

任务分析

C公司需要通过与第三方供应链信息科技公司合作，构建灵活的、可扩展的运输管理系统，统筹优化运作流程，提高运输调度与交付效率，协同多系统，打通上下游数据链，实现数字化。

✓ 任务实施

C 公司对运输管理进行的数字化升级包括以下内容。

第一步：搭建运输管理系统云平台

通过数据交换平台，运输管理系统（TMS）与 ERP、中台、WMS 等系统，以及诸多快递接口无缝对接，构建了协同化的 TMS 云平台。基于 TMS 云平台，销售订单将自动转换为 TMS 运输订单，并根据订单类型生成不同的任务，包括提货任务、配送任务，以及快递任务等。运输管理系统中各类任务的具体内容见表 6-3-1。

表 6-3-1　运输管理系统中各类任务的具体内容

任务类型	具体内容
提货任务	工厂提货到仓库，门店提货到仓库，门店直接提货到业务（特卖业务）
配送任务	仓库间调拨配送，仓库配送到门店，工厂发货配送到新开门店的展柜运输业务，以及门店间的调拨配送
快递任务	To C 订单对应的运输订单将根据包裹数量自动转化为快递任务，并由仓库直发或者门店发货给客户

第二步：自动化承运商指派与智能化调度

提货、配送、快递等任务生成后，TMS 根据市内及干线等线路信息、订单类型、发货区域比例自动筛选承运商，并根据承运商生成调度任务或者快递订单完成派车。

有承运商接到提货调度单后，自动按线路指派车辆完成提货调度，并由司机在小程序端确认生成配送调度单，自主扫码装车。快递承运商则根据生成的快递订单自动下单给快递公司，无须调度。图 6-3-1 所示为智能化调度流程。

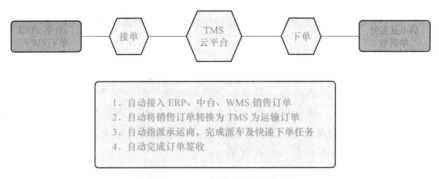

图 6-3-1　智能化调度流程

第三步：线路自动优化

TMS 根据门店地址或者手机 App 的 GPS（全球定位系统）当前位置，获取门店经纬度和离仓导航距离，并根据距离生成门店排序；在装车时根据订单上的收货门店和线下门店的经纬度和离仓导航距离排序装车，装车后动态生成综合优化后的车辆运行线路。

第四步：结合微信小程序，简化操作流程

C 公司还引入了微信小程序，规范司机从接受任务到交付签收全流程的操作，如图 6-3-2 所示。

C 公司与第三方供应链信息科技公司合作在构建 TMS 云平台的基础上，结合微信小程序的使用，实现自动化承运商指派、车辆调度与线路优化，支持 C 公司的线下门店及 B2C、O2O 业务的运转。C 公司的线下门店众多，系统自动派发任务及智能化调度不仅使承运商管理规范化，解决了派车时间瓶颈，还优化了作业流程，大大降低了工作量，提高了派车及调度效率。

 接受 TMS 发布的提货任务

 生成车载单

 扫码装车，完成配送调度

 卸货入库，扫描上架

 扫码完成订单签收

图 6-3-2 微信小程序的全流程操作

学习标杆

贵州现代物流 App 助力物流园区货车的智慧调度

贵州现代物流产业（集团）有限责任公司（以下简称贵州现代物流集团）智慧物流平台的理念是立足贵州、辐射西南，以智慧推动物流，以平台连接世界。牛郎关智慧物流园就是贵州现代物流集团旗下的运营项目。

牛郎关智慧物流园紧邻西南货运铁路枢纽和贵阳机场，由贵州现代物流集团建设运营，是集仓储和货运于一体的综合性物流园区。

在过去，货车司机空车停在园区等商户的货，好不容易拉上货，还要来回跑到管理处换纸质货单，有时还会因为开单量和实际拉货量对不上或者货物质量不符与商户、园区产生纠纷。

2017 年，贵州现代物流集团智慧物流 App 正式投入运营，园区通过调度中心（见图 6-3-3），收集商户的货物品类、出入库情况、货车调配等一系列数据。

图 6-3-3 牛郎关物流园智能调度中心

有运输需求的商户在 App 上下单，货车司机通过 App 在线接单，经过园区入口进入园区时，其接单的详细信息就能发送到司机的手机上，货物名称、规格、数量、接货站口、站口等待车辆数量、运输目的地等，都能一目了然。接到货后，司机通过 App 在线换单，不用来回跑。

　　商户也可以通过 App，在手机上查看货物的仓储、出库、装卸和运输情况，实现远程盘货、远程监督。

　　不仅如此，铁路货运平台的部分运输数据也接入园区调度平台，调度中心可通过平台提前了解货物运输情况、到站日期、货物品类、规格、数量等，提前安排合适的库房，避免园区工人二次倒装，也避免了货物的损伤。

　　"通过调度平台的运营和 App 的使用，有效提升了园区货物周转率；园区货物年吞吐量从 200 多万 t 增加到 500 多万 t。"时任贵州省物资物流公司发展规划部副部长（主持工作）陈亭廷介绍，目前，园区已汇聚物流快递运输类企业 500 余家，逐渐形成了设备先进、功能齐全，集仓储配送、批发采购、物流信息等于一体的新型物流产业集聚区。

　　牛郎关智慧物流园这类物流园区的信息平台相较于其他类的车货匹配平台有哪些优势？

相关知识

一、运输降本增效——智慧物流运输模式

　　智慧运输是指应用先进的人工智能、信息传感、控制执行技术，并融合现代通信与网络技术，具备复杂环境感知、智能决策、协同控制等功能，实现自动化、智能化、无人化运输；具备环境感知与实时通信、AI 算法与智能决策、自动化控制与无人化运行、安全性与可靠性等基本特征。

　　物流运输方式包括公路运输、铁路运输、航空运输等多种形式，本任务重点讲解智慧物流背景下公路运输的数字化发展。

　　新兴物流技术手段、智能运输工具应用于物流运输过程中，大幅提升物流运输的自动化、智能化水平，从而形成了智慧物流运输。智慧物流运输系统提高了订单的响应、处理能力，提高了调度的优化配载效率，并利用网络和云平台等技术，实现多方信息的准确传递。

　　智慧物流运输系统的特点见表 6-3-2。

表 6-3-2　智慧物流运输系统的特点

特点	含义
能有效连接运输供应链的各要素	在运输供应链上，发货人、收货人、承运商、货站、卡车司机经常发生变动，将这些经常变动的要素快捷地接入系统，对于提高物流信息服务能力、加强对社会化运输网络的管理起到了至关重要的作用，有利于实现全链路的信息透明
集成先进技术的智能系统	智慧物流运输系统实质上就是将先进的信息技术、数据通信技术、传感器技术、自动控制技术、运筹学、人工智能等学科成果，综合运用到交通运输、服务控制和车辆调度中，强化了车辆、道路和使用者之间的联系，从而形成了一种定时、准确、高效的新型综合运输系统
以数据为支撑进行全面控制	在智慧物流运输系统中，数据采集层主要是采集各种终端设备产生的 RFID 数据、GPS 定位数据，还有各种非结构化的视频和图片数据，经过智能算法处理后，输出结构化的信息数据，再整合园区、车辆、货主等数据，通过大数据挖掘系统进行数据分析，在此基础上，对物流运输过程进行全面调控

（一）数字化运输调度和路线规划

车辆运行调度和路线规划是物流配送运输管理中的重要环节。随着各行各业的数字化转型，市场上不断涌现提供运输智能调度和路线规划服务的第三方平台。

这些平台可以通过对物流大数据的采集、建模和分析，再结合 GIS（地理信息系统）、物联网等技术，实现车辆调度、路线规划等相关业务的智慧化运营。

这些平台可以通过融合多旅行商分析与导航规则，针对多辆车、多终点的任务快速规划出可靠的路线，实现动态线路规划和车辆智能配载，也可以统一订单管理，数字化运输合同，实现自动订单分配，一键匹配订单地址，利用智能分单技术一键批量导入订单地址，准确定位，还可以实现对车辆进行定位、跟踪、防盗等服务，异常情况随时上报，送达"握手交接"，加速回单，实现可视化管理和车辆的智能调度，提高车辆的利用率，提供终端支持。

（二）车货匹配平台

长期以来，物流行业存在着"货车司机找货难，货主找司机难"的行业现状，车辆和货物得不到高效的整合与匹配，导致国内 3000 万辆货车的空载率高达 40% 以上。移动互联网发展迅速，不断变革传统行业交易方式。

微课 6-4
配送车辆运行调度

各种打车软件的出现，使乘客和出租车司机体验到互联网带来的效率和便捷。与此同时，这一新模式也悄然向公路货运领域渗透，车货匹配平台应运而生。

就目前情况而言，在我国公路运输领域，采用的车货匹配平台有多种类型，其中使用较为广泛的有以下三种。

（1）"无车承运人"模式

"无车承运人"是指相关公路运输组织或机构，以承担方的身份与客户签订运输合同，拥有承担方的责任和义务，委托实际运输人来进行客户所需的运输服务，满足客户的实际需求。

无车承运人是以一种强大的承载能力为核心的轻量级平台服务模式，在目前市场信息较为混乱的情况下，能够有效突破运输外包、运输过程无人监管等问题带来的局限性，充分发挥自身的运输服务能力，为公路运输向更广泛、更专业、更规范的方向发展提供充足的动力。

（2）互联网信息匹配平台模式

在该种平台模式下，互联网平台能够为货运双方提供在线信息查询等功能，货主和车主可以在平台上获得所需运输的信息和提供运输服务的相关信息，通过在线交流后，以平台为基础来完成全过程的运输交易。

互联网平台的更新效率较快、信息源充足，无论货主还是车主都能够尽快找到自身需要。货主和车主可以通过掌握的货源和车源信息满足自身需要，从而有效提高运输效率，并提供更好的货运服务。

（3）物流园区信息平台模式

物流园区信息平台模式是指以相关信息平台为依托，针对园区内所有与物流运输、管理相关的信息进行收集、存储、评估、管理和控制，并为货运双方提供有效信息支持的信息交换平台。

在该平台的应用过程中，信息共享能够在为客户提供优质服务的同时降低企业成本消耗，以低成本实现业务信息化。物流园区信息平台模式，突破了原有园区经营模式的局限性，整合了物流资源；在线下对接物流园区、构建区域枢纽中心，通过利用枢纽集中本地专线资源。

二、运输安全管理——车联网的主要应用方向

根据中国物联网校企联盟的定义，车联网是由车辆位置、速度和路线等信息构成的巨大交互网络。通过 GPS、RFID、传感器、摄像头图像处理等装置，车辆可以完成对自身环境和状态信息的采集；通过互联网技术，所有的车辆可以将自身的各种信息传输汇聚到中央处理器；通过计算机技术，大量信息可以被分析和处理，从而计算出不同车辆的最佳路线，及时汇报路况和安排信号灯周期。

微课 6-5
智慧物流运输的典型应用模式——互联网＋车货匹配

从网络结构看，车联网是由端系统、管系统、云系统三个层次构成的，见表 6-3-3。

表 6-3-3　车联网的网络结构

层次	含义
第一层 （端系统）	包括汽车上安装的负责采集与获取车辆的智能信息、感知行车状态与环境的智能传感器，具有车内通信、车间通信、车网通信的泛在通信终端，使汽车具备车联网寻址和网络可信标识等能力的设备
第二层 （管系统）	解决车与车、车与路、车与网、车与人等的互联互通，实现车辆自组网及多种异构网之间的通信与漫游，在功能和性能上保障实时性、可服务性与网络泛在性，同时它是公网与专网的统一体
第三层 （云系统）	车联网是一个云架构的车辆运行信息平台，其生态链包含ITS（智能交通系统）、物流、客货运、危险品专用车辆、汽修汽配、汽车租赁、企事业车辆管理、汽车制造商、4S店、车管、保险、紧急救援、移动互联网等，是多源海量信息的汇聚，因此需要虚拟化、安全认证、实时交互、海量存储等云计算功能，其应用系统也是围绕车辆的数据汇聚、计算、调度、监控、管理与应用的复合体系

微课 6-6
智慧物流运输的典型应用模式——互联网＋多式联运

微课 6-7
智能仓储规划路径

素养园地

《"十四五"交通领域科技创新规划》

交通运输部、科学技术部联合印发《"十四五"交通领域科技创新规划》（以下简称《规划》）。《规划》贯彻中央关于加快建设交通强国、科技强国重大战略部署，落实《交通强国建设纲要》《国家综合立体交通网规划纲要》有关任务，系统谋划"十四五"期间交通运输科

技创新重点方向和主要任务，提出到 2025 年初步构建适应加快建设交通强国需要的科技创新体系，创新驱动交通运输高质量发展取得明显成效。

在基础设施领域，围绕推进高质量基础设施建设和构建布局完善、立体互联的交通基础设施网络，提出研发重大基础设施建设关键技术、交通基础设施数字化升级关键技术等任务。

在交通装备领域，围绕提升交通装备安全智能绿色技术及标准化水平，创建自主式交通系统技术体系，提出突破智能绿色载运装备技术、新型载运工具技术等任务。

在运输服务领域，围绕提高运输组织效率与服务品质，降低运输成本，提出开展高品质智能客运、经济高效智慧物流、便捷城市交通运行服务关键技术研发等任务。

在智慧交通领域，提出推动新一代信息技术与交通运输融合，加快北斗导航技术应用，开展智能交通先导应用试点。

在安全交通领域，围绕提升交通运输安全与应急保障能力，提出交通基础设施安全监测与应急技术、交通安全生产保障与协同管控技术、交通应急与服务保障技术等研发和应用任务。

在绿色交通领域，聚焦国家碳达峰碳中和与绿色交通发展要求，提出突破新能源与清洁能源创新应用、生态环境保护与修复、交通污染综合防治等领域关键技术等研发任务。

自测题目见"电子资源包"。

任务四　推动数字通关与智慧港口转型

任务导入

基于"5G+ 北斗"高精度定位，厦门远海码头致力打造智慧港口 2.0

中远海运港口有限公司的厦门远海自动化码头（见图 6-4-1）位于厦门市海沧保税港区，是全球首个第四代自动化码头，也是中国首个拥有全部自主知识产权的自动化码头，其远程作业、智能、安全、可持续的特点成为业界口碑；因作业时码头堆场空无一人，设备却能正常运转而被戏称为"魔鬼码头"。厦门远海自动化码头独特的堆场平行布置及众多全球顶尖设计技术为中国大多数传统码头的升级换代提供了可参照蓝本，堪称全球自动化码头工业的 4.0 版。

图 6-4-1　厦门远海自动化码头

2021年12月，中国移动、中远海、东风汽车三家公司联合开发的"智慧港口2.0"升级方案发布。"智慧港口2.0"要推动包括5G高中低频立体组网、无人集卡开放场景混合运行、北斗高精定位与多传感融合、基于5G的港机远控改造等关键技术系统性提升。

厦门远海码头的"基于5G+北斗高精度定位的智慧港口创新应用"项目，荣获卫星导航定位科学技术创新应用最高奖项——白金奖。据悉，该奖是我国卫星导航技术领域唯一设置的科学技术奖。

该项目面向港口集卡水平运输等场景中传统导航定位技术无法满足复杂港口环境下7×24小时作业、单CORS（连续运行卫星定位导航服务系统）可用性低等问题，围绕港口作业区岸桥遮挡、集装箱折射导致的港口卫星定位搜星难、定位难等痛点开展技术创新。

在无人驾驶集装箱卡车方面，已从单车智能、磁钉定位升级到"5G+北斗+无人驾驶"深度融合方案，作业效率与稳定性得到很大程度提高；在有人驾驶集装箱卡车（以下简称有人集卡）方面，采用"5G+北斗"高精度定位技术，实现有人集卡全域跟踪管理，实现对有人集卡在港区作业的安全监管和作业引导。此外，该项目在积极探索5G与伪卫星、港区基础设施监测等技术应用。

从该案例中可以看到智慧港口2.0着重要解决哪些问题？

📋 任务分析

在这个任务中，需要学习数字通关和智慧港口相关知识。以厦门远海智慧港口2.0为案例，你需要分析该港口的智慧应用场景及其背后的技术支撑和对港口业务的优化。

✓ 任务实施

在厦门远海智慧港口2.0的案例中，智慧港口的信息化、自动化、智能化日益提升，已经驶入了快车道，港区正在逐步实现全面精益化管理。

1. 信息化、数字化建设

码头通过信息化手段，完成相关领域的流程再造，确保港口供应链服务稳定；码头在技术创新上保持稳步推进，"5G""区块链"等技术与港口深度结合，多项成果稳步落地。图6-4-2所示为中远海运港口厦门远海码头信息化建设架构图。

2020年9月，基于区块链技术，推出数字化、无接触进口提货。原先客户需要按照船公司和港口的要求，准备相关纸质提货文件，前往各自的业务窗口，分别完成进口提货手续。如今，借助区块链可追溯、可信任的技术特点，船公司和港口实现了系统间数据的互联互通和流程的协作互信，使客户可以在链上一次性完成贯穿船公司和港方的操作流程，简化进口客户办理业务的手续。整个过程实现了全程无纸化，简化了客户到船代、码头窗口现场办理业务的手续。无纸化换单较传统换单模式，省时省力、便捷高效，拥有全天候、一站式、零接触的线上优势。

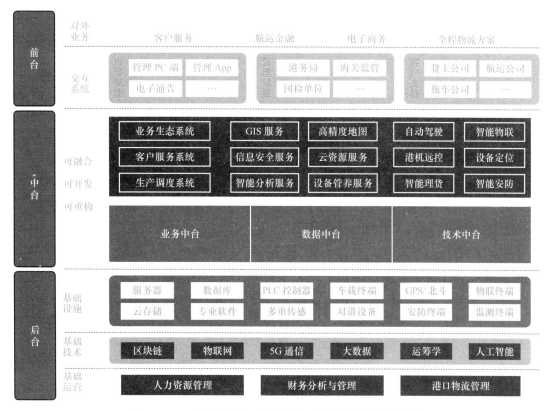

图 6-4-2 中远海运港口厦门远海码头信息化建设架构图

2. 5G 无人驾驶集装箱卡车

厦门远海集装箱自动化码头的最大利器——无人驾驶集装箱卡车（以下简称无人集卡）（见图 6-4-3）有以下几个优势：锂电池驱动，让它基本实现零碳排放；码头 5G 信号全覆盖，让它实现自行定制行驶线路；全车 10 余个传感器，让它实现全路段监控，不仅能与其他车辆并行，也能紧急转向、并线、制动。

图 6-4-3 5G 无人集卡

相比传统码头的自动化升级，无人集卡投入使用无须进行港区基建投入和停工停产，更能节省升级成本。在优化港区人员结构和安全生产方面，无人集卡助力港口从劳动密集型产业向自动化、智能化全面升级转型，具有十分重要的实践推广意义。

3. 智能配载

远海码头智能配载通过人工智能技术和算法优化，结合船舶箱量分布、箱型比例、挂靠港、货物堆存、机械设备状态、班轮航线、泊位、发箱次序、自动化和传统箱区混合等信息，自动完成最优配载图，实现货物安全、高效装船，有效提升船舶装载效率。

4. 自动化岸桥和自动化轨道吊组

厦门远海集装箱自动化码头上的自动化岸桥和自动化轨道吊组成了一只只灵活的"手"，上百个传感器帮助它们实现精准平稳地自动抓放集装箱、防摇防扭，进而实现码头内部作业完全自动化运行的第一步。

5. 中心操作系统

码头上的一切活动都离不开码头中心操作系统的掌控，它覆盖自动化码头全部业务环节。它向上衔接港口业务受理平台、集卡预约平台等各大数据信息平台，为码头提供智能的生产计划模块、实时作业调度系统及自动监控调整等工作；向下能结合环境和船舶需求进行任务决策，给无人集卡下达任务，让其通过智能规划算法，自定行车路线、动态选择最优路径，并根据作业优先级实现车辆间自动避让和有效通行，高效率地组织码头的现场工作。

🔗 相关知识

近年来，我国对外贸易呈现"井喷式"发展，无论在通关量上，还是在通关速度上，都对报关企业、监管部门提出了全新的挑战，通关行业到达新旧模式转换的关键时点。

一、传统通关服务模式的挑战

传统通关服务模式面临的问题与挑战主要表现在以下几个方面。

1）环节多，流程复杂。物流进出境包括关、检、税、汇等多个环节，每一个环节都有相应的规则，环环相扣；一个环节出现问题，将会影响整体的通关效率。此外，每个港口的政策又有差异，货品从哪里来、运往哪个港口，需要办理的事项不尽相同，这无疑增加了运作的复杂性。

2）文件杂，容易出错。报关需要准备的单据和文件包括进口合同、发票、提单、装箱单、产地证、报关单等。此外，根据不同的货物，还会有进口许可证、进口配额、动植物检验检疫证书等。由于文件繁多，操作不慎或缺乏相关操作经验很容易出现差错，从而影响通关的效率。

3）效率低，速度缓慢。通关效率不高、速度较慢，一直是制约进口发展的难题之一。此外，作为进口的重要环节，通关效率的高低，还将直接影响企业的贸易成本。通关速度缓慢，不仅会造成进口成本及可能出现的罚款等费用的增加，还将影响下游销售的相关安排，影响客户体验。

二、数字通关

数字通关，即运用大数据、云计算、人工智能等先进技术手段，借助数字化手段与海关业务进行融合，对包含报关、结算、开票和文件管理等在内的通关全流程进行一体化线上整合。通过打造数字化智慧通关模式，让跨境贸易变得更加安全、高效、便捷。

数字通关的一键导入、自动识别制单、报关单一键生成舱单、自动生成随附单据、智能校对单据、实时查询通关状态等功能，促进了线上流程整合优化。数字化通关能够集中解决通关操作复杂烦琐、信息不对称、流程多变、数据录入差错率高的难题。数字通关也可以打通信息流，实现一站式在线通关以及多口岸协同操作，进而在各个通关场景中构建更加智慧、便捷、高效的运行模式，使通关变得既简单又快捷。

与此同时，为推动跨境电商的发展，我国海关完善了各项配套政策。2021年，国务院办公厅印发的《国务院办公厅关于加快发展外贸新业态新模式的意见》中提出了完善跨境电商发展的各项支持政策。例如，便利跨境电商进出口退换货管理，优化跨境电商零售进口商品清单，稳步开展跨境电商零售进口药品试点工作，引导企业用好跨境电商零售出口增值税、消费税免税政策和所得税核定征收办法等。

三、智慧港口

（一）概述

智慧港口是指以现代化设施设备为基础，以完善的发展规划、管理机制为导引，借助物联网、移动互联网、云计算、大数据、人工智能等新一代信息技术和港口功能的深度融合，具备智能管理、智能装卸和数智服务等鲜明特色的新型生态港口。

港口作为综合交通运输的枢纽，在促进国际贸易和地区发展中有重要意义。2019年1月，习近平总书记在视察天津港时强调，经济要发展，国家要强大，交通特别是海运首先要强起来。要志在万里，努力打造世界一流的智慧港口、绿色港口。

（二）应用场景

（1）智能识别

准确快速地获取集装箱数据是提高港口作业效率的关键。智能识别主要利用计算机视觉对集装箱箱号、箱型、装卸提箱状态、铅封有无等进行识别，它覆盖了集装箱装卸船、堆放、理货、验残、提箱、出关等全流程环节，打破了传统OCR（光学字符识别）技术易受外界干扰而导致识别精准度较低的技术局限，从而极大地提升了物流大数据的流动效率。

智能集装箱通常是在设备的外部和内部均使用或者加装多个主动RFID产品，包括一张电子封条和一张传感器封条，这些标签可以贴在运输货物的集装箱上，而这些标签能够随时将集装箱的一些关键信息（如位置、安全状况、灯光、温度和湿度）的变化传给读取器网络，读取器网络收集、过滤获得RFID的信息，并将有效信息输送到TSS（交通安全信息系统）。发货人通过利用TSS，就可以实现货物的追踪，实时掌握货物的去向、状态和安全状况。

（2）智能安防

安防系统是港口日常生产运营的重要保障。通过利用云计算与云存储技术，港口安防系统能够实现对进出港车辆进行分析、对驾乘人员进行面部识别、对火灾和烟雾进行分析、对禁区进行报警等智能监控分析。随着数字孪生港口运营仿真平台的诞生，进一步扩大了智能监控范围。通过使用数字孪生技术，港口可接入各类箱体信息，实现超大规模集装箱体的动态生成和同步，也可通过显示拖车正在执行的计划指令轨迹和实际运行轨迹，协助安保人员对异常状态进行实时监控，保障运输安全。图 6-4-4 所示为某码头的 AGV 智能健康诊断与故障诊断软件。

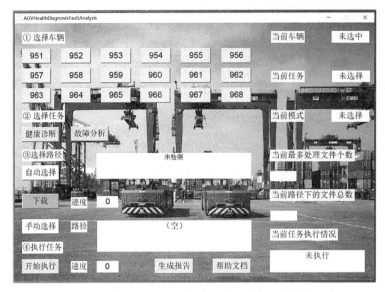

图 6-4-4　某码头的 AGV 智能健康诊断与故障诊断软件

港区部署设置了 360 度高清摄像机，将场景传回后台，安保人员通过 VR 眼镜实时监测港区异常情况，并与 AI 技术相结合，自主监测并反馈港区异常动态；这大幅度提高了安全性和安防监管效率。

（3）自动驾驶和远程控制

自动驾驶主要是为满足集装箱水平运输需求，在岸桥与堆场之间进行集装箱运输。当前，基于 5G、高精度定位与车路协同等技术，可实现集装箱卡车无人驾驶以及实时路况回传，便于控制中心对运输进度进行监管，并实时查看车辆的感知与规划信息。

在远程控制方面，天津智慧港提出了港区物流集装箱卡车的 5G 远程驾驶系统方案。车辆装载的 5G 云控网关基于 5G 双天线技术，实现了车辆在全港区的物流数据稳定通信，并有效解决了港区集装箱堆积、岸桥处遮挡导致的信号问题。基于低时延视频处理技术，实现了集装箱卡车车辆全方位 360 度环视影像拼接及实时传输，从而解决远程驾驶车辆中存在的视野盲区及控制反馈等难题。基于云控调度技术，实现了无人作业车辆的远程实时监管和调度接管，解决了自动作业车辆面对突发情况该如何应对的问题，最大限度地保障了码头作业的生产安全。

（4）智能装卸

智能装卸主要满足集装箱垂直运输需求，包括桥吊、轨道吊和轮胎吊。桥吊用于集装箱从船到岸的装卸，轨道吊与轮胎吊用于堆场内集装箱的搬运与整理。三者都在传统港口模式下需要工人长时间高空低头作业，这对他们的身体有很大的伤害。现阶段，智能装卸应用远程控制技术，司机可以在中控室利用高清监控设备远程查看现场情况并通过计算机屏幕进行监控和指示操作，从而提高了安全系数，节约了人力成本。

（5）智能配载

配载作业是集装箱码头装船作业的重要环节，是承前启后的"枢纽"，它衔接着前方岸桥和后方场桥的作业过程，直接影响码头生产运营效率。港口的智能化装配系统能够持续地吸纳与固化群体的作业经验，将"个人经验"转化为"集体智慧"，从而稳步、有效地提高配载质量。

例如，厦门远海码头于 2022 年 6 月上线试运营其智能配载系统（见图 6-4-5）。经统计，智能配载的效率约是人工配载效率的 10 ～ 12 倍。以装船 1000 自然箱为例，智能配载的速度平均为 5 分钟，人工配载则需要大约 1 小时。

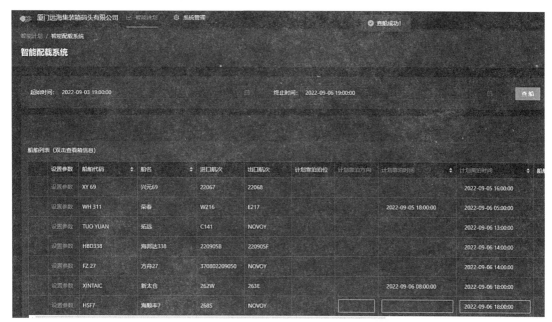

图 6-4-5　厦门远海码头的智能配载系统

素养园地

智慧港口多项政策落地，指引行业从技术落地到加速推广

作为"21 世纪海上丝绸之路"的重要节点，港口在"一带一路"建设中有着举足轻重的作用。近年来，国家出台多项利于智慧港口行业发展的相关政策，加快智慧港口建设。

2017 年 1 月，交通运输部发布《关于开展智慧港口示范工程的通知》，首提"智慧港口"，指出"依托信息化，重点在港口智慧物流、危险货物安全管理等方面"，重视智慧港口的安全与物流建设。

微课 6-8
北斗产业化
发展进程

随着 5G 等新兴信息技术的发展，2020 年 8 月，交通运输部出台《关于推动交通运输领域新型基础设施建设的指导意见》，对建设智慧港口的技术落地提出更为细致的要求，要求引导自动化集装箱码头、堆场库场改造，推动港口建设养护运行全过程、全周期数字化，加快港站智能调度、设备远程操控、智能安防预警和港区自动驾驶等综合应用。

随着部分标杆性智慧港口陆续建成，国家对加快各地智慧港口建设提出了新要求。2021年 9 月与 2022 年 1 月，交通运输部与国务院分别发布《交通运输领域新型基础设施建设行动方案（2021—2025 年）》与《"十四五"现代综合交通运输体系发展规划》，都对具体港口的智能化改造要求进行明确，如推进厦门港、宁波舟山港、大连港等既有集装箱码头的智能升级，建设天津港、苏州港、北部湾港等新一代自动化码头；推进大连港、天津港、青岛港、上海港、宁波舟山港、厦门港、深圳港、广州港等港口既有集装箱码头智能化改造；建设天津北疆 C 段、深圳海星、广州南沙四期、钦州等新一代自动化码头。多项政策落地，使我国智慧港口行业的发展方向和发展目标逐渐清晰。

自测题目见"电子资源包"。

项目评价

任务的评价考核，采用多元评价方式，从自评、组内、组间、教师几个角度来评价，主要从团队协作、任务完成的完整性、方案质量、任务的逻辑性、专业知识的掌握和应用、方法和能力的提升几个方面进行评价，如表 6 所示。

表 6　任务考核表

专业名称			班级		组别				
任务内容									
评价维度	评价项目	评估标准	分值	自评	组内	组间	教师	得分
知识	理解智慧物流的基本概念和技术	准确解释智慧物流的定义和关键技术	10					
	熟悉智能仓储系统及其应用	描述智能仓储系统的组成部分和实际应用场景	10					
	掌握数字化运输与分配技术	分析数字化运输与分配技术的优势和实施策略	10					
能力	应用 EIQ 分析法分析存储对象	独立运用 EIQ 分析法对存储对象进行评估	10					
	完成供应商管理库存（VMI）模型的实际步骤	独立完成 VMI 模型的实际步骤	20					
	运用数字化运输调度平台和车货匹配平台	操作数字化运输调度平台和车货匹配平台	10					
素养	培养全球化思维	展示对全球供应链和智慧物流的全局理解	10					
	提升综合意识	表现出对供应链各个环节的整体认识和协调能力	10					
	强化学习能力	展示在数字化供应链管理技术学习和应用中的自主学习能力	10					

（注：总分值以 100 分制计，得分 = 自评 10%+ 组内评 10%+ 组间评 10%+ 教师评 70%）

供应链金融及风险控制的数字化应用

学习目标

知识目标

- 了解数字化供应链金融的概念、特点和面临的挑战
- 熟悉仓单及电子仓单在供应链金融中的应用
- 理解供应链风险管理的内涵、重要性和分类

技能目标

- 能够区别传统纸质仓单与电子仓单
- 能用 SWOT 分析法识别供应链风险
- 会用企业不同发展阶段的风险管理策略

素养目标

- 遵守规则秩序，培养信息技术安全意识
- 了解 ESG 战略，增强对企业环境社会治理绩效和供应链责任管理的认识
- 强化风险意识，提高化解风险的能力，树立正确的职业价值观

任务一 认识数字化供应链金融

任务导入

数字化供应链金融企业典型案例

在由万联网主办的"2021产业数字化与物流供应链金融峰会"上，复旦大学国际供应链金融研究中心主任、复旦大学管理学院教授陈祥锋讲述了几个数字供应链金融企业的典型案例。

案例一，广联达。它是立足于建筑产业的数字建筑平台供应商。我对它的理解将用两个关键词进行概括：一是精准化，二是精细化。作为数字服务解决方案的提供商，它有自己的步骤：场景、数据、征信、金融。例如，在建筑行业的设计、采购、施工、交付的场景里进行数据化，

再通过征信的方式提供一些征信模型，最后提供供应链金融服务。通过这样的方式能够为建筑行业的大企业和中小微企业做"精准滴灌"服务，也能为在长期项目管理中很难获取融资服务或者资金流管理服务的企业，提供有针对性、多元化的融资服务方案。

案例二，盛业资本。它是一家聚焦产业的供应链金融科技平台。我用"场景化、智慧化"两个关键词对它进行概括。它的主要特点在于为深耕行业提供场景化和智慧化服务。针对建筑行业的"智慧工地"，盛业资本提供金融风险控制的模型。在医疗行业，它为针对需求端（医院）的"智慧化"SPD需求端场景提供风险控制的解决方案。因此，通过场景化与智慧化的方式为金融机构更直观地提供解决方案，从而为中小企业提供有针对性且直观的供应链金融服务。

案例三，众陶联。它是陶瓷行业的排头兵，要打造的是全球陶瓷产业链整合服务平台。针对整个陶瓷行业的实际痛点，需要通过标准化和数字化解决问题。例如，针对在陶瓷领域非标准的物料供应设计"众陶料"；针对陶瓷行业的非标准运输提供"众陶通"服务；针对陶瓷行业的金融痛点创设"众陶融"；针对陶瓷销售渠道的痛点设计"众陶聚"；针对陶瓷行业的传统村矿生产中的效率问题和环保问题，提供了"众陶技""众陶智"。通过智慧化进行数字化管理，实现产业链、供应链、标准链、数据链四链融合。

从这3个案例中，你能总结出数字化供应链金融的哪些特征？

任务分析

在这个任务中，你需要学习数字化供应链金融的相关知识。通过上述经典案例，你需要总结出数字化供应链金融的特征，并由此拓展，了解其特征和能力要求，熟知数字化供应链金融面临的7大方面与13大挑战。

任务实施

陈祥锋讲述的几个数字供应链金融企业的典型案例，说明了数字化供应链能高效率、低成本地从源头有效把控风险。同时引起人们对如何构建数字供应链金融的思考。

1. 产业场景解构能力的培养

深入了解不同行业的产业链结构和业务特征；进行实地考察和案例分析，了解不同产业链成员的业务流程和风险点。

2. 业务数字化能力的培养

学习数据分析和数字化工具的使用，掌握数据采集、处理和分析的技能；参与实际业务项目，将关键业务节点信息转化为数字化数据，实践数字化业务过程。

3. 数据清洗整合能力的培养

这是实践数据集成和整合的过程，将多源数据整合为可用于决策的数据集；掌握数据质量管理的方法，确保数据的准确性、完整性和一致性。

4. 技术安全能力的培养

学习网络安全和数据安全的基本知识，了解常见的安全威胁和防护措施；掌握平台技术的基本原理和运维技能，保证平台的稳定性和安全性。

相关知识

一、数字化供应链金融的内涵

（一）数字化供应链金融的概念

传统的金融风险管理方式是粗放的，缺乏一种高效率、低成本、从源头有效把控风险的办法。目前，即便有供应链管理服务商、物流服务商等的介入，也无法将风险降低到让金融资源放心进入实体经济的程度，而发展数字化供应链金融可以解决这些问题。

数字化供应链金融拥有新的技术、新的思维和新的模式，见表 7-1-1。

表 7-1-1 数字化供应链金融的概念

概念	含义
新的技术	数字化供应链金融是新一代信息与数字化技术的融合应用：在执行层面，物联网采集或数字化供应链共享数据、保障业务真实与可控。在存证层面，区块链保障数据存储的安全、可信任、可追踪、自动执行，以及激励各方。在决策层面，大数据+AI 确保潜藏风险与需求的挖掘
新的思维	数字化供应链金融有着新的风险控制思维：管理对象从人到物、管理过程而不是管理结果、风险控制更加精细化。最终实现基于可靠过程数据的智能决策、对可靠规则的智能执行
新的模式	数字化供应链金融的新模式、新生态体现在：企业协作与交易的边界扩展、跨链和跨生态交融、共生多赢，形成新的商业模式与商业共生体

（二）数字化供应链金融的特征

数字化供应链金融的特征见表 7-1-2。

表 7-1-2 数字化供应链金融的特征

特征	含义
生态主体多元	产业链主体主要包括金融机构、供应链管理服务企业、运输仓储服务商、SaaS 化的金融科技赋能平台、数字化系统/工具类基础供应商、票据服务商、行业龙头等
行业领域多样	钢铁、家电、磨具、快消品、养殖与农牧、电子元器件、大宗商品、医药与医疗器械、交通运输、基建与地产、塑化橡胶、票据、能源电力、航天航空、粮食、化工、乳制品、白酒等
多层次赋能	数字化供应链金融在实践过程中，不仅融资，78%的受调研企业在供应链协同方面重度投入，并且32%的受调研企业已经深入设计、生产、营销、用户服务等环节的数字化实践

二、数字化供应链金融的能力要求

（一）数字化供应链金融服务商需要形成的基础能力

数字化供应链金融服务商需要形成的基础能力见表 7-1-3。

表 7-1-3　数字化供应链金融服务商需要形成的基础能力

基础能力	含义
感知能力	需要具有 AIoT（人工智能物联网）延伸到业务最前端、数字化供应链穿透到贸易最底层的能力
计算决策能力	需要具备多维度、自动化、云计算、筛选客户、智能化、全生命周期风险控制（含预警）等能力
执行能力	需要具有专业化团队，以及实现精准化管理、精细化服务、高效率执行的能力

（二）构建供应链金融所要具备的能力

在金融科技的加持下，供应链金融数字化成为行业发展的新方向。不过，数字化并非易事，首先在数据获取方面就存在不小的难题。

一是数据准确性、真实性。特别是财务数据的准确性，需要通过发票、人工尽调、与订单数据交叉核验等手段进行保真；二是不同地方、不同部门数据结构差异大，如何合理、有效且尽可能以统一的结构储存数据，便于风险评估和数据分析，是目前需要解决的难点。

二是要规避数据隐私，数据抓取和治理要合规。为确保数据的合规利用，企业可以与客户达成数据授权和隐私保护协议，明确双方的权利和义务，从而为客户提供法律保护的基础；建立客户数据安全事件应急预案，定期组织内部相关人员进行应急响应培训和应急演练，以确保数据不会被泄露；在公网传输数据时，为避免数据被劫持并被破解，必须对其进行加密，并通过双方相互验证以确保数据的安全性；对数据进行加密存储，并实施严格的申请和申报流程，以确保数据提取和导出的准确性和可靠性。

具体来说，要构建数字供应链金融，应具备以下四项能力。

（1）产业场景解构能力

为满足供应链金融平台对信息和集成服务的需求，必须深入了解产业链成员的业务结构、业务特征、业务流程和业务风险，包括但不限于整个供应链的技术研发、物资采购、产品生产、分销物流、各类服务的分布情况、相互之间的关联和联动特点，以便更好地掌握具体业务环节的资金流动特性，以及各利益主体的诉求和痛点。这是帮助各类产业链成员相关业务有效数字化的前提。

（2）业务数字化能力

在对具体业务场景解构的基础上实现业务的数字化。该能力强调两个方面：首先是将关键业务节点信息精准有效地映射到平台数据层面；其次是需要考虑如何在经济可行的范围内控制时间和金钱成本，以实现数字化的目标。

（3）数据清洗整合能力

数据的集成、清洗和整合，是从业务层面上对数据进行分析、为智能化决策提供支撑的重要前提。

（4）技术安全能力

此能力是指平台的技术稳定性、抵抗攻击的能力。该平台的技术安全性是其建设的前提。

三、数字化供应链金融实践面临的挑战和共性特征

（一）数字化供应链金融面临的挑战

数字化供应链金融的 7 大方面面临的 13 大挑战，见表 7-1-4。

表 7-1-4　数字化供应链金融面临的挑战

方面	挑战	维度
战略与认知上的挑战	高层对数字化的理解和战略定位，误以为数字化就是企业内部信息化	战略高度
技术创新与应用上的挑战	不积极、不愿意投入（资金、人才）	ICT（信息与通信技术）的人员与资金投入
	盲目投入，没把握好迭代的节奏，没有业务先行，没有顶层设计，或者为了沉淀数据而沉淀数据	科技与业务的匹配度
	无法准确把握投入和产出，投入了就想马上有回报	科技与业务的匹配度
	需求多样变化快、无法满足，敏捷与成本难以平衡	敏捷与创新响应度
	无法跨系统、跨部门、跨业务、跨机构、跨地区打通、协同	转型升级协同机制健全度
	传统信息化程度高，反而"船大难调头"	转型升级协同机制健全度
商业模式上的挑战	怎么优化传统的交易与协作模式	商业模式创新度/供应链协同度
	怎么优化满足需求的模式	商业模式创新度/供应链协同度
合规上的挑战	过度追求杠杆	合规性
业务/产品上的挑战	线上化程度不高、自动化程度不高、缺乏智能决策、工具性特征不明显	产品/业务/用户服务的数字化程度
组织、流程、运营商上的挑战	针对传统企业可能面临的问题，改变了传统的采购、生产、销售、管理、财务的流程，如何调和新旧体系的矛盾。从外部以市场化的商业机制切入，而不是以行政命令硬推	转型升级协同机制健全度
员工、团队、人才上的挑战	真正的 ICT 技术开发人员占比太少（但是怎样才算合理，要视企业核心竞争力与发展阶段而定）	ICT 的人员与资金投入

（二）数字化供应链金融实践的共性特征

数字化供应链金融实践的共性特征可以概括为一条主线、两项使命、三项能力、四流合一、五化驱动和六合原则。

（1）一条主线

企业皆认为数据是市场配置的资源，也是企业未来重要的核心资产，干净可信的数据是有价值的重要资产。

（2）两项使命

企业皆以"供应链更顺畅更健壮、多元化融资更便捷更普惠"为企业使命，这也是它们得以存在的根本与核心价值。

（3）三项能力

企业皆在构建"感知能力、计算决策能力、执行能力"等三大基础能力上不断发力与持续投入。

（4）四流合一

企业通过三项能力的建设，实现"商流、物流、资金流和信息流"等四流合一，实现降本增效、管控风险的目标。

（5）五化驱动

五化驱动是指科技化支撑、生态化架构、场景化嵌入、精细化管理、精准化服务。

（6）六合原则

六合原则分别为合规、闭合、融合、合作、合适，以及合理，其含义，如图7-1-1所示。

微课 7-1
供应链金融数字化

合规	闭合	融合	合作	合适	合理
数据的采集、应用及管理，融资全生命周期管理，技术或系统的使用等均符合相关法律或法规的要求	"商流、资金流、信息流、物流"所涉及的（内部）作业链、（外部）业务链环环相扣，不脱离风险监管	产业生态、服务生态、金融生态的深度融合，新型数字化商业综合体不断涌现	在供需能进行有效匹配的情况下，多方协同、相互合作、彼此成就，实现多赢	新兴技术应用合适，彼此流程合拍	综合成本或服务费用双方均可接受

图 7-1-1　六合原则及其含义

素养园地

"加快数字化发展，建设数字中国"是《中华人民共和国国民经济和社会发展第十四个五年规划和2035年远景目标纲要》的第五篇，我国数字经济发展将提速。数字化对供应链的优化、重构和对供应链金融的风险控制意义不言而喻。容易被忽略的是，供应链金融对产业数字化也有非凡的意义：数字化是一项系统工程，不是企业内部的信息化，而是产业链整体的数字化。它不仅能推动技术升级，还会带来模式的变革，甚至颠覆。对企业来说，不仅面临技术投入、产出方面的挑战，还有思维变革、模式与业务重构、组织优化、团队升级等方面的挑战。面对趋势与挑战，怎么把握节奏、迈出第一步是关键。以供应链金融切入，撬动产业链整体数字化是一种很好的选择，有利于产业数字化的破局。

自测题目见"电子资源包"。

任务二　管理流动资产的数字化过程

任务导入

X 公司是 T 市一家主要从事日化品分销业务的供应链公司。在分销市场毛利越来越低的大环境下，控制企业流动资产的安全、减少风险已经是公司发展的重中之重。公司决定通过深化数字化改革、采用数字化工具对公司流动资产进行实时管控。

任务分析

在流通供应链业务中，流动资产主要包含货币资金、应收账款、应收票据以及存货。企业要对以上内容进行有效的数字化管理，就要将产生这些流动资产的过程数字化。其中对应收账款及存货的管控尤为重要。

任务实施

X 公司在信息化方面已经基本实现了公司日常的信息化系统管控，但原有的系统更多是对人为管控的辅助，要实现数字化管控，就要通过数字化工具实现以客户为核心、数据驱动的管理模式。所以，通过数据进行决策是数字化的一个重要维度。

第一步：存货的数字化管控

存货的数字化管控分为两个部分：一是对已有存货进行管理，这部分主要涉及存货的状态管理；二是对新产生存货进行管理，这里主要是指对采购进行管控。

1）为了对存货进行管理，公司已经上线了 WMS。X 公司通过数字化系统，实时监控存货的状态，包括库存数量、品种、批次等信息。这有助于准确了解存货状态，避免出现库存过多或短缺现象。

2）以客户为核心，按照客户的收货标准完善系统基础数据，并通过系统设置，优化拣货流程，保障出库货品完全符合客户需求，减少出库货物不符合客户收货标准造成的拒收等问题的出现。

3）根据品牌和商品的特性，严格设置采购入库货品有效期及状态的管控，对于不符合标准的货品，从入库源头进行系统筛查。

4）强化系统化管控，实现系统与实物库存的实时匹配，方便仓管人员进行实时存货盘点，保障存货系统数据的有效性。

第二步：应收账款的数字化管控

在 To B 的流通业务场景中，应收账款是一个重要的风险把控环节，作为占比最大的流动资产，如何切实保障应收账款的顺利回收，X 公司在应收账款的产生、管理等诸多流程节点进行了数字化管控。

（1）客户准入机制：设置合理的客户准入机制，特别是对账期客户进行信用管理，限制不合格客户的业务。

（2）信用额度设置：在 ERP 系统中设定客户的信用额度，以防止超出信用额度的交易发生。

（3）账期管控：根据客户账期数据，对客户的业务进行管理，减少超期应收风险的产生。

（4）超期应收限制：在销售单处理环节，对产生超期应收的客户进行限制，减少进一步产生问题客户的应收风险。

同时，为了满足业务的灵活性，系统提供了一些个性化设置来处理特殊情况。

第三步：应收费用的数字化管控

在流通供应链服务中，为上游供应商提供垫资服务也会产生部分应收账款，X 公司称其为应收费用。公司通过 ERP 系统对应收费用账期进行管理，加强对应收费用回收的数字化管控。

通过实施数字化管控流动资产，X 公司在其日化品分销业务中取得了显著的成效，实现了对存货和应收账款的精准管理。存货管理优化后的实时监控和拣货流程降低了出库问题。在应收账款方面，客户信用管理和账期管控有力地降低了超期应收的情况发生率，提高了回收率。

数字化管控还强化了风险控制，系统限制风险客户的交易，降低了潜在风险。同时，精准满足客户需求，客户满意度提高。综合来看，X 公司的数字化资产管理不仅提升了效率和风险管理能力，还加强了客户体验，并且为公司业务额的持续增长奠定了基础。

学习标杆

"货兑宝"区块链电子仓单技术

区块链技术的赋能给行业带来了新的机遇，其技术本身安全不可篡改且全程可追溯的特性，可以解决目前大宗仓储业务中交易风险控制方面的问题。同时结合线下智慧仓储提货权管控能力，对仓储管理、提放货、货物交割、企业征信等多个维度下的风险问题进行了提前预防和控制，极大地提升了大宗商品交易的安全性。

"货兑宝"是中储京科供应链管理有限公司旗下的平台。以下是"货兑宝"区块链电子仓单技术应用的概述。

（1）基于区块链智能合约的电子仓单全生命周期管理

通过在仓储企业、平台企业、行业协会、资金方等主体建立网络节点，对电子仓单的生成、拆分、注销、质押等操作在节点间达成共识，且将电子仓单对应的出入库、过户、交易、质押等追溯信息存储在区块链网络中，信息在各节点中同步，保障仓单相应操作的真实性，并且无法单方面篡改。图 7-2-1 所示为电子存货仓单全生命周期管理。

图 7-2-1　电子存货仓单全生命周期管理

参与方共同约定的业务规则、封闭的仓单流转环境，再结合基于区块链智能合约的电子仓单管理系统，可极大地保障仓单的真实性、唯一性、可追溯性，以解决一货多卖、重复质押问题，并在参与方中实现互信。

（2）关键业务环节的区块链存证

通过对接京东数科区块链存证服务，将货物和订单全程追溯信息、电子仓单的追溯信息和全生命周期关键节点、用户的入库、用户的出库、用户的过户等关键操作、入库单、出库单、过户单、合同等重要单据上链，直连互联网法院等机构，赋予电子数据公信力。通过区块链数字存证平台，"货兑宝"平台可实现事中存证、诉时调证、高效维权。事中存证：在业务发生时进行存证，同步广州互联网法院"网通法链"和北京互联网法院"天平链"，实现在多家权威机构存证、多方背书，数据可信。诉时调证：在诉讼发生时，只需要填写存证编号，电子证据系统一键调证，实现快速出证，省时省力。高效维权：存证标准与规则前置，存证数据可信，免公证及鉴定，高效维权。图7-2-2所示为子数据存证证书。

图7-2-2　电子数据存证证书

（3）物联网打造数字化云仓

"货兑宝"从大宗商品底层仓储入手，打通仓库的WMS，做到仓库数据和平台数据实时交互，并利用京东物联网技术将仓库改造为智能云仓，实现仓储数据的数字化。金融端（银行）通过"货兑宝"平台实现AI实景看货，实现质押货物在库状态完整跟踪及实时预警，有效降低抵质押资产的安全风险。

通过以上案例，分析电子仓单相比传统仓单具有哪些优势？

相关知识

一、传统的供应链金融形态

供应链金融的本质特征是流动。传统企业内部融资的分类是静态的，其来源于以年为单位的资产负债表。这意味着在资产负债表上，内部的融资来源于企业的自有资金、未分配利润、折旧，以及资产置换。当我们以流动的视角看待这一问题时，这种分类便不存在了，因为没有发生资金的支付。资金的来源仅代表了一种直接的现金流入，或者说，会计利润不是现金，因为它们不能用于花费。不过，可以通过节税变现产生现金。

传统的供应链金融形态一般分为三类，即应收账款融资、库存融资、预付款融资。这三类形态的具体内涵，见表7-2-1。

表7-2-1　传统的供应链金融形态及其内涵

供应链金融形态	内涵
应收账款融资	应收账款融资是指企业为取得运营资金，以卖方与买方签订真实贸易合同产生的应收账款为基础，为卖方提供的，并以合同项下的应收账款作为还款来源的融资业务。供应商首先与供应链下游厂商达成交易，下游厂商发出应收账款单据。供应商将应收账款单据转让给金融机构，同时供应链下游厂商也对金融机构做出付款承诺。金融机构此时给供应商提供信用贷款，缓解供应商的资金流压力。一段时间后，当下游厂商销货得到资金之后再将应付账款支付给金融机构
库存融资	库存融资又被称为存货融资，是以资产控制为基础的商业贷款的基础。目前，我国库存融资的形态主要有静态抵质押授信、动态抵质押授信和仓单质押授信
预付款融资	预付款融资是指在上游企业承诺回购的前提下，由第三方物流企业提供信用担保，中小企业以金融机构指定仓库的既定仓单向银行等金融机构申请质押贷款来缓解预付货款压力，同时由金融机构控制其提货权的融资业务。在此过程中，中小企业、焦点企业、物流企业，以及银行共同签署应付账款融资业务合作协议书，银行为融资企业开出银行承兑汇票为其融资，作为银行还款来源的保障，最后购买方直接将货款支付给银行。这种融资多用于企业的采购阶段。预付款融资可以理解为"未来存货的融资"。预付款融资的担保基础是预付款项下客户对供应商的提货权，或提货权实现后通过发货、运输等环节形成的在途存货和库存存货。当货物到达后，融资企业可以向银行申请将到达的货物进一步转化为存货融资，从而实现融资的"无缝连接"

二、仓单的功能

仓单作为仓储的凭证，具有明显的功能，主要表现在以下几个方面。

（1）仓单是保管人向存货人出具的货物收据

存货人交付的货物被保管员验收后，保管员会给存货人开具仓单。仓单是仓储人按照仓单上记载的条件收到货物的证据。

（2）仓单是仓储合同存在的证明

仓单是寄存人与保管人之间存在仓储合同的证明。只要开出了仓单，就证明了合同的存在。

（3）仓单是货物所有权的凭证

谁拥有仓单，就等于谁拥有了货物所有权。仓单持有人有权要求保管人返还货物并处理仓单所列货物。仓单转让，即货物所有权的转让。因此，保管人应将货物返还给仓单持有人。正是因为仓单代表了货物所有权，所以仓单作为一种有价物品证券，也可以按照《中华人民共和国担保法》的规定设定权利质押。

微课7-2
供应链金融交易
单元与形态

（4）仓单是提取货物的凭证

仓单持有人在向保管人提取货物时，应当出示仓单。仓单一经保管人开具，持有人不仅要出示仓单，还要交回仓单。仓单持有人是第三人，第三人未出示仓单的，保管人除证明其提货身份外，应当拒绝退货。

三、电子凭证与智慧供应链金融——以电子仓单为例

供应链金融涉及多个主体，为确保交易能够在多个主体间取得共识，形成对供应链金融中交易资产与活动的唯一对应，首先需要解决的问题便是交易资产和活动的标准电子凭证，这将为达成一致意见奠定基础。这包括如何将供应链运营中的交易单证、仓单、提单转化为标准化的电子凭证。这里包含了三层递进的内容：一是供应链运营的对象，如交易活动、资产、动产等；二是凭证，它是根据商业管理及指定的因素形成的一种交易、资产保障的合约形式；三是电子化，即将合约通过电子化的形式实现众多主体协同、安全管理，从而产生高效流转的管理环境。

以电子仓单为例，仓单与供应链运营过程中入仓的财产或者产品相对应，是以实物形态表现的物体。仓单则是将上述物体以大家公认的形式形成具有法律效力的合约。根据国家标准《仓单要素与格式规范》（GB/T 30332—2013）的定义，仓单是"仓储保管人在与存货人签订仓储保管合同的基础上，按照行业惯例，以表面审查、外观查验为一般原则，对存货人交付的仓储物品进行验收之后出具的权利凭证"。从仓单的要素来看，仓单需要记载必备的要素才能具有法律意义上的有效性。根据《中华人民共和国民法典》第九百零九条的规定，仓单包括下列事项：存货人的姓名或者名称和住所；仓储物的品种、数量、质量、包装及其件数和标记；仓储物的损耗标准；储存场所；储存期限；仓储费；仓储物已经办理保险的，其保险金额、期间以及保险人的名称；填发人、填发地和填发日期。相关文件规定，欠缺绝对必要记载事项的仓单是无效仓单。绝对必要记载事项包括存货人姓名、仓储物的品种和数量、存储场所、仓单出具人。这种要素凭证特点使仓单成为无因凭证，即仅凭仓单即可行使物权，不需要其他原因和证据。

显然，仓单服务不只是有仓库就能做起来的，还需要具备配套高水准的作业流程、高素质的作业人员和可靠的风险管理手段。除动产向法律效力标准仓单转换外，还有一项重要改变就是电子化。这是因为纸质仓单具有伪造、变造、验证等不容易被克服的难点，流转依然不够快捷；依靠技术发展和法律的支撑，纸质仓单实现了电子化，可线上生成、存储和传递。最重要的是，由于仓单的底层商业制度和立法司法基础，电子仓单的签发方合法占有货物，可以轻松支持电子仓单的持有人兑付实物财产，而且可以获得各国的司法和商业保障，充分实现商品的线上交付。纸质仓单与电子仓单的区别见表7-2-2。

表7-2-2 纸质仓单与电子仓单的区别

序号	区别要素	纸质仓单	电子仓单
1	媒体	纸	电子介质
2	转移占有方式	交付或背书并交付	背书并转移控制、公示登记
3	存储方式	传统方式通常是由专人保管，存储在特定部门或人员管理的保险柜内	存储在电子介质中，需要账号密码或者数字证书登录取得控制管理权
4	验证方式	通过仓单上的印章、签字，以及与仓库管理人员当面或电话传真核实验证	通过电子仓单上的数字签名和时间戳来验证

（续）

序号	区别要素	纸质仓单	电子仓单
5	内部流程	内部流程耗时较长，人工清点计量、多次传递、多次汇总计算，人为出错的概率较高，对现场值班人员的能力、道德水平依赖程度较高，作弊的条件多，审核复杂、成本高	可事先设置好权限，缩短网上审核时间，同时增加物联网自动读取清点和计量、技术校验等，对现场值班人员的能力、道德水平依赖较低，出错和作弊的可能性大幅度降低
6	传递	传递慢，人为变造的机会大，核实成本大，没有有效的核实办法，较依赖肉眼和经验	通过加密网络传递，大大缩短传递时间，同时已生成的仓单不可变更，人为变造容易被发现，核实依靠密码非常可靠便利
7	信用来源	依靠仓库长期的自身积累	仓库自身信用＋独立第三方认证机构和专业商业保险
8	证据来源及类型	持单人提供仓单正本、仓储合同、预留传统印鉴	第三方存管和认证机构提供线上存证，包括身份信息、操作信息、视频信息、仓单信息、数字证书信息等，预留法人电子证书和授权人员电子证书
9	法律基础	《中华人民共和国民法典》（部分国家有仓单法或动产担保法、统一商法）	《中华人民共和国电子签名法》《中华人民共和国民法典》《联合国国际贸易法委员会电子签名示范法》

一旦供应链交易活动与资产实现规范的电子凭证化，将极大地推动供应链金融发展。这一推动作用不仅体现在执行供应链交易与动产融资过程中，成本降低、效率提高，更体现在使供应链金融活动透明化与安全性增强。例如，标准电子仓单的发展，促使供应链金融产品从传统的动产质押转向了标准仓单质押。这种转变使质押物、生效要件、公示、特定化、操作流程、流通性、权责关系、善意对抗、违约处置，以及服务条件和水平都发生了较大改变。因此可以看出，电子凭证是实现智慧供应链金融的基础设施，它推动了交易对象的标准化和供应链多主体、多地区之间的流转和认同，强化了对交易活动和资产的统一和及时有效的管理。

微课 7-3
智慧供应链与
电子凭证

素养园地

在新技术带来的新发展格局下，国家政策层面不断推进构筑自主可控的全产业链体系，提升制造业基础能力和产业链现代化水平。2022 年 5 月，工业和信息化部会同国家发展和改革委员会、科学技术部等十一部门联合印发《关于开展"携手行动"促进大中小企业融通创新（2022—2025 年）的通知》（以下简称《通知》），明确将通过部门联动、上下推动、市场带动，促进大中小企业创新链、产业链、供应链、数据链、资金链、服务链、人才链全面融通，着力构建大中小企业相互依存、相互促进的企业发展生态；有力支撑产业链供应链补链固链强链。《通知》要求以数字化为驱动，打通大中小企业数据链；以金融为纽带，优化大中小企业资金链；完善产业链供应链金融服务机制，鼓励金融机构结合重点产业链供应链特点开发信贷、保险等金融产品，加强供应链应收账款、订单、仓单和存货融资服务。

当前，我国已构建成为全球唯一拥有联合国产业分类中全部工业门类的国家。同时，我国很多产业正在向全球产业链布局的中高端进行升级，这也是全面建成社会主义现代化强国的必由之路。

在企业、供应链和产业链数字化转型的大背景下，通过数据赋能，对供应链、产业链上下游的全要素数字化升级、转型和再造，已成为全球产业竞争争夺的制高点。加快数字化转型、利用数字化新技术创新服务模式、发掘数据资产价值、创造数据信用助力供应链金融发展。

> 自测题目见"电子资源包"。

任务三　识别和分析供应链风险

◎ 任务导入

贵州电网公司深化运用供应链风险管理体系

作为中国南方电网有限责任公司的首家试点单位，2020 年以来，贵州电网有限责任公司（以下简称"贵州电网"）在没有范本可参考、没有先例可学习的情况下，创新建立以"六问三见""四分三到""两查一定"为核心的供应链风险管理体系，筑牢供应链风险管控防线。供应链风险管理过程中的第一步就是要建立机制，将风险识别常态化。

查找比对相关规定，确认新增风险点，对原有风险条目修编，增加管控节点……

在贵州电网供应链域，得益于"人人辨风险、事事问风险"机制的建立，类似的风险识别，省、地、县公司的所有在岗人员都需要结合业务事项，每周开展一次，确保每岗每人"识风险"。

不分岗位、不分级别，周工作计划每个人都要按照"六问三见""四分三到""两查一定"的思路开展风险辨识，并进行地级到省级的传递和审核，确保风险事前识别、事中管控、事后反思。贵州电网供应链部某副总经理介绍，针对新增的风险点，还需要把其纳入风险基准库，充分发挥"传帮带"的辐射作用，切实强化全员风险意识，做到风险识别常态化、长效化。

"六问"，即有无廉洁、交付、作业、财产、网络和合规风险。

"三见"，即见人、见事和见管理。

"四分"，即分管理层、分专业、分风险类型和分风险等级。

"三到"，即到部门、到岗位和到相关方。

"两查"，即查业务指导书和查作业指导书。

"一定"，即定标准。

以问题为导向，贵州电网建立供应链域问题台账，及时对巡视巡察、审计、专业检查、投诉举报和会议审核发现的问题进行识别和评估。在一年不到的时间里共识别新增风险 36387 条，已全部纳入风险基准库。

在此过程中，为了让从业人员从"怕业务被找出风险"向"主动查业务风险"转变，贵州电网还结合典型案例开展廉洁风险教育，营造人人"学风险、讲风险、控风险"的氛围，推动党建与风险管理深度融合，强化供应链从业人员风险意识、合规意识。

如何理解和识别供应链风险？

在这个任务中，你需要学习供应链风险管理的知识。以贵州电网深化运用供应链风险管理体系为案例，你需要理解供应链风险管理及其分类，学习如何识别供应链风险和供应链风险的管理策略。

✅ 任务实施

贵州电网深化运用供应链风险管理体系的案例涉及供应链风险管理，包括识别供应链风险、制定供应链风险的管理策略。在进行供应链风险管理时，需要了解其步骤流程并展开工作。

1．风险识别与评估

对供应链中的各个环节进行全面的风险识别，包括识别供应商风险、识别物流风险、识别市场风险等。评估各项风险的潜在影响和可能性，确定其优先级。

2．风险监测与预警

建立风险监测系统，定期收集、分析和监测与供应链相关的外部和内部风险因素；实时获取关键指标和数据，及时发现潜在风险，并设置预警机制以提前应对。

3．制定风险应对策略

针对不同类型的风险，制定相应的应对策略和计划。例如，为应对供应商风险可以采取多元化供应商选择、供应链合作伙伴协调和备选供应商建立等策略。

4．制定风险应急预案

针对潜在的重大风险，制定风险应急预案以应对突发事件的发生。预案应包括各个环节的应急措施、责任分工和沟通机制，确保能够迅速响应和恢复供应链的正常运转。

5．风险监控与控制

持续监控供应链中的风险情况，并采取相应的控制措施。这包括定期审查供应商绩效、实施供应链可见性和追溯性，以确保供应链各环节的合规性和稳定性。

6．风险评估与改进

定期进行风险评估，评估已实施的风险管理措施的有效性，并根据评估结果进行持续改进。根据实际情况调整风险管理策略和流程，提高风险管理的效能。

综上所述，贵州电网深化运用供应链风险管理体系，筑牢供应链风险管控防线，能有效防范供应链风险。

🔗 相关知识

一、供应链风险管理

（一）供应链风险管理概述

企业运营需要面临预期内或预期外的各种情况，而这些都是企业必须面对的风险。任何影响供应链正常运转的因素都可称为供应链管理风险。

　　企业在进行供应链管理的过程中，与供应商和客户的合作可能产生各种问题。从某种意义上说，企业与企业间的摩擦，其表现形式更加复杂，影响范围也更大。企业作为社会组织的一部分，在社会环境中扮演的角色，以及受社会环境影响产生的各种变化，都可能使企业的供应链不稳定。

　　供应链管理本身是一个动态的过程，而风险的变化也是一个动态的过程。我们需要通过一系列的管理工具和手段对其进行识别和管控。于是，供应链风险管理则可以理解为：管理供应链过程中出现意外事件或变化时带来风险的一个系统的过程，对供应链中存在的各种风险进行识别、量化、评估、减轻、规避等。

（二）供应链风险的特点

　　要正确采取规避风险的供应链管理手段，需要全面了解供应链风险的特点。

　　（1）供应链风险的相关性

　　供应链风险的产生主要源于供应链系统各个环节间的联系，它是由各个环节间可能存在的互动与协作引起的，供应链上每个成员企业作为一个独立市场主体有着各自不同的利益取向。由于信息不完全、不对称和缺乏有效的监督机制等，企业通常会为了争夺较好的制度资源或更好的经济条件，以及追求自身利益的最大化而展开激烈的谈判。供应链上的企业，在谋求个体利益的同时，还会在某些信息披露以及资源共享的基础上进行一定程度的合作，以寻求单个企业无法实现的经济利益。

　　（2）供应链风险具有"牛鞭效应"

　　由于供应链节点企业之间的需求信息较为保守，造成供应链上企业对需求信息产生误解，信息将由下游逐级放大到上游，就会出现所谓的"牛鞭效应"。在经营实践中，供应链制造的源需求与终端需求之间总有时间上的延迟，从而造成反馈误解。由于供应链上企业以邻近企业需求信息为决策依据，无法充分把握其他成员的需求信息，导致失真；最终在由细微差异向源头传递时得以放大。供应链越长，供应链中间的流程越多，"牛鞭效应"越严重，供应链效率越低。

　　（3）供应链风险具有传递性

　　由于供应链从产品开发、生产至流通过程中都有众多节点企业参与，因此供应链风险因素能够通过供应链过程实现企业之间的传递与积累，对整个供应链的风险水平有显著的影响。按照供应链的时间顺序及运行过程，各节点的工作构成串联或者并联的混合网络结构，其中一项任务可以由一个企业完成，也可以由多个企业完成；供应链的整体效率、成本和质量指标取决于节点指标；由于每个节点都存在风险，供应链的整体风险由每个节点的风险转移而来。

（三）供应链风险管理的重要性

　　由于供应链涉及众多不同的业务运营，它对大大小小的组织来说都至关重要。供应链是将自然资源、原材料和在制品资源转变为最终的产品或服务，并提供给终端消费者的过程。如果某环节未能按时交付供应链下一环节所需要的产品，那么整条供应链可能会中断。只要有一个小小的错误或延迟，就可以使企业的业务陷入停顿，从而导致收入减少、品牌形象严重受损。

组织应保证弹性与响应能力以减少供应链风险，综合供应链风险管理策略非常关键。这就要求供应链（包括供应商，物流以及场地）各级应对各种风险。如果执行得很好，供应链风险管理会给企业提供可观的竞争优势。

二、供应链风险的管控步骤和识别方法

为保证风险的可控性，需要从流程出发进行管理。如图 7-3-1 所示，可以将供应链风险管控步骤分为事前风险识别、事中风险评估和风险控制、事后风险回顾评价。风险一旦发生且带来不良影响，挽回的代价是非常昂贵的。如何与风险这个"敌人"斗智斗勇，事前、事中和事后的管理缺一不可。

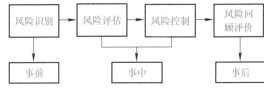

图 7-3-1　供应链风险管控步骤

若在风险发生前就能准确、及时地识别其动态并有效地管理，可大大降低风险带来的影响。

风险的事前管理很重要。对企业而言，风险如果能在第一时间被识别并采取措施应对，就有机会用最低的成本、最快的速度来解决风险。事前识别的效果要优于事后的弥补，但第一时间进行风险的识别并不是一件容易的事。

风险发生的原因往往比较复杂，尤其是重大的风险事件，各种影响因素相互交织在一起，除了能够显现出来的表象外，背后隐藏的那部分往往更加致命，但很难被一眼识别。在纷繁复杂的日常工作中，如何保持清晰的思维，并在第一时间发现风险及把握其背后隐藏的真实原因呢？除了保持对风险的敏感度和专业度外，这里介绍几种高效的识别方法。

（一）分解法

分解法是在分析问题时广泛使用的一种方法。它是利用图解的形式将大问题分解成若干小问题，特别是在面临毫无头绪的问题时，可以利用分解法从大到小进行分解，解开谜团。利用分解法可以将供应链风险面临的主要问题层层分解，排除无关因素，让思路逐步明了，从而准确找到真正产生影响的风险及原因。

图 7-3-2 中，若供应商 A 出现断供，并且按照常规的品类质量改善方法进行优化后，依然没有效果。此时，通过分解法进行分析，逐步排除不合理的推测，发现不良事件发生的原因是供应商内部经营不善。此原因又导致供应商存在现金流不健康等财务问题，影响了上游供应商的正常交货，货品出现了残次品，最终影响下游的客户企业。在这种情况下，企业可以对供应商 A 提供供应链金融帮扶和经营管理上的指导。

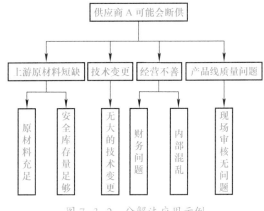

图 7-3-2　分解法应用示例

（二）环境扫描法

环境扫描法，就是在一个复杂的信息系统中，搜集和整理供应链系统内外部各种事件、大

趋势等信息，通过掌握供应链所处的内外环境的变化，辨别面临的风险和机遇的方法。当使用环境扫描法时，一旦风险信号被捕捉到，必须马上进行分析并做出反应。

环境扫描法要求参与的人员具备一定的耐心和专业度，因为内外环境信息量复杂且庞大，需要层层筛选。只有使用数理分析、统计等工具，才能在大数据中发现环境变化的关键信息。此种方法常用于识别行业风险、环境风险等。

（三）SWOT 分析法

SWOT 是由英文 Strength（优势）、Weakness（劣势）、Opportunity（机会）和 Threat（威胁）的首字母组成的，即针对企业供应链管理过程中的优势和劣势，以及内外环境面临的机会和威胁进行分析。优势和劣势分析主要着眼于企业自身的实力与其竞争对手的比较，机会和威胁分析主要是把握内外部环境对企业可能带来的机会和危机。

在进行 SWOT 分析时，应该把所有的因素集中起来进行评估，按照优势和劣势、机会和威胁的分类，逐条列出，进而从积极面和消极面分别对供应链管理中的机会和威胁进行剖析，做到心中有数。

（四）情景模拟法

情景模拟法就是拿出一个典型案例，通过情景设定，给出不同的变化方向，从而讨论可能发生的风险的方法。这种方法通常需要用集中会议讨论的形式。在讨论的过程中，需要跳出事件本身，运用发散思维，对所有可能性进行模拟，如大环境中的政治、文化、市场经济背景若发生变化或企业内部的管理风格、风险管理方案若发生变换，在模拟的环境下讨论风险可能的走向。

以头脑风暴会议的形式来讨论，在模拟场景的讨论中发现一系列关联的影响因素，从而提前识别出某些潜在的风险。

三、供应链风险的分类

按企业的内外部环境可将供应链风险分为内部风险与外部风险，见表 7-3-1。

表 7-3-1 按企业内外部环境的供应链风险分类

依据	风险类型
内部风险	经营风险
外部风险	行业风险、市场环境风险、道德风险

还可以再进一步对供应链风险进行分类，如图 7-3-3 所示。

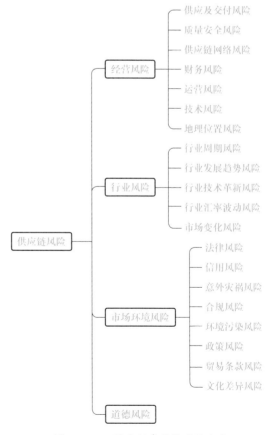

图 7-3-3 供应链常见的风险分类

（一）供应及交付风险

在交付的过程中可能出现各种各样的问题，常见的有：计划波动是否很大，从而导致供应商难以应对、供应商生产是否稳定、产品是否能够按时和按质交付、是否存在缺斤少两的现象、是否存在标签与实物不符的现象、物流运输途径是否合理和安全、库存是否合理等。

（二）供应链网络风险

供应链网络可以理解为供应商及其上游供应商、客户及其下游客户组成的网络，即连接整个供应链网络的每一个合作伙伴，构建了一个有序的生产服务链条。供应链网络风险需要考虑的问题有：作为供应链的组成元素之一的上游供应商经营是否健康、供应商的选择是否合理、供应商之间是否存在恶意竞争、分销商选择是否合适、客户定位是否精准等。

供应链网络也可以理解为连接供应商与企业、连接企业与客户的沟通网络。可能对供应链网络造成风险的因素有：甲乙方的合作是否畅通无阻、信息系统是否搭建完善、企业与客户之间的合作是否良好有序等。

（三）质量安全风险

质量安全问题是比较明显和突出的供应链风险问题。在我国工业发展中，很多企业因为质量安全问题出现了重大的危机，如汽车行业的零部件召回事件、乳制品行业的三聚氰胺事件等。质量安全风险需要考虑的问题有：人员技能及专业度是否足够、产品质量是否达标、质量保障措施是否完善、是否有完善的质量溯源体系、产品的售后服务水平是否良好、企业与供应商之间的质量管理理念是否同步等。

若质量安全风险处理不妥善，轻则影响企业的声誉，重则会将企业带向灭亡。

（四）运营风险

运营是指经营企业的各项活动，典型的运营活动为供、产、销。运营风险是指企业在生产经营过程中，受到供、产、销等各个环节不确定性因素的影响，企业资金或者生产出现异常，甚至企业价值出现变动。换言之，运营风险可以理解为企业由于战略选择、产品价格、销售手段等经营决策失误引起的未来收益不确定性。

制造业内部的生产管理是较容易发生风险的一个环节。运营风险需要考虑的问题有：企业是否能够稳定生产、生产达标率是什么样的水平、生产设备质量是否合格、现场人员是否具备合格的资质、是否存在生产瓶颈、瓶颈工序是否会成为高效生产的隐患、生产现场和环境是否安全合规等。

（五）财务风险

企业财务管理水准不一样，或多或少都会存在无序竞争或者恶意竞争的情况。例如，有些企业为了粉饰经营业绩，将应计入以后会计期间的应税营业收入提前至当期入账，以达到夸大营业收入、调增经营利润的目的；有些企业为了调节当期应纳流转税税额，采取推迟确认营业收入的手法，以调减当期应纳流转税税额的计税基数，从而达到控制当期应纳税款的目的；还有企业为了逃税漏税，将相关成本核算进行"偷梁换柱"，从而逃避缴纳企业所得税。这些都是典型的财务风险。

财务部门的管控流程是否透明和是否完善、投资和支出的核算是否准确、财务操作过程中是否存在弄虚作假现象等，都会给企业的供应链管理乃至企业生存带来巨大的冲击。

（六）技术风险

技术是企业的核心竞争力，企业需要保证自身的技术实力能在市场上占有一席之地。

技术风险主要可以从两个方面理解：一为技术能力不足，企业在新项目的研发过程中，由于受外部环境、项目本身的复杂性、科研开发者自身能力的限制等影响，新技术研发无法正常进行；二为技术落后，企业因技术落后无法跟上市场的需求而被淘汰，因此关门歇业。无论是哪种情况，可能在短期内看不出技术风险对企业的显著影响。但从长期来看，技术风险会使企业逐渐丧失核心竞争力，最终一蹶不振。

（七）市场变化风险

供应链的运作是以市场需求为导向的，供应链中的供给、生产、运输、销售等，都必须建立在对外部需求准确预测的基础之上。外部市场经常会发生各种变化，不会一成不变。

例如，触屏手机问世之前，生产按键手机的企业经营得风生水起，也在不断专注于提升按键手机的质量等。从某一方面来讲，企业对产品质量和工艺性能的追逐并没有错，但它们没有预料到，某一天，打败企业的不是产品自身的问题，而是市场的重大变革。以苹果手机为代表的触屏手机一上市，就受到了消费者的热捧，很快就取代了按键手机在市场中的地位。这就是市场变化带来的巨大风险。

市场需求更新换代，市场竞争不断激化，消费者需求偏好也存在一定的不确定性。企业对市场的把握不准确，会导致整个供应链的经营风险，如供应材料选择不得当、供应商开发方向错误等。但在动态变化的市场环境中，如何准确定位存在一定的难度。所以，企业能否准确判断自身产品的竞争力、能否感知市场对新材料或新技术的需求、能否感知市场变化背后潜藏的危机，并准确预测未来的趋势，将成为供应链风险管理需要考虑的问题。

（八）行业周期风险

如图7-3-4所示，市场经济的运行轨迹具有明显的周期性，繁荣和衰退交替出现。

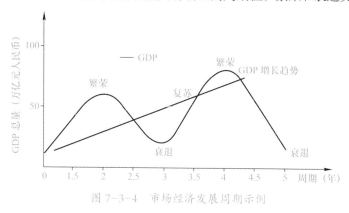

图7-3-4 市场经济发展周期示例

企业能否在合适的时间节点准确地把握行业变化的周期，也是影响风险管理的一个关键点。经济繁荣时期，在市场需求不断提升的刺激下，企业会增加固定资产投资、进行扩大再生产、增加存货、补充人力，并相应地增加了现金流出量。经济衰退时期，企业会及时止损、减少开支、精简供应链，并且提升产品自身的吸引力等。随着经济繁荣或者衰退的变化，企业需要及时把握时机，进行一定的调整。

（九）道德风险

道德风险通常是指工作过程中的道德沦丧，如采购工作中的私下勾结串通、生产制造过程中的偷工减料等。常见的供应商道德风险：某供应商在成本压力面前，没有经过一系列的技术认证或者客户许可，私自更换原材料或者改变产品设计，用较次的原材料代替，或者用更简单的工序替换，并且隐瞒不报，所产生的利润也独吞了。如此操作，往往最终会产生质量事故，并且导致后续一系列的合作、信任等问题。

四、供应链风险的管理

（一）不同供应链管理模式及风险管理的差异

表 7-3-2 介绍了四类常见的供应链管理模式。

表 7-3-2 四类常见的供应链管理模式

供应链管理模式	特征
精益供应链	精益供应链是成本竞争型企业的供应链运作模式。国内部分制造型企业目前是以来料加工、密集化生产为主。在精益供应链模式下，一般按照订单生产（Make To Order，MTO），保证生产效率的最大化；采购方式多为集成式采购，也叫规模化采购模式，或者固定供应商采购模式。此种供应链模式可以最大限度地保证管理成本的优势，利用规模大的特点，最大限度地集中各种优质资源，再通过合理地安排和组织，以达到对内外成本的管控
渠道供应链	渠道被引入商业领域，即资源的流通路线。渠道供应链管理模式多用于强调质量维度的功能性产品，如牛奶、纸尿裤等零售产品等。在渠道供应链模式下，一般按库存生产（Make To Stock，MTS），并注重效率和供应链的计划性；产品存在多样化和个性化需求的特点；企业通常拥有多种采购渠道；常常采用协同采购方式，以保证最高的生产效率和适应产品的多样化、功能化
敏捷供应链	在敏捷供应链模式下，供应链的反应速度很快，可以根据客户和市场的需求进行快反式的生产。此种供应链模式将生产单元进行模块化处理以实现快速反应，按订单装配（Assemble To Order，ATO），同时对供应链管理的要求也比较高；对客户的需求要能快速反应和准确预测，订单满足水平要高，内部各部门协调能力要足够成熟，这些都是对管理的考验
柔性供应链	柔性供应链模式与敏捷供应链模式有相似的地方。在柔性供应链模式下，企业可以按照客户的订单（Engineer To Order，ETO）进行设计，也需要快速反应。除此之外，柔性供应链的质量保证和设计能力都比较突出，能在短时间内配合客户进行技术研发和推陈出新。柔性供应链模式常用于创新性的产品，如时尚产品、化妆品、高科技产品等

不同供应链模式在涉及风险管理时，管理特点存在差异。

（1）柔性供应链、敏捷供应链的风险管理精确度更高

这两种供应链模式的典型特征就是能够做到快速响应、不断推陈出新，这就对管理者的水平、供应链组织的搭建、供应商和客户的选择等提出了很高的要求。因为是快速响应，所以这两种模式对计划制订环节、物流流通环节、库存管理环节、供应商调动环节都各有要求。其中

任何一个环节出现问题，影响都会比较大，导致无法做到快速响应。

柔性供应链和敏捷供应链模式，更类似于精准且连接紧密的齿轮契合，对每个环节的合作者都比较依赖，对每一个关键节点都要能完全把控。在此基础上，企业才能构建一个高效循环的链条，就像高速运转的马达，对风险的敏感度要高、反应速度也要快。

（2）精益供应链、渠道供应链风险管理的稳定性要求更高

在这两种供应链模式中，企业的资源较集中，且体量、生产量和出货量都比较大。虽不会像柔性供应链、敏捷供应链对风险的敏感度高，但是一旦供应环节出现了风险，影响的面会相对更广，企业的损失也会更大。正因为体量比较大，所以被风险影响后，企业的生产和声誉恢复起来都会比较慢。对于这两种模式，企业必须更关注供应链的稳定运营，做到稳中求进，避免波动。

（二）处于不同阶段的企业所面临的供应链管理风险

（1）初创期

初创期的企业面临的主要供应链管理风险往往有：无法找到有配合意愿的供应商保证生产，无法快速开发出合格的产品，无法获取融资等。

（2）发展期

处于发展期的企业面临的供应链管理风险主要有：供应商的质量水准不高，供应商有不良事件发生，企业内部的管理流程难以体系化、高效化，在市场上挖掘不到很多忠实的客户群体等。

（3）成熟期

处于成熟期的企业面临的供应链管理风险主要有：无法有效开拓新用户市场，无法优化供应链的管理成本，无法保证企业的研发、创新能力处于较高水平，无法维护好销售市场等。

企业在充分了解了自身的发展阶段后，再结合企业主要战略发展目标，才能正确制定风险管控策略。

（三）供应链风险管控的策略方向

企业一般应当根据风险级别选择合适的供应链风险管控策略的制定方向，见表7-3-3。

表7-3-3 供应链风险管控策略的制定方向

管控方向	含义
风险规避	避开风险高危区。企业在评估后如果得知风险的危害比较大，并且暂时也没有行之有效的措施时，可以采取"及时止血"或"壮士断腕"的措施，避免"毒素"扩展至更远的地方
风险降低	降低风险的影响。这也是很多企业经常采取的管理方向，即在风险来临时，采取一切可行的管理手段和管理工具，最大限度地减少企业的损失
风险转移	将风险转移至别处。将风险以合理的方式转移至企业以外的地方，保存实力。如企业在遭受一些非人为的风险危机时，可以适当向下游客户提出风险共担的请求，以减少企业的损失。当然，购买保险也是一种风险转移方式
风险共存或接受	对轻微风险有一定的容忍度。企业对轻微风险可以采取与之共存或接受的态度，再寻找合适的方法让其慢慢消失

（四）制定供应链风险管控策略时需要遵循的原则

企业在制定风险管控策略时，需要遵循以下原则。

1）考虑风险应对方案是否与企业现阶段的发展需求一致，是否与企业对风险的容忍度一致。

2）将风险管控措施中的成本收益与风险损失进行比较。

3）将风险管控措施中可能出现的新机遇与风险损失进行比较。

4）在必要时，需要考虑多种风险应对方案的组合。

5）准确掌握企业高级管理人员、关键岗位员工的风险偏好，采取适当的控制措施，避免因个人风险偏好带来风险管控中的重大阻碍。

结合企业不同发展阶段的需求和业务拓展的情况，持续收集与风险变化相关的信息，实时调整风险应对策略和管控举措。

微课 7-4
供应链金融中
的参与者

素养园地

供应链金融平台的数字化发展

为进一步推动金融服务实体经济，助力中小微企业解决融资难、融资贵的问题，早在 2017 年 10 月，国务院办公厅印发的《关于积极推进供应链创新与应用的指导意见》指出，供应链已发展到与互联网、物联网深度融合的智慧供应链新阶段，特别提到鼓励商业银行、供应链核心企业等建立供应链金融服务平台，为供应链上下游中小微企业提供高效便捷的融资渠道，为供应链金融平台业务创新、技术应用、有序发展等方面提供了指南。

2021 年 3 月，商务部等八部门联合印发《关于开展全国供应链创新与应用示范创建工作的通知》，要求发挥上海票据交易所、中征应收账款融资服务平台和动产融资统一登记公示系统等金融基础设施作用，在有效防范风险的基础上，积极稳妥开展供应链金融业务。2019 年 7 月，中国银行保险监督管理委员会下发《关于推动供应链金融服务实体经济的指导意见》，在加强供应链金融的风险管控方面提出加强核心企业风险管控、加强真实性审查、加强合规管理、加强信息科技系统建设等要求。

回顾供应链金融平台在我国的发展进程，主要经历了如下三个阶段。第一，供应链金融平台起步阶段。通过将企业 ERP 系统、采购结算账期系统与银行审核系统进行对接，实现供应链金融的线上化。供应商在银行开户后，由银行对其单独考察并单独授信，程序上仍然较为烦琐。第二，供应链金融平台功能化发展阶段。除银企直连、线上下单、线上审核等功能外，应收账款证券化等业务实现了线上化操作，融资成本实现了较大幅度下降。第三，供应链金融平台数字化发展阶段。供应链金融平台结合大数据、人工智能、区块链等前沿技术，通过批量运作与量身定做相结合的方式，为企业供应链融资提供更加高效的解决方案。

> 自测题目见"电子资源包"。

任务四 评估和控制供应链风险

任务导入

Y 集团供应链金融部门需要通过数字化工具进行风险控制，遂启动了风险控制系统上线工作；经过需求调研、产品设计、研发、调试等环节后，风险控制系统正式上线，目前部门所有供应链金融业务均要通过系统化、数字化管理来实现。

任务分析

结合供应链金融各类业务特点和历史业务数据情况等内容，制定详细的供应链金融风险控制指标库，并结合行业、具体业务特点进行风险控制模型建模，最终实现全数字化的风险控制评估及业务实现。

任务实施

风险控制产品设计人员依据行业特点、业务模式及历史业务情况等内容，制定风险指标库，并建立各种对应产品的风险控制模型，最后依据系统流程完成整个业务的风险控制评估环节。

第一步：风险指标库的建立

系统按照指标的特点分为单一指标、复合指标、固定指标。风险指标库系统功能界面如图 7-4-1 所示。

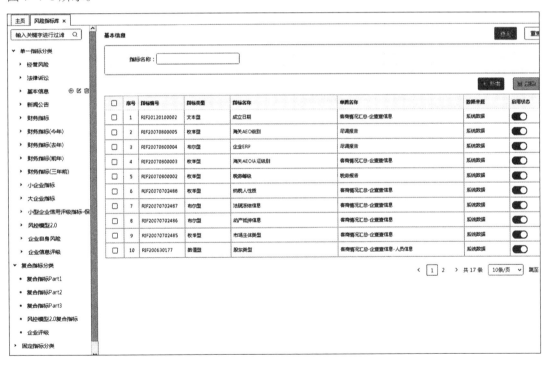

图 7-4-1 风险指标库系统功能界面

第二步：风险控制模型的建立

在建立风险指标库后，就要针对不同的业务模式进行风险控制模型的建立。例如，合作内贸业务类型的风险控制模型中的经营风险指标类占 30%，尽调评估指标类占 30%，财务风险指标类占 40%。

第三步：风险控制初筛

风险控制初筛的第一个环节是客户导入初审，主要是将意向合作客户列表导入系统，然后结合风险控制模型以及通过接口获取的云端大数据产生的企业信息进行企业准入初审，最终生成初筛结果。

第四步：客户尽调

现场尽调是风险控制流程中的一个重要环节。通过尽调专员对客户的详细尽调，最终生成现场尽调情况表，并生成客户的经营情况、征信与融资、个人风险、财报分析、流水分析、税务与发票等方面的尽调报告。图7-4-2所示为客户尽调内容页面。

图 7-4-2　客户尽调内容页面

第五步：风险控制评估

风险控制流程最后一步就是风险控制评估。依据前期调研的数据，选择对应的风险控制模型；风险控制系统对客户进行风险控制评分定级，如图7-4-3所示。最终形成风险评估报告。

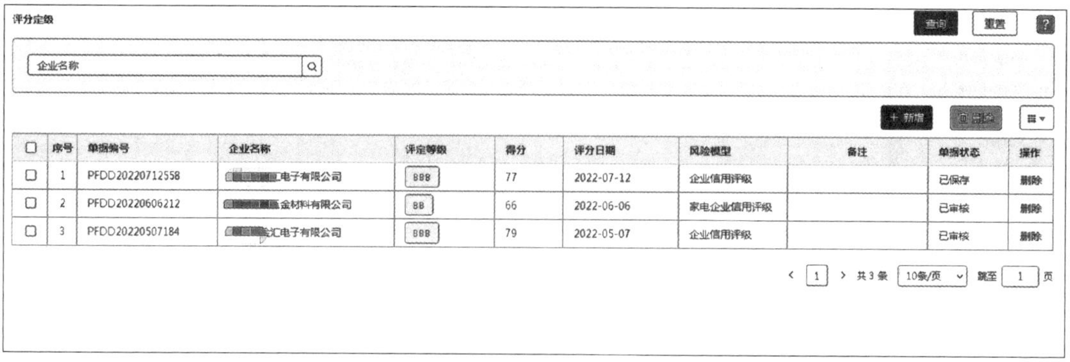

图 7-4-3　风险控制评分定级

宝凯道融供应链金融服务平台

宝凯道融投资控股有限公司（以下简称宝凯道融）为立白科技集团关联企业，成立于 2014 年，实缴注册资本 6 亿元，管理资产超过 50 亿元。宝凯道融以"成为领先的产业生态金融服务公司"为企业愿景，希望"通过技术与创新，让金融交易各方获益，推动产业快速增长，促进产业稳健长远的发展"。

宝凯道融秉承"实业与投资的合能"发展理念，纵向深耕产业投资、横向开展产业联动，搭建大消费产业生态金融服务平台，为核心企业生态圈提供定制化产品及金融服务。

目前，我国快消品行业正处于快速发展阶段，快消品具有体量大、消耗快、高便利性的购买需求，其分销层级多、主体分散，新兴业态、新零售和传统业态（人、货、场）等多种渠道并存，从各大电商平台（社区团购、线上买菜）到各级经销商（批发）、销售终端（商超、便利店、夫妻店、食杂店等），流通渠道遍布众多的中小微企业，易受到资金的制约，且资金实力与下游销售订单和销量直接相关。

供应链金融作为解决中小微企业融资难的重要突破口，越来越多核心企业开始自建或引入供应链金融服务，但囿于经销商自身的经营销售风险难以评估、信息协同程度低等行业现状，核心企业依然面临银行对接及运营成本高、风险管理薄弱、客群覆盖率低、产融效果不佳等痛点，迫切需要创新供应链金融服务模式。

宝凯道融基于 7 年产融服务经验打造的"立客融"数字化供应链金融平台及服务运营方案，通过整合产业生态链上的业务场景和各参与方的标准产品，形成产业生态金融圈；通过经销商体系分层评价标准，协助核心企业更好地理解及管理自己的经销商体系；通过资金方对接及匹配，解决上下游中小微企业融资难、融资贵的问题，帮助资金方获得合理风险溢价；通过专业的运营服务，降低核心企业开展供应链金融业务的运营成本；通过平台服务，实现业务与管理流程的全线上化。

数字化供应链金融平台及服务运营方案能解决传统模式的哪些难题？

一、供应链金融风险类型

供应链金融作为在供应链参与者之间依托金融资源实现商流、物流结合的一种创新模式，必然会受到各种供应链运营因素的影响，并且对融资量、融资周期和融资费率产生影响。具体来讲，按照不同的来源和层次划分，供应链金融风险的类型可以分为供应链外生风险、供应链内生风险和供应链主体风险三大类型。

（一）供应链外生风险

供应链外生风险主要是指由于外部经济、金融环境或产业条件的变化，供应链资金流与物流、商流的协调顺畅受到影响，从而产生的潜在风险。市场利率、汇率变动导致供应链上企业融资成本上升，或者宏观经济政策调整、法律修订、产业组织等因素导致产品需求中断，供应链增值难以实现，进而引起资金循环迟缓甚至中断的风险。这一类风险尽管不是供应链运营管理者所能完全决定和管理的，但是在供应链金融业务的实际开展过程中，供应链金融的综合管理者需要实时关注这些因素的变化，以及这些变化可能对供应链金融运行产生的正面或负面影响,进而根据这些因素调整供应链金融业务绩效的维度。总体来讲,外生风险越大,融资的周期和总量就会越小,费率相应就会偏大。在供应链外生风险的分析过程中,除考虑自然灾难、战争等不可抗拒的风险因素外,很多风险驱动因素往往与供应链运营的行业、领域密切相关。

因此,进行供应链外生风险判断,首先需要对供应链业务所在的领域进行识别,确立融资对象(客户)所在的行业,基于行业领域进行各种外生风险因素分析,形成供应链外生风险程度分析报告。图7-4-4所示为供应链外生风险分析流程。

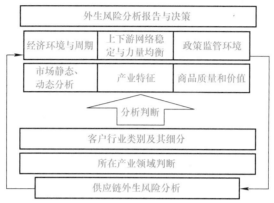

图 7-4-4 供应链外生风险分析流程

供应链包含的外生风险因素见表7-4-1。

表 7-4-1 供应链外生风险因素

因素	含义
经济环境与周期	经济性因素,特别是经济周期性波动是供应链金融活动中应当关注的外生因素之一。任何供应链的运行都是在一定的经济环境下开展的,特别是金融性活动涉及上下游企业之间,以及平台服务商、综合风险管理者和流动性提供者之间密切的合作和经济往来,一旦整个经济出现波动,必然使其中的环节或者主体面对的风险增大,从而加剧了整个供应链的资金风险
上下游网络稳定与力量均衡	在外生因素分析中,上下游网络稳定和力量均衡也是需要关注的要素。具体来讲,上下游网络稳定和力量均衡分析应当包括上下游集中化的程度和对比、替代品的程度、上下游相互之间的重要程度、上游投入业务的重要程度、上游差异化程度、转换成本从上游向下游延伸一体化的程度等
政策监管环境	监管环境是制度环境的一部分,管制维度与社会中的法律、政策、规定等由法律权威或者类似于法律权威的组织颁布的细则有关。它会通过奖励或惩罚来约束行为,这个维度属于工具性质的制度系统
市场静态、动态分析	市场静态分析指的是对融资对象产品和业务的竞争程度分析。市场竞争程度被认为是影响企业行为的重要环境性因素。市场动态分析指的是市场的变化性以及环境的不稳定性。与业务竞争性相比,环境的动态性使原有的产品或业务被淘汰,必须不断开发新的产品和业务
产业特征	产业特征是对供应链活动有重要影响的因素之一。在集中度高的产业中,大多数企业掌握着较为广泛的资源,能够完成技术进步与技术创新活动;在集中度低的产业中,企业控制的资源相对较少,为提高市场控制力,往往会进行横向和纵向的资源整合,因此环境中的产业特征是决定企业提供服务类型的重要因素
商品质量和价值	供应链金融尽管是对供应链运营中的商流、物流、信息流与资金流进行结合,但是从根本的基础看,仍然是交易本身的商品和业务。质量的稳定涉及随时间变化的物流性能和化学性能的保证程度,而价值变动则涉及随时间改变的商品价值的保全程度,这两个方面均会对金融活动产生作用。质量和价值越稳定,供应链金融的风险程度相对越小;反之,就会越大

（二）供应链内生风险

供应链内生风险主要是指供应链内在的结构、流程或要素出现问题而导致的潜在金融风险。显然，这是供应链组建和运行不当产生的风险。供应链上的各个环节、流程、要素。以及参与主体相互关联、相互依存，一旦中间出现问题或障碍，就可能波及整个供应链体系。图 7-4-5 所示为供应链内生风险的分析流程。

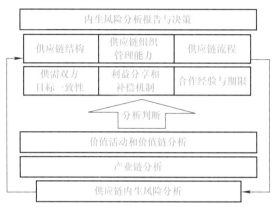

图 7-4-5　供应链内生风险的分析流程

供应链包含的内生风险因素见表 7-4-2。

表 7-4-2　供应链包含的内生风险因素

因素	含义
供应链结构	供应链结构分析主要是对企业供应链的组织方式和各自的空间位置进行分析，也就是说分析一个企业的供应链是如何构成的、采用什么样的方式、供应链参与者和供应链金融的推动者（平台服务商、综合风险管理者以及流动性提供者）所处的位置和发挥的作用
供应链组织管理能力	供应链运营的水平以及流程的顺畅性还与供应链的组织管理能力密切相关。组织管理能力越强，供应链越趋于稳定，运营的质量较高；反之，即便初始的供应链结构和流程设计较好，之后也会产生诸多问题
供应链流程	除技术上的信息系统和网络平台的支持外，供应链金融的高效和持久运作还依赖于综合需求和客户关系管理、供应商关系管理、物流服务传递管理、复合型的能力管理、资金和融资管理等主要流程的整合与协调，达到有效控制客户需求、生产过程及供应商绩效的目的
供需双方目标一致性	从本质上讲，供应链管理和供应链金融是行为主体之间的一种互动。供应链能否稳定和持续，其中一个很重要的因素在于供需双方是否具有目标一致性，或者是否愿意为了实现目标的一致性而进行日常性的投入
利益分享与补偿机制	在供应链金融运行的过程中，需要考虑三类利益分享和补偿机制：一是供应链运营体系中参与各方的利益分享和补偿，如果在供应链运行中某一方的利益得不到保证，就会使供应链受到极大的挑战，供应链中断就会成为必然；二是供应链金融组织者之间的利益分享和补偿，即平台服务商、综合风险管理者与流动性提供者之间的利益分享和补偿；三是供应链运营参与者与供应链金融组织者之间的利益分享和补偿。只有这三个方面的机制得以确立，供应链金融的风险才能被有效控制
合作经验与期限	业务合作经验与期限体现为供应链中焦点企业以往合作的历史和经验，以及各种合作项目的维系长度。供应链成员企业在进行合约期限决策时需要考虑的因素包括：供应链整体保持稳定和活力需要的合作期限、供应链各成员企业的可靠性、市场的稳定性、本企业对供应链的依赖程度，以及寻找新交易伙伴和建立新交易关系的成本。合作期限的调查主要是看供应链企业之间是否签订长期稳定的合作协议合同、是否规定了供应链合作模式等

（三）供应链主体风险

供应链主体分析主要是对供应链焦点企业（或者说融资需求方）本身的调查和分析，其目标是防止在供应链金融活动中，融资需求方或关联企业采取机会主义行为，从而使金融活动组织者或者某一方产生巨大的损失。供应链包含的主体风险因素见表 7-4-3。

表 7-4-3 供应链主体风险因素

因素	含义
主体资质	主体资质指的是行为主体的资源能力，以及其在行业或领域中的地位。从供应链融资的服务对象来讲，主要是该企业的经营资源和能力，特别是该企业抵抗行业变动和风险的能力；如果融资对象的能力有限（包括技术、生产等能力），而融资总量过大或者融资周期过长，相应的风险就会很大
资产状况	财务分析中的一项关键任务是对客户企业的资产情况进行全面分析，了解企业的资产组成，确定各项资产的流动性，尤其是流动资产的各项内容，分析企业各项资产的流动性是否满足企业正常运营的需求
诚信体系	诚信体系的建构不仅包括对中小企业基本素质、偿债能力、营运能力、盈利能力、创新能力、成长能力、信用记录，以及行业情况等影响因素的考察，还包括对企业所处供应链的整体运营绩效、上下游企业的合作情况、供应链的竞争力及信息化共享程度等因素的综合评价，甚至还要关注中小企业所有者在社会网络中的地位、关系等
贸易过程	贸易过程的把握不仅仅是关注融资对象某一笔生意的交易方式、付款方式等，还要关注它与供应链中其他企业或组织之间的贸易背景、贸易方式、收付汇情况，以及上下游企业占客户企业销售的比例等
运营情况	运营情况分析的对象并不仅仅是融资需求方的经营情况，还包括其上下游的运营情况，以及金融组织者对整个供应链运营的了解和掌握，尤其是供应链运营中的商流（贸易往来）和物流，特别是物流运营的监管和把握等方面的情况。没有扎实的物流管理，信息流和商流都会出现问题
履约能力	对企业履约能力的判断可以从企业的盈利能力、产品技术成熟度、产品质量可靠性、产品形象及市场稳定性等多个方面进行分析。需要指出的是，判断履约能力除了要关注供应链运营中的产业企业之外，还需要分析判断供应链金融组织者的履约能力

二、供应链金融风险管理与控制

（一）供应链金融风险管理的原则

在供应链金融风险管理过程中，应当充分认识到上述三种风险的状况，合理地建构供应链和供应链金融运行体系。供应链金融风险管理的原则见表 7-4-4。

微课 7-5
供应链金融风险
因素管理

表 7-4-4 供应链金融风险管理的原则

原则	含义
业务闭合化	供应链金融运行首要的条件就是要形成业务的闭合，也就是说供应链的整个活动是有机相连、合理组织、有序运行的，从最初的价值挖掘到最终的价值传递和价值实现形成完整循环
管理垂直化	供应链金融管理的垂直化意味着对各个管理活动和领域实施专业化管理，并且使之相互制衡，互不从属或重叠

（续）

原则	含义
收入自偿化	收入自偿化原则是供应链融资的基本条件，它指的是根据企业真实的贸易背景和供应链流程，以及上下游综合经营资信实力，向供应链中的企业提供短期融资解决方案，并且以供应链运营收益或者产生的确定的未来现金流作为直接还款来源的融资过程
交易信息化	供应链金融风险管理有赖于高度的信息化管理，这种信息化不仅表现为企业生产经营系统和管理系统的信息化，更在于企业或组织内部之间的信息化沟通，以及供应链运营过程管理的信息化
风险结构化	风险结构化指的是在开展供应链金融业务过程中，能合理地设计业务结构，并且采用各种有效手段或组合化解可能存在的风险和不确定性

（二）供应链金融风险控制体系

供应链中上下游之间的交易需要通过一定的控制手段进行约束，才能达到最初的交易目标。根据控制理论的经典理论，一般存在着两种控制方式：正式控制体系和非正式控制体系。

（1）正式控制体系

正式控制体系一般包括两种主要形式：结果控制与行为控制，见表7-4-5。

表7-4-5　正式控制体系

形式	含义
结果控制	结果控制也被称为绩效控制，是指在运营过程中采取绩效测量的方法对客户经营中的行为产生的结果进行监控。这样做可以直接满足委托方的目标需求。要想使结果控制合理发挥作用，必须建立在能够准确测量融资对象行为结果的基础上
行为控制	行为控制也被称为过程控制，是指在运营过程中时刻关注如何把客户的适合行为转化为预期结果的过程。这样做可以使融资对象的活动按照预期进行。要想使行为控制合理发挥作用，必须建立在能够有效监控融资对象行为信息的基础上

（2）非正式控制体系

非正式控制体系也包括两种主要形式：信任与资产专用性，见表7-4-6。

表7-4-6　非正式控制体系

形式	含义
信任	信任是指在风险状态下一方对另一方的正向期望或信赖。在供应链金融业务中，信任主要来源于金融服务提供者与客户企业之间的互动和合作
资产专用性	资产专用性是指该项资产只能用于特定交易；只要将该项资产投向某交易后，就不能再挪作他用。如果终止资产应用的交易，该项资产就成为沉没成本

微课7-6
供应链金融风险
控制原则与体系

素养园地

水井坊搭建三大评估体系，助力完善供应链管理

水井坊是中国领先的白酒品牌之一，其成功的部分原因在于其卓越的供应链管理。通过与可靠的供应商合作、精密的生产计划、高效的物流和库存管理，水井坊能够提供高质量、高效

率和高成本效益的产品，赢得了消费者和市场的信任和支持。

1. 三大评估体系，助力供应链完善管理

强化供应链的合规管理是水井坊健康稳健发展的重要保障，通过建立完善的管理体系，水井坊致力减少供应链风险。在供应商准入管理环节，水井坊建立了质量体系、EHS 体系及整体能力三大评估体系，通过背景调查、现场评估等形式，全面考察供应商的经营情况、合规情况和社会风险。

为了更高效、科学地对供应商进行统筹管理，保证水井坊供应链的稳定性，水井坊制订了供应商年度绩效管理计划，从质量、交付、技术和法律法规等方面，对重点供应商，特别是包装和原材料供应商，制定绩效目标和考核标准。根据考察结果，水井坊能够有效地对重点供应商进行分级管理，定期召开回顾会议，向供应商实时反馈评审情况，督促供应商不断改进。绩效优异的供应商将获得定期嘉奖，绩效不佳且无改进的供应商则将被淘汰。

2. 线上与线下培训，赋能供应链发展

水井坊也重视供应商的赋能和发展。2022 年，水井坊对重点供应商通过线上与线下方式开展培训，并面向 152 家广告和促销品类的供应商开展了合规培训。水井坊对供应商开展质量和管理相关的培训，持续提升供应商的质量和管理水平。对于重点合作的供应商，水井坊会根据其具体的提升需求，为其提供质量和精益生产培训，实现双赢。培训以线上与线下相结合的方式开展，水井坊通过委托第三方咨询机构提供讲师，对供应商开展线下培训，同时依据培训效果和执行情况，进行后续的线上辅导。2022 年，水井坊针对所选择的重点供应商开展了 1 次线下培训和 3 次线上辅导。

水井坊将供应链建设与赋能地区发展相衔接，利用供应链的影响力，支持地区供应商以及相关产业的发展。水井坊采取就近获取资源的采购政策，在提升供应链柔性与响应速度的同时，实现了对本地企业的支持。据统计，对于包装材料和原辅料两个重要品类，水井坊在 2022 年向四川地区供应商采购的金额就达到了采购总金额的 80%。

> 自测题目见"电子资源包"。

任务五 培养数字化供应链风险控制能力

◉ 任务导入

大创的智慧风险控制系统

智慧风险控制系统是供应链业务中重要的风险控制中枢。系统基于多项 AI 人工智能、大数据核心技术，通过外部数据的接入 / 导入，对市场监管数据、尽调数据、财报数据、税控数据、发票数据、供应链数据进行深入的清洗，实时计算出规则和模型需要的指标数据，在风险控制初筛、客户尽调、风险控制评估、额度核定、在线签约 5 大环节中形成 ISO 在线风险控制管理体系，根据风险控制模板自动运算模型，输出等级和评分，实现全生命周期风险控制保护，有效识别过滤高风险行为，降低风险发生概率。图 7-5-1 和图 7-5-2 分别为大创智慧风险控制系

统的功能模块和大创智慧风险控制系统的流程图。

 风控建模：可自定义多种模型，适用不同业务

内置超过 2000 个风控指标，可自定义风控模型，制定一级指标、次级指标、权重、计分方式等，设计符合对应业务的风控模型；系统自动抽取数据智能打分

 大数据：超 200 个数据接口，获取海量风险指数

实现与工商数据、司法数据、股权数据、征信数据、税票数据、物流数据、船港数据、大宗价格等数据源打通

 动态预警：伴随供应链流程，实时把控关键节点

设置丰富的预警节点，实时预警伴随业务流程同步进行，为供应链管理与资金安全保驾护航

供应链画像：可视化图表展示企业全貌

通过对数据的结构化处理，生成可视化图表，展示企业全貌，分析上下游与贸易现状，为风控初筛、尽调执行、风控预警、风控报告、额度管控等环节增加数据支持

图 7-5-1 大创智慧风险控制系统的功能模块

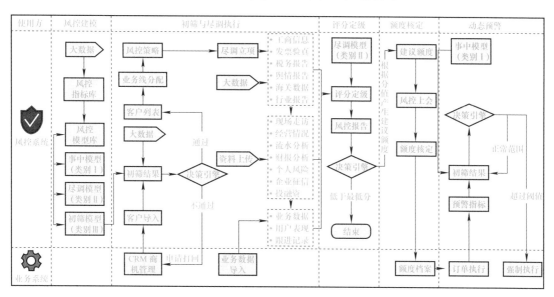

图 7-5-2 大创智慧风险控制系统的流程图

任务分析

在这个任务中，你需要学习数字化对风险控制运营能力的要求。以大创的智慧风险控制系统为案例，你需要分析大创的智慧风险控制系统对数字化的应用，并总结出数字化需要什么样的风险控制能力。

任务实施

大创的智慧风险控制系统为我们展现了在系统方面，数字化对风险控制运营能力的要求。

总体来说，大创智慧风险控制系统具备数据清洗与整合能力、实时计算与指标生成能力、搭建在线风险控制管理体系的能力与自动化模型运算与输出能力，这也是数字化对风险控制运营能力的要求。

1．数据清洗与整合能力

数字化要求系统能够接入多种数据源，并进行深入的清洗和整合，以确保数据的准确性和一致性。

2．实时计算与指标生成能力

数字化要求系统具备处理和分析大量数据的能力，并能够实时计算出规则和模型需要的指标数据。

3．建立在线风险控制管理体系的能力

数字化要求系统建立在线风险控制管理体系，包括风险控制初筛、客户尽调、风险控制评估、额度核定和在线签约等环节，以实现风险控制的在线化和自动化。

4．自动化模型运算与输出能力

数字化要求系统具备人工智能和机器学习的能力，自动化搭建运算模型，并输出相应的风险等级和评分结果。

相关知识

一、数字化对风险控制能力的要求

（一）构建数字化风险控制能力的要点

在数字化背景下，风险控制能力的构建需要关注以下四点。

1）结合业务经验以及数据模型，实现多维度挖掘、认识风险；数据导向和业务导向双管齐下，将专家规则与人工智能机器学习技术相结合，从而发现风险点。

2）运用先进技术和行业实践经验，对风险进行准确识别；运用人工智能、生物识别、机器学习等前沿科技，并与行业的经验相结合，对各类风险进行精准识别。

3）构建决策闭环管理体系全流程端到端管控风险，涵盖账户登录注册、信息变更、交易支付、营销等所有业务场景，建立专业化应对策略，形成事前、事中、事后端到端风险控制闭环。

4）持续提高大数据处理能力，结合规则模型构建，全方位监测风险，构建高并发、低延时的大数据处理能力；结合复杂计算、规则模型的灵活配置和部署能力，对风险进行全方位的监控。

（二）数字化风险控制的核心能力

从行业趋势、监管政策、风险控制环境这三个维度的变化中，可以看到运营风险控制正面临着新的挑战和新的机遇。不管是大数据、云计算，还是知识图谱以及智能决策技术，都需要迅速与业务进行融合，保证在全流程中的应用，以改变薄弱的风险控制能力。在数字化背景下，未来的数字化风险控制，需要聚焦在 5 个核心能力上。

（1）风险多元认知能力

风险控制不仅在于防控单一风险，更在于对全业务场景风险控制的理解与认识，从而对多元风险进行进一步的洞察。

（2）风险精准识别能力

风险的防控需要抓出风险，也需要抓准风险，这依赖对风险的认识和技术的运用。

（3）风险差异管控能力

风险差异管控能力包括基于业务、机构差异化进行风险管理，以及基于客户差异化进行风险控制。

（4）风险全面监控能力

新形势下的风险防控需要以"防控组合拳"的模式，在业务事前、事中、事后对多种风险采取措施。

（5）风险高效控制能力

风险高效控制能力要求持续进行风险感知、量化，不断提升对风险的识别能力。

二、智慧风险控制系统

数据与技术是风险控制的基础，在数据匹配、风险审核、风险监测等环节起着至关重要的作用。

（一）大数据风险控制

在金融数字化转型过程中，丰富的数据和动态化的调动与智能技术手段相结合，极大地提高了金融机构的风险控制效率。

因此，大数据风险控制模式得到普及，经过对接各类征信大数据和线上风险评估等活动，在简化放贷流程的同时，也达到了风险规避的效果。

1）利用大数据风险控制系统能够降低信息不完整情况下的信用风险。在贷前审批时利用模板化信息收集方式，将供应链金融风险控制模式数据化、动态化，达到实时风险预警的多级风险控制效果，从而进一步提高资信评估和审批速度，降低信息不完整情况下的信用风险。

2）大数据系统将交易流程自动化和线上化，因此可以及时获取企业的资金需求，并且准确认知企业经营能力与风险状态，从而提供更精准的供应链金融服务，改善对供应链信息掌握不完整、不对称的问题，同时降低银行在贷前审查、贷中审批和贷后监管上的时间成本、资金成本，以及人力成本。

3）通过大数据技术，可以对信息变化进行实时跟踪，并对企业进行动态调整，从而加快金融机构的产品升级速度。这样相关金融产品的服务商就会更加关注客户体验，持续根据客户需求的变化进行产品的快速迭代优化，实现传统金融服务不具有的个性化和差异化服务体验。

常见的大数据风险控制系统需要实时监控的数据类型见表 7-5-1。

表7-5-1　大数据风险控制系统需要实时监控的数据类型

类型	内容
工商数据	企业的基本信息、股权结构，以及司法诉讼、被执行人的相关信息
财务数据	更新的财务报表、税务报表、发票信息、收付流水
价格变动数据	相关产品的价格变动，如大宗货物的价格、相关汇率等
物流数据	陆运、海运、空运大数据
物联网终端数据	物联网终端采集的数据，如机器运转情况、仓库监控、车辆调配情况等
海关信息变动数据	商品价格的变动、海关的报关状态

（二）物联网监管

物联网监管平台以保障货物的真实存在为根本目的，通过业务系统和物联网监管系统的结合，构建风险控制模型，针对各类风险控制点，实现7×24小时的"机器人"监管。

物联网监管平台主要由云仓系统、物联网设备管理平台和PaaS（平台即服务）平台组成，并可与第三方B2B平台、商贸系统、仓库私有仓储系统及银行系统对接。物联网监管平台是实现一切以动产为基础的金融服务的根本保证。仓库/监管单位使用云仓储系统对抵押物的作业过程（如入库、出库、库内调整等业务）进行登记与管理。

物联网监管平台通过"物联网技术＋业务场景"建立风险控制模型，当数据差异超过风险控制预警限值时，系统以邮件、短信、微信及App的方式进行多层级的风险预警。

物联网设备管理系统集成各类主流设备，包括视频、传感器、PLC（可编程逻辑控制器）设备、无人称重设备等，将各类物联网数据发送到平台，对数据进行解析，为物联网监管平台提供物联网标准接口。

素养园地

《"十四五"现代流通体系建设规划》的相关内容

《"十四五"现代流通体系建设规划》提出：规范发展供应链金融。

加强供应链金融基础设施建设。统一供应链金融数据采集和使用的相关标准、流程，确保数据流转安全合规，加快人工智能、大数据、物联网等技术应用，为供应链金融线上化、场景化及风控模式转变提供技术支撑。加强供应链票据平台系统功能建设，加大应收账款融资服务平台推广应用力度，加快与政府采购系统等对接，为金融机构应收账款融资提供多维信息支撑。在全国范围内加快实施动产和权利担保统一登记，推进动产融资统一登记公示系统数字化和要素标准化建设，强化与"中征应收账款融资服务平台"联动，提高登记公示办理效率。

健全供应链金融运行机制。优化供应链金融监管机制，探索对供应链金融实施差异化监管。研究制定供应链金融行业规范，推动相关技术标准建设和统计口径统一。运用科技手段建立完善数字化风控体系，强化交易真实性审核和全流程监控，防范虚增虚构应收账款、存货及重复抵质押行为。推动应收账款和存货等动产资源权属"应确尽确"，为中小企业应收账款融资提供便利。鼓励金融机构、核心企业、第三方机构加强信息协同和共享合作，提高信息透明度和金融服务效率。

丰富供应链金融产品。鼓励核心企业通过"中征应收账款融资服务平台"进行确权，支持金融机构与平台对接，规范发展供应链应收账款、存货、仓单和订单融资，强化普惠金融服务，提高供应链中小企业融资效率。引入债券市场资金，鼓励中小企业通过标准化票据融资，支持核心企业发债融资。支持核心企业签发供应链票据，鼓励金融机构提供更加便利的供应链票据贴现融资，丰富营业中断险、仓单财产险等多种保险服务供给，建立核心企业票据融资信息共享制度，加强应收账款尽职调查、信息披露和风险防范，规范发展应收账款资产证券化、资产管理产品。

> 自测题目见"电子资源包"。

项目评价

任务的评价考核，采用多元评价方式，从自评、组内、组间、教师几个角度来评价，主要从团队协作、任务完成的完整性、方案质量、任务的逻辑性、专业知识的掌握和应用、方法和能力的提升几个方面进行评价，如表7所示。

表7　任务考核表

专业名称		班级		组别					
任务内容									
评价维度	评价项目	评估标准	分值	自评	组内	组间	教师	得分	
知识	了解供应链金融的基本概念和原理	能够解释供应链金融的关键概念，如应收账款融资、供应链逆向金融等	10						
	掌握供应链风险控制的方法和工具	能够分析和应对供应链中的风险，如供应商风险、市场风险等，并提出相应的控制措施	10						
	理解数字化供应链金融平台的操作与应用	能够使用数字化平台进行供应链资金流动的监控和管理	10						
能力	分析和评估供应链金融中的风险因素	能够使用数据分析工具对供应链金融中的风险因素进行深入分析和评估	10						
	设计和实施数字化供应链金融解决方案	能够提出和实施基于数字技术的供应链金融解决方案，解决实际业务中的问题	20						
	制定供应链金融风险管理策略	能够根据实际情况制定和执行有效的风险管理策略	10						
素养	团队合作和沟通能力	能够与团队成员合作，共同实现项目目标	10						
	解决问题的能力和创新精神	能够在实际应用中发现问题并提出创新的解决方案	10						
	适应变化和压力管理能力	能够在快速变化的环境中保持应对变化和管理压力的能力	10						

（注：总分值以100分制计，得分＝自评10%＋组内评10%＋组间评10%＋教师评70%）

趋势篇

数字化供应链发展趋势

知识目标

- 了解基础性技术与关键性技术在供应链中的应用
- 掌握数字时代岗位变化与人才能力体系的趋势
- 了解供应链可持续发展的数字技术和方向

技能目标

- 会运用组织再造和人才重构下的敏捷人才管理方法
- 能根据岗位变化和企业战略进行组织设计
- 能重构不同类型人才的用人策略

素养目标

- 把握数字化时代趋势，培养时代意识，肩负时代责任
- 培养数据思维与认知，提高职业素养

任务一　探索数字化技术的发展趋势

任务导入

美的：以云计算为基础的数字化转型

美的集团（以下简称美的）是一家集消费电器、暖通空调、机器人及工业自动化系统、智能供应链、芯片产业为一体的科技集团。美的坚持推行企业数字化转型和重塑，使其成为国内外知名制造业企业和数字化转型的领军企业。

美的将云计算美的云作为数字化转型的基础设施。美云智数美的云构建了基于 Open Stack 开源云平台的 IaaS（基础设施即服务），并且在其上构建了十多朵 SaaS 云，其中包括供应链云。图 8-1-1 所示为美的云的混合云 SaaS 服务。

图 8-1-1　美的云的混合云 SaaS 服务

图 8-1-2 所示为美云智数的采购云平台。该平台多云融合，可实现云上采购，是一站式企业数字化服务专家。智造云＋协作云部署（见图 8-1-3）使智能供应链与智能制造融合，从而支持全价值链过程的协同。

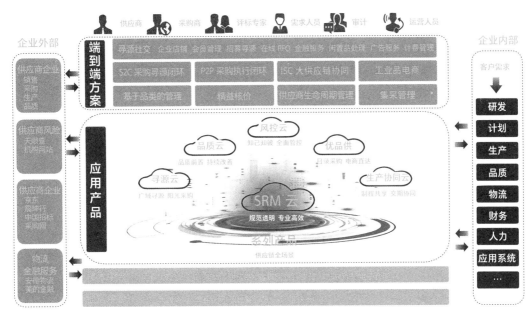

图 8-1-2　美云智数的采购云平台

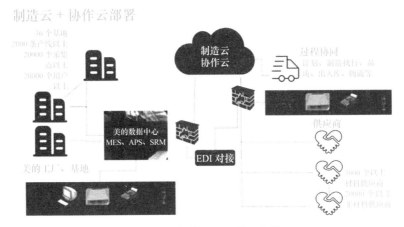

图 8-1-3　智造云＋协作云部署

在这个任务中，你需要学习云计算在供应链数字化转型中起到的作用。以美的数字化转型为案例，美的以云计算作为其数字化转型的基础设施，以美云智数的采购云平台为主，它们在企业数字化转型中起到了重要的作用。基于案例提供的信息，你需要思考云计算在美的数字化转型中起到的作用，由此总结云计算在企业数字化转型中的重要性。

美的数字化转型的案例展现了云计算在企业数字化转型中起到的作用：采购云平台实现了云上采购；智造云+协作云部署使智能供应链与智能制造融合，从而支持全价值链过程的协同。

1. 基础设施支持

云计算作为美的数字化转型的基础设施，提供了高度可扩展的计算和存储资源。这意味着美的可以根据需求快速扩展或缩减计算能力，无须投资昂贵的硬件设备。通过云计算，供应链管理可以实现更高效的运作和灵活的资源配置。

2. 多云融合

美云智数的采购云平台采用多云融合的方式，整合了多个云服务提供商的资源和服务。这使供应链管理可以根据需求选择最适合的云平台，并从中获得最佳的性能、可靠性和成本效益。多云融合还提供了更高的弹性和可靠性，减少了单点故障的风险。

3. 一站式数字化服务

美云智数的采购云平台为供应链管理提供了一站式的数字化服务。它包括多个软件即服务（SaaS）云，其中包括供应链云。这意味着美的可以通过这些云平台实现供应链管理的各个环节，包括采购、物流、库存管理等。一站式的数字化服务提高了供应链管理的效率和协同性。

4. 智能化和协同性

通过部署智能供应链和智能制造，云计算能增强智能化和协同性。智能供应链利用云计算的计算和数据处理能力，实现供应链的实时监控、预测和优化。协同云平台则促进了不同环节之间的协同工作，提高了供应链流程的可见性和响应速度。

5. 公有云和私有云的结合

美的在数字化供应链中采用了公有云的快速扩张和私有云的广泛应用。公有云提供了高度可扩展的资源，适用于临时或突发性需求；私有云则为敏感数据和关键业务提供了更高的安全性和控制性。公有云和私有云的结合使美的能够在数字化供应链中平衡成本、性能和安全等需求。

总体而言，云计算为供应链数字化转型提供了强大的支持和创新能力。它提高了供应链管理的效率和灵活性，实现了供应链各个环节之间的协同和智能化。通过云计算，企业可以更好地适应市场变化、优化资源利用率，并实现更高水平的供应链管理。

相关知识

一、基础性技术

（一）算力

（1）定义

通俗而言，算力泛指计算能力，也就是数据处理能力，它是一种通过对信息数据进行处理，从而实现目标结果输出的计算能力。算力的大小能体现出数据处理能力的强弱。如今，小至智能手机，大到超级计算机，算力存在于各种智能硬件设备之中，广泛应用于人们的日常生活。例如，在互联网上购物，手指轻轻一按，背后则是繁简程度不一的数据运算；开车时导航系统播报的每一条信息，都是经过后台复杂的感知和模式识别计算出来的。

随着新一轮科技革命和产业变革兴起，5G、人工智能等新一代信息技术产业迅速崛起，各行业数字化转型升级速度加快，整个社会的数据总量出现爆发式增长，数据存储、计算和应用的需求大幅度提升，数据和算力的需求呈现循环增强的状态。

（2）面临的挑战

首先，从最基本的资源层面来看，发挥算力的最大作用要解决两大问题：一是算力资源分布不均，包括区域部署不均、行业部署不均；二是如何化零为整、实现力量最大化，这就需要把算力资源链接起来，从一个出口输出强劲算力。

其次，供需不平衡。中国东部产生大量的数据，亟待计算；西部拥有广阔的电力资源，但是有时无法发挥作用。怎样才能利用东部的数据和西部的电力资源，通过数据将电力资源转化为算力，实现供需平衡，这是一个需要思考的问题。城市与区域的融合是算力网络落地不可回避的主题。从城市角度来说，"东数西算"实际上是解决供需对接的问题。算力网络需要共建城市范围的基础设施，从而助力城市数字化。

最后，算力类型千差万别。例如，CPU（中央处理器）算力、GPU（图形处理器）算力、专用芯片产生的算力；又如不同的算力精度，有半精度、单精度、双精度……第一层问题是，这些算力之间如何协同融合；第二层问题是，应用、计算需求与不同算力之间如何匹配。只有相互匹配，才能创造价值。

（二）存储

（1）定义

存储技术是计算机系统中数据存储的方式与技术手段，它可以直接连接在计算机网络上面，为异质网络用户提供集中式数据访问服务。

（2）常见的存储技术

常见的存储技术主要有 DAS（直接附加存储）、NAS（网络连接存储）和 SAN（存储区域网络），见表 8-1-1。

表 8-1-1　常见的存储技术

存储技术	简介
DAS	DAS 英文全称是 Direct Attached Storage，中文翻译成"直接附加存储"。DAS 是一种直接与主机系统相连接的存储设备，如作为服务器的计算机内部硬件驱动。DAS 仍是计算机系统中最常用的数据存储方法。在这种方式中，存储设备是通过电缆（通常是 SCSI（小型计算机系统接口）电缆）直接连接到服务器的。I/O（输入 / 输出）请求直接发送到存储设备。DAS 可称为服务器附加存储（Server-Attached Storage，SAS）。它依赖于服务器，它本身是硬件的堆叠，不带有任何存储操作系统
NAS	NAS 是一种专业的网络文件存储及文件备份设备，它是基于 LAN（局域网）的，按照 TCP/IP（传输控制协议 / 网际协议）进行通信，以文件的 I/O 方式进行数据传输。在 LAN 环境下，NAS 已经完全可以实现异构平台之间的数据级共享，例如 NT、Unix 等平台的共享。一个 NAS 系统包括处理器、文件服务管理模块和多个硬盘驱动器（用于数据的存储）。NAS 可以应用在任何网络环境中。主服务器和客户端可以非常方便地在 NAS 上存取任意格式的文件，包括 SMB 格式（Windows）、NFS 格式（Unix，Linux）和 CIFS（Common Internet File System，通用网络文件系统）格式等
SAN	SAN 是指存储设备相互连接且与一台服务器或一个服务器群相连的网络。其中的服务器用作 SAN 的接入点。在有些配置中，SAN 也与网络相连。SAN 将特殊交换机当作连接设备，这些特殊交换机看起来很像常规的以太网络交换机，是 SAN 中的连通点。SAN 使在各自网络上实现相互通信成为可能，同时带来了很多有利条件

（三）能源

（1）定义

能源技术在现代科学技术中起着举足轻重的作用，它是一项关于能源开发、利用和节约的技术。新能源技术主要包括核能技术和太阳能技术。核能技术包括已被广泛应用于核电站的核裂变技术，以及目前正在进行基础研究的热核聚变技术。新能源技术还包括正在研究开发的地热能技术、风能技术、生物能技术等。

（2）我国的能源技术体系

我国的能源技术体系见表 8-1-2。

表 8-1-2　我国的能源技术体系

能源领域	创新性技术	前瞻性技术	颠覆性技术
煤炭	煤炭高效燃烧技术；煤电废物控制技术	终端散煤利用技术；CO_2 捕集、传输和利用技术	磁流体联合循环发电技术
油气	全波地震勘探技术；精确导向智能钻井技术	智能完井采油技术	仿生钻采系统技术
核能	三代压水堆型谱化；模块化小型压水堆	压水堆闭式燃料循环；快堆及第四代反应堆	快堆闭式燃料循环；核聚变
水能	高水头大流量水电技术；复杂条件下的筑坝技术	环境友好型水能利用技术；大坝全生命周期维护技术	水电站智能设计；水电站智能制造
风能	风电机组智能化制造	风机智能化运维；故障智能预警及技术	大功率无线输电的高空风力发电技术

（续）

能源领域	创新性技术	前瞻性技术	颠覆性技术
太阳能	晶硅电池升级；太阳能光热发电	薄膜电池技术；太阳能制氢技术	可穿戴柔性轻便太阳电池技术
生物质能	生物质功能材料制备	能源植物选种、育种、种植	多种城乡废物协同处置与多联产系统
储能	高能量比锂电池；高循环次数铅碳电池	液流型钠硫电池	锂硫电池；SOEC水电解氢储能
智能电网与能源网融合	远距离输电能力提高技术、高比例新能源消纳技术；大电网自动化技术	高效能源转换技术；透明电网/能源网技术	基于功能性材料的智能装备；基于生物结构拓扑的智能装备；泛在网络与虚拟现实（AR）技术

二、关键性技术

（一）大数据

在大数据时代，供应链面临前所未有的机遇和挑战，企业可以依托大数据技术来提升供应链的管理水平。例如，通过大量历史数据的分析整合，建立大数据分析模型。还能对供应链全流程动态的大量数据进行采集，实现供应链可视化管理。

微课 8-1
数字化技术发展趋势

数字中国 2023 年中国国际大数据产业博览会

中国国际大数据产业博览会（以下简称数博会），是全球首个以大数据为主题的博览会，由国家发展和改革委员会、工业和信息化部、国家互联网信息办公室和贵州省人民政府共同主办。自 2015 年创办以来，数博会始终秉承"全球视野、国家高度、产业视角、企业立场"办会理念，积极探索数字经济时代国际合作新机制，为全球大数据发展提供中国方案，助推全球大数据技术应用和产业发展。

2023 年中国国际大数据产业博览会于 5 月 26 日在贵州贵阳开幕，大会以"数实相融·算启未来"为主题，围绕东数西算、数字安全、数字新基建、数据要素流通等领域举办7 场高端对话，20 余场专业论坛，共有 50 个国家和地区的 328 家企业现场参展。

这一届数博会以"数实相融·算启未来"为主题，彰显了贵州坚定推动数字技术与实体经济深度融合的信心和决心，也是中国推进数字中国建设的生动实践。

在展览面积达 6 万 m² 的展馆内，设有国际综合馆、东数西算馆、数字产业馆、产业数字馆、创新场景馆、数字生活馆 6 个主题馆；国内外参展企业带来了新品发布、技术交流、成果展示、场景应用等各类活动，让本届数博会成为全球大数据产业创新发展的"大舞台"，也成为吸引观众目光的"强磁场"。

（二）人工智能

人工智能与行业领域的深度融合将改变甚至重塑传统行业。

例如，金融行业应用人工智能技术来辅助金融交易、授信中的决策，使金融服务更具个性化和智能化；在物流环节中应用大数据智能，通过分析大量历史数据，建立相关预测模型，支持商品库存和配送规划，进而实现物流供给与需求匹配、物流资源优化与配置等。

将智能技术集成化、产品化的人工智能产品广泛应用于供应链的各个环节，如智能制造中的各类智能装备、智慧物流中的无人机、智能搬运机器人等。

（三）物联网

物联网在供应链的多个环节中都发挥了重要作用。

例如，在生产制造环节，物联网可以实现对厂房的机械设备及室内环境等情况进行联网监控；在物流环节中，能通过信息技术对货物以及运输车辆的全过程进行监控；在零售环节中能将便利店、售货机等进行联网，分析用户画像，并进行精准推送；同时，它还应用于各类产业。例如，在农业生产中，可以利用传感器实时监测农作物及畜牧产品的生长情况；在医疗行业，物联网能通过传感器或移动设备对人的生理情况进行捕捉，搭建数字化医院。

（四）云计算

云计算技术提供了有效且易于理解的分析。这使企业可以快速访问、分析信息，并减少了人工数据分析涉及的成本。

随着企业的发展，云计算软件可以通过多种方式简化过渡的过程，通过保护供应链管理者不受市场波动的影响，可以实现快速增长。

系统集成是云计算技术显著的作用之一。供应链管理中有许多领域从系统集成中受益，可以看出来自不同系统的数据集成都是非常有用的。

（五）虚拟现实

VR 在物流、供应链管理、航运等领域被广泛应用，也因其在不同运营领域的各种应用而开启了无限可能。

例如，VR 能够实现远程监视操作。借助 VR 在物流和供应链运营中的音视频功能，员工可以通过联合可视化与其他同事进行协作或与虚拟化身进行互动。这些交互降低了成本，并为制造商和供应商提供了产品和流程开发的更多信息，特别是在分布式数字供应网络中。

VR 还能提高数据采集和可视化能力。交互式 3D 数据可视化技术是 2D 显示器无法实现的，它可以帮助企业做出复杂的决策，并帮助企业了解某些决策对运营的依赖关系和影响。使用虚拟现实应用和设备来促进分析和快速决策，可以弥补企业内部和企业之间的严重漏洞。

此外，高保真度虚拟环境将对供应链组织中的人力资源产生重大影响，包括工业产品和服务、能源和制造业在内的许多行业在努力让员工做好应对高风险环境的准备。虚拟现实可以帮助工人在安全环境中做出最佳决策。例如，它们可以开发识别、优先排序和分析表明油井即将投产、处于危险状态或机器即将发生故障的情景变量的能力。

微课 8-2
五类关键技术对
供应链的影响

素养园地

2023 年年初，中共中央、国务院印发的《数字中国建设整体布局规划》（以下简称《规划》）指出，建设数字中国是数字时代推进中国式现代化的重要引擎，是构筑国家竞争新优势的有力支撑。加快数字中国建设，对全面建设社会主义现代化国家、全面推进中华民族伟大复兴具有重要意义和深远影响。

《规划》提出，到 2025 年，基本形成横向打通、纵向贯通、协调有力的一体化推进格局，数字中国建设取得重要进展。数字基础设施高效联通，数据资源规模和质量加快提升，数据要素价值有效释放，数字经济发展质量效益大幅增强，政务数字化、智能化水平明显提升，数字文化建设跃上新台阶，数字社会精准化、普惠化、便捷化取得显著成效，数字生态文明建设取得积极进展，数字技术创新实现重大突破，应用创新全球领先，数字安全保障能力全面提升，数字治理体系更加完善，数字领域国际合作打开新局面。到 2035 年，数字化发展水平进入世界前列，数字中国建设取得重大成就。数字中国建设体系化布局更加科学完备，经济、政治、文化、社会、生态文明建设各领域数字化发展更加协调充分，有力支撑全面建设社会主义现代化国家。数字化发展将成为企业未来的发展方向。

> 自测题目见"电子资源包"。

任务二　分析数字化时代人才需求趋势

任务导入

《2023 中国数字人才发展报告》发布

近年数字人才需求缺口持续加大，人才缺乏已成为制约各行业数字化转型的关键因素，大力培养"数字工匠"迫在眉睫。基于此，链上数字产业研究院联合猎聘大数据、广州番禺职业技术院校重点对数字人才的从业现状进行梳理和研究。从城市数据来看，数字人才主要集中在上海和北京，其中，2019 年北京的人才占比 21.29%，2022 年人才仅占 15.50%。广州、杭州、南京、苏州、武汉、西安人才近 4 年逐年增长。

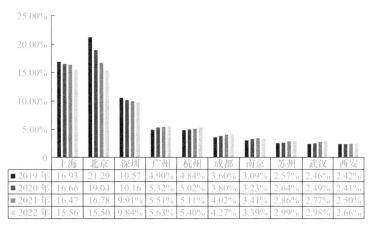

	上海	北京	深圳	广州	杭州	成都	南京	苏州	武汉	西安
2019 年	16.93	21.29	10.57	4.90%	4.84%	3.60%	3.09%	2.57%	2.46%	2.42%
2020 年	16.66	19.04	10.16	5.32%	5.02%	3.80%	3.23%	2.64%	2.49%	2.41%
2021 年	16.47	16.78	9.91%	5.51%	5.11%	4.02%	3.41%	2.86%	2.77%	2.50%
2022 年	15.56	15.50	9.84%	5.63%	5.40%	4.27%	3.39%	2.99%	2.98%	2.66%

图 8-2-1　近 4 年数字人才分布（数字人才占比）最多的 10 个城市

拥有数字人才最多的 10 个城市分别是：上海、北京、深圳、广州、杭州、成都、南京、苏州、武汉、西安，北方城市中只有北京、西安上榜，整体表现出"南强北弱"的情况，长三角和珠三角地区是数字人才的两个集中区域，整体来看数字人才分布与中国数字经济发达程度表现出高度的一致性。数字人才城市分布中一个亮眼的表现是苏州，苏州的数字人才数量超过了所在省的省会城市南京。

数字人才的整体就业情况

从全国和区域两个层面对数字人才的行业分布、职能分布进行深入分析。

一、数字人才行业分布

宏观层面主要对数字人才的行业分布进行分析，从细分行业的分布来看，近一半的数字人才来自ICT基础产业，其他数字人才主要分布在制造行业、金融行业、消费品行业、医药行业、企业服务行业、娱乐行业、教育行业等，其中制造行业、金融行业和消费品行业是除ICT行业外，数字人才从业人数最多的三大行业，如图8-2-2所示。

图8-2-3进一步展示了数字人才分布最多的十大城市中数字人才在ICT基础产业和融合产业中的比例，杭州的数字人才在ICT基础产业的比例最高，苏州的数字人才在ICT融合产业的比例最高。前十大城市中只有上海、广州、苏州和武汉的数字人才在ICT融合产业的比例高于在ICT基础产业的比例。

图 8-2-2　数字人才行业分布（%）

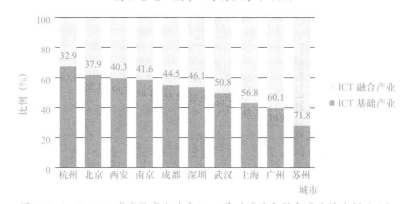

图 8-2-3　TOP10 城市数字人才在 ICT 基础产业和融合产业的比例（%）

二、数字人才职能分布

中观层面主要对数字人才的职能分布进行分析，根据价值链的流程，我们将数字人才划分为数字战略管理、深度分析、产品研发、先进制造、数字化运营和数字营销六大类职能。从

图 8-2-4 可以看出，当前的数字人才主要集中在产品研发，占比高达近 87.47%；其次是数字化运营，占比约 7%；深度分析的占比只有 3.55%，先进制造、数字战略管理和数字营销的占比更低，均不到 1%。虽然当前关于大数据和人工智能的新闻和信息铺天盖地，但从数字人才的分析来看，大数据、商业智能、先进制造等领域仍然存在很大的人才缺口，这个缺口势必会影响新兴行业的创新和发展。

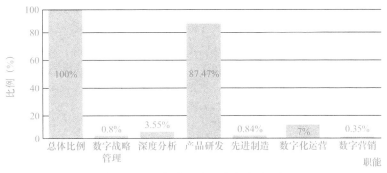

图 8-2-4　数字人才职能分布（%）

任务分析

在这个任务中，你需要学习数字化时代呈现的岗位变化趋势。基于领英人才数据的数字人才报告，展现了数字人才行业分布特征与数字人才职能分布特征，你需要根据报告从行业分布与职能分布两个方面，总结出在数字化时代岗位呈现的变化趋势。

相关知识

一、岗位变化趋势

（一）组织重构

（1）组织再造：基于业务模式的组织设计

在组织设计过程中，需要依据企业战略采用适配的组织结构：主营业务、成长业务和新兴业务因业务模式不同，其对应的组织结构也是不一样的，具体见表 8-2-1、表 8-2-2。

表 8-2-1　不同业务模式所对应的组织结构

业务模式	组织结构
主营业务（金牛业务） ● 维持业务 ● 降本增效	金字塔型组织结构 矩阵型组织结构
成长业务（明星业务） ● 迅速扩张 ● 形成优势	项目型组织结构 阿米巴型组织结构
新兴业务（种子业务） ● 孵化新机遇 ● 投入新增长点	生态型（孵化型）组织结构 平台型组织结构

表 8-2-2　业务模式详解

业务模式	详解
主营业务 （金牛业务）	面临的普遍挑战是业务呈现下滑趋势，一般都处在红海市场，竞争激烈，利润逐年降低。此业务模式通常聚焦如何维持现有市场份额，并通过降本增效保障合理的利润空间，因此金字塔型组织结构或矩阵型组织结构比较适合这种业务模式。相对而言，这两种组织结构对业务的管控力度较高，较利于精细化管理和成本管控，适合主营业务的模式，而矩阵型组织结构相对金字塔型组织结构更灵活些
成长业务 （明星业务）	成长业务的市场份额一般呈快速发展、未来持续增长的趋势，利润相对较高，并能逐步替代主营业务，但需要不断增加投资。此业务模式通常聚焦如何迅速扩张、持续提高市场占有率，进而形成核心竞争优势。项目型组织结构或阿米巴型组织结构比较适合此业务模式，因为这两种组织结构相对较灵活，能快速贴近并应对业务变化，且权责下放、利益导向，核心员工的动力和积极性较高，能激发优秀人才在新业务上的创新突破，适合成长业务的业务模式。如果企业激励方式相对保守，在市场环境压力不是太大的情况下，建议优先选择项目型组织结构；如果企业主营业务受到极大冲击，或者在体制上可接受员工突破原有激励体制，即部分人风险共担、利益共享，则可以采用阿米巴型组织结构
新兴业务 （种子业务）	新兴业务是企业孵化新机会的一种尝试，失败风险相对较高。企业通常会采用市场试点或联盟的方式，为企业持续发展找到未来增长点。针对此类业务模式，生态型（孵化型）或平台型的组织结构比较适合，因为这两种组织结构的特点是自组织、自适应，创新迭代快，能最大限度地激发个人及团队潜力，强调员工的自驱力和适应性，且能最大限度地整合内外部资源，高风险、高收益，让新业务孵化成功的概率大大提高

（2）人才重构：不同类型人才的重构

人才重构需要融合不同类型的人才，以确保为战略落地做人才支撑，而主营业务、成长业务和新兴业务因其业务特点不同，需配置不同类型的人才，从而更为有效地推动业务的达成。从长期维度（核心价值）和短期维度（经营收益）两个维度来看，我们将人才类型划分为四类，具体如图 8-2-5 所示。

图 8-2-5　四类人才类型

不同业务模式适配的人才类型是不同的（见表 8-2-3），哪怕是在同一家企业，也需要针对不同业务模式挑选适合的人才。一个员工在某个业务模式下做得好，并不代表他在另一种业务模式下能达成高质量的产出。

既然不同业务模式匹配不同类型的人才，那么如何精准判断哪种类型的人才比较适合呢？这就需要人们改变一下观念——不要试图去找一个各方面都完美的人，而要找适合本企业和本业务模式的人，即其能力优势匹配业务定位是最佳选择；同时，还要采用具有针对性的用人策略，让企业和员工获得双赢，且彼此相处愉快，从而达到事半功倍的效果。不同人才类型的能力画像和用人策略，如表8-2-4所示。

表8-2-3 不同业务模式所适配的人才类型

业务模式	人才类型
主营业务（金牛业务）	需要经营型人才，即能将业务从60分提高到100分的人才
成长业务（明星业务）	需要突破型人才，即能将业务从1分提高到100分的人才
新兴业务（种子业务）	需要创业型人才，即能将业务从0分提高到60分的人才
衰退业务（瘦狗业务）	需要转型突破型人才，即能将业务从50分以下重新拉回到60分以上的人才。此类人才类似于成长业务的突破型人才，只是成长业务为新业务突破，衰退业务为老业务突破。其人才特点与成长业务的人才特点趋同

表8-2-4 不同人才类型的能力画像和用人策略

人才类型	经营型人才	转型突破型/突破型人才	创业型人才
能力画像	成熟的行业经验和精细化管理能力 持续优化能力	突破现状的动力和能力 商业敏感度和决策力 资源整合的能力	从无到有的创新能力 善于建立新商业模式 技术和商业整合的前瞻力
用人策略	以绩效评估、成本及风险管控为主 固定收入比重高	以价值评估为主 浮动收入比重高 允许"良性"失败	愿景及使命驱动 商业模式及价值评价 股权、期权等激励（高风险、高收益）

不同人才类型的用人策略，如表8-2-5所示。

表8-2-5 不同人才类型的用人策略详解

人才类型	用人策略详解
经营型人才	什么样的人会更适合成熟的主营业务呢？那些具备成熟行业经验、精细化管理能力的人，以及在流程和成本上具备持续优化能力的人。对于这类人才，用人策略偏向以绩效评估、成本及风险管控为主，以及在激励方式上以固定收入为主的管理方式，因为"守城"是这类人才的最大价值
转型突破型/突破型人才	什么样的人会更适合快速发展的成长业务呢？那些愿意主动突破现状，具备很强的商业敏感度和决策力的人。这类人才能敏锐地发现机会并迅速做出决策，具备较强的借力使力、资源整合能力，善于站在他人的肩膀上，而不是从零开始。因为成长业务的机会窗口通常很短，而且竞争对手也在迅速进入，谁能快速抓住风口谁就能赢。对于这类人才的用人策略，应该以价值评估为导向，加大浮动收入比重，允许有一定的试错代价
创业型人才	什么样的人会更适合新兴业务呢？那些能够从无到有建立商业模式的人，能敏锐地预判未来技术和商业趋势的人，能突破常规创新思考的人。这样的人是自我驱动很强的一群人，不畏失败、敢于尝试，哪怕只有1%的成功机会。对他们而言，基于创新业务的价值评价、价值分配（如股权、期权等高风险、高收益的激励方式），都是比较有效的。不仅如此，愿景和使命也是支持他们坚持下去的内驱力

总而言之，当今企业几乎都在启动企业转型变革，尝试不止一种商业模式的企业战略。对于如何提高转型和新商业模式的成功概率，企业要在组织再造和人才重构上投入更多的精力。

（3）组织再造和人才重构下的敏捷人才管理

根据80/20定律，真正对企业战略发展起关键作用的是20%的关键人才，因此只有把企业优质资源聚焦到关键人才发展上，才能事半功倍。

1）制定人才战略。

企业在制定人才战略时，需要先认真思考以下5个关键问题。

问题一：基于企业战略，眼前及未来的人才挑战是什么？

问题二：企业需要什么样的核心人才？核心人才的标准是什么？

问题三：如何打造企业的人才供应链，从而让人才源源不断？

问题四：如何激活组织并发展人才，从而让组织和人才的动力更强？

问题五：如何确保人才战略落地？人才推动计划和保障机制是什么？

在思考完成后，接下来，基于公司的实际业务模式，制定与之相符的组织和人才战略，形成对不同业务模式的有效支撑。不同业务模式下的战略侧重点是不同的，由此带来了在组织战略上的灵活设计，以及基于不同组织战略的人才战略，见表8-2-6。

表8-2-6 不同业务模式下的战略重点、组织战略和人才战略

业务模式	主营业务（金牛业务）	成长业务（明星业务）	新兴业务（种子业务）
战略重点	维持规模，控制成本	加速发展，增强价值	孵化模式，投入资源
组织战略	降本增效：精简组织	价值分配：阿米巴	创新激励机制：内部创业和外部兼并
人才战略	经营人才 强化效能 激发动力	激发创新 提拔高潜 优化激励	创业人才 孵化机制 创新激励

主营业务（金牛业务）：组织战略主要是降本增效，就主营业务而言，组织不宜进行太大幅度的颠覆和调整，建议通过组织的精简或优化，在维持现有体制的同时，不断降低成本。

成长业务（明星业务）：组织战略主要是价值分配，如推行阿米巴，组织可以拆分得小而敏捷。人才战略主要是激发整体组织的创新能力，敢于提拔并任用青年高潜人才，同时依据业务的发展，不断优化激励机制，量化价值并给予相对应的短期和长期激励。

新兴业务（种子业务）：组织战略主要是设计创新激励机制，如合伙人机制、虚拟分红、股权期权、项目跟投等。在客观条件允许的情况下，企业可以采用兼并收购、合资公司等方法加速新业务孵化，降低前期风险。人才战略主要是找对带头人，以提高孵化成功的概率。

现在市场上主流的股权激励及创新激励见表8-2-7。

表8-2-7 市场上主流的股权激励及创新激励

激励类型	内容
股权激励	分为权益型和现金型。权益型包含股票期权计划、限制性股票、员工持股计划等；现金型包含股票增值权、虚拟股票计划、利润分享计划等。典型企业如苹果、华为等都采用以上激励方法
创新激励	分为项目跟投、事业合伙人计划、内部创业激励机制。其中，项目跟投在房地产和金融行业使用得较普遍；事业合伙人计划包括内部创业合伙人和内部孵化合伙人。典型企业如万科、海尔、阿里巴巴等都采用以上激励方法

任何一家企业的业务模式都是不断发展的，一年前的新兴业务可能是现在的成长业务，今天的成长业务也许很快就会成为主营业务，因而整个业务模式的动态闭环很关键。相应地，组织和人才战略也随之变化，今年是成长业务需要储备一定的人才，也许两年后成为主营业务就需要精简人力了。以阿里巴巴为例，其主营业务如天猫，整体而言采用的组织战略是降本增效、精细运营，用人策略是强调人效、强调培养；其明星业务如阿里云，采用的组织战略是创新突破、价值激励，人才战略是强化招聘、提拔高潜人才；其种子业务如阿里健康，采用的组织战略是合作投资、架构生态，人才战略是选对领袖、共创价值。

2）快速建立人才能力标准。在人才战略制定后，我们需要知道企业要什么样的人，即建立人才能力标准，也称为"标杆画像""能力模型"。通俗地表达就是：首先确定什么样的人能在企业成为优秀员工及大家学习的榜样，然后比照标杆人员的画像去招人、发展人，让企业拥有高绩效员工的概率提高。

数字化时代建立人才能力标准具有以下两个特点：①建立人才能力标准的速度要快，之后通过迭代不断完善人才能力标准；②建立专业能力图谱尤为重要，以应对技术的更新和跨界融合。如何快速建立人才能力标准呢？从零开始一定是慢的，那么能不能在已经成形的大数据基础上加快能力模型的搭建呢？答案是显而易见的，因为基于大数据的建模是敏捷且有效的。

在大数据时代，由于环境变化非常快，企业希望轻、快、好地建立人才能力标准，因而快速建模，且模型易用、易落地是一种趋势。建模既快又好的前提是要善用人才能力大数据库。

人才能力大数据库是基于大量企业案例研究而集成的优秀人才能力和行为指标库。企业可以在这些能力中，挑选适合自己企业文化和战略的能力词条。每个能力词条下都有对应的行为描述，让能力通过行为量化。那么，如何基于人才能力大数据快速构建能力模型呢？有以下三种主要方法，如图8-2-6所示。

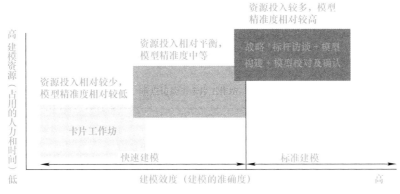

图8-2-6 建模的三种主要方法

第三种方法多为咨询公司采用的专业方法，前两种方法相对来说更为简单和敏捷，企业内部比较容易掌握，但建模的精准度相对会低一点。

快速建模的两种方法其实流程差不多，首先是资料研读，然后是带着高层、部门负责人、核心员工等一起运用能力大数据搭建能力模型。其中，方法一需要团队直接共创；方法二在团队共创前增加了关键人员的访谈，即在收集关键人员的想法后再进入共创。快速建模方法一和方法二的实施流程如图8-2-7所示。

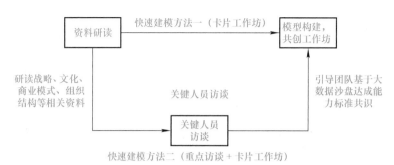

图 8-2-7　快速建模方法一和方法二的实施流程

快速建模方法一和方法二的具体步骤说明如下。

步骤一，资料研读。快速建模方法一和方法二的研读资料清单包括公司的愿景及战略、公司核心价值观及文化、公司的组织架构、目标岗位工作描述、目标岗位关键绩效指标、公司已有的能力模型（如有）。

研读的目的是什么呢？研读的目的是更清晰自己选择能力卡片时的取舍。研读达成的目的有两个，见表 8-2-8。

表 8-2-8　研读达成的目的

目的	内容
深度理解	公司战略、商业模式及文化
澄清定位	建模岗位现在和未来的价值定位

步骤二，关键人员访谈（如时间紧急可跳过此步骤）。访谈的关键人员建议为以下三类人群：高阶管理者、岗位标杆人员、人力资源（HR）。针对不同人群的访谈侧重点、收集的信息是不一样的，见表 8-2-9。

表 8-2-9　针对不同人群的访谈侧重点

人群	侧重点
高阶管理者	听取高阶管理者对公司愿景、战略、文化等的诠释，了解其对目标岗位的期望与要求
岗位标杆人员	从岗位标杆人员的视角，了解并提炼本公司优秀人才的行为、特质及价值观
人力资源	基于人力资源的视角，从企业文化、组织战略、人才管理等维度了解目标岗位的需求

不同层级访谈的问题重点，见表 8-2-10。

表 8-2-10　不同层级访谈的问题重点

领导层级	访谈的问题重点
最高领导者（战略高层）	聚焦愿景、战略及文化 1～3 年聚焦的 3 个关键目标及衡量指标 最迫切的组织及人力挑战 对于关键岗位的期待和定位
中层主管	部门战略承接重点及战术方案 关键岗位目标、挑战和弱势 关键岗位的现状及能力期望 关键能力的典型行为描述

（续）

领导层级	访谈的问题重点
基层主管	工作目标与衡量指标 工作重点、实施方案及面临的挑战 一线主管现状和能力期望 关键能力的典型行为描述

样本：访谈问题单（见表8-2-11、表8-2-12和表8-2-13）。

表 8-2-11　访谈问题单（战略高层）

访谈重点	访谈问题	联系点
战略理解	您可否简单阐述一下您对于公司未来3～5年的期望及战略的3个关键重点？您认为衡量战略达成的最重要指标是什么	能力模型的战略定位
文化澄清	基于公司的愿景与战略，您希望管理层形成怎样的管理文化	共有领导能力
战略高管能力	为了达成公司的愿景与战略，我们现在面临的3～5个最大挑战是什么 为了达成战略，高管应该聚焦在哪些关键工作领域？（请列举3～6个）每个领域又应该具备怎样的能力来确保结果的产出是优秀的？您如何判断和衡量这些能力 哪些能力是优秀高管团队所必需的 为了应对未来的挑战，哪些能力是高管现在需要储备的	高管能力及行为
中层主管能力	您对中层主管的期望是什么？为了达到这样的期望，对他们来说，关键的3～6个工作绩效领域是什么？每个领域又应该具备怎样的能力来确保结果的产出是优秀的？您如何判断和衡量这些能力 中层主管现在面临的挑战是什么 您对中层主管的建议是什么	中层能力及行为
基层主管能力	您对基层主管的期望是什么？为了达到这样的期望，对他们来说，关键的36个工作绩效领域是什么？每个领域又应该具备怎样的能力来确保结果的产出是优秀的？您如何判断和衡量这些能力 基层主管现在面临的挑战是什么 您对基层主管的建议是什么	基层能力及行为
建议	针对管理团队，您还有什么建议	高管建议

表 8-2-12　访谈问题单（中层主管）

访谈重点	访谈问题	联系点
战略理解	请您概述一下公司对您团队的要求，以及您对您团队的期望 您如何定义您团队的成功？您认为衡量团队目标实现的最重要指标是什么	能力模型的定位
中层主管能力	为了确保目标的实现，您面临的3个最大挑战是什么 作为一位优秀的中层主管，您会聚焦的3～5个关键工作内容是什么？您认为需要具备怎样的能力和行为能让您达成如此优异的绩效？可否举例说明 基于公司的愿景与战略，您认为什么能力是需要增加或储备的	中层能力及行为

（续）

访谈重点	访谈问题	联系点
基层主管能力	请您介绍一下您的团队的情况，如人数、工作职责分配等。对于下一层级主管而言，您认为他们最主要的工作内容是什么？他们的挑战在哪里？他们还有哪些方面需要进一步提升 您如何定义您下一层级主管的成功或对他们的期望是什么？您如何判断优秀基层主管？他们具备什么样的能力和关键行为会让他们的绩效优于一般人群？请举例说明	基层能力及行为
建议	对于下一层级主管，您有何建议 您还希望公司给予哪些方面的支持以协助您做得更好	主管建议

表 8-2-13 访谈问题单（基层主管）

访谈重点	访谈问题	联系点
战略理解	请您简要概述一下公司对您团队的要求，以及您对您团队的期望 您如何定义您团队的成功？您认为衡量团队目标实现的最重要指标是什么	能力模型的定位
基层主管能力	为了确保目标的实现，您面临的 3 个最大挑战是什么 作为一位优秀的基层主管，您会聚焦的 3～5 个关键工作内容是什么？您认为需要具备怎样的能力和行为能让您达成如此优异的绩效？可否举例说明 基于公司的战略和愿景，您认为什么能力是需要增加或储备的	中层能力及行为
建议	您还希望公司给予哪些方面的支持以协助您做得更好	主管建议

步骤三，模型构建，共创工作坊。利用能力大数据，采用引导工作坊的方式，进行人才能力标准模型构建和最终确认。表 8-2-14 为模型构建参数。

表 8-2-14 模型构建参数

参数	内容
参与人员	公司高层、业务高管及相关标杆人群
引导师	人力资源专业人士或外部顾问
时间	1.5～3 小时

工作坊步骤，如表 8-2-15 所示。

表 8-2-15 工作坊步骤

步骤	内容
共同探讨能力重点	参与人员一起探讨、分析并选择关键能力
排序并最终决策	将选择的能力进行排序，依据战略需求达成群体决策
内部引导师引导并建议	从行业、公司和专业角度引导共创会，并给出专业建议

（二）岗位职能变化

数字经济给传统工作与生活带来了巨大的改变，以 IT 互联网行业为主要代表的各大产业领域供应链的各个环节对数字化人才的需求也在不断扩大。具备数字化思维、熟练掌握新一代信息通信技术、能够完成数字化场景的应用和运营、不断丰富技术与产业知识架构的数字化人才是当下市场的"刚需"。接下来，我们来看看在当下发展背景下，数字化人才的分布、要求、培育等都展现出了哪些发展特征和趋势。

微课 8-3
供应链数字化人才
的发展趋势

（1）数字化人才产业分布变迁显著

从产业分布方面看，伴随着数字化转型的逐渐深化，数字生态的建设也从单一的 IT 互联网产业扩展到电子通信、机械制造、能源化工等实体制造产业。利用新一代信息通信技术，加快传统制造业的深度转型与升级，从而占领产业发展的制高点，已经成为必然趋势。随着网络技术的不断发展，数字化人才逐渐从第三产业走向第二产业乃至第一产业，支持"数实"深度融合。

（2）日益注重数字化人才的动态响应能力

在新兴技术的支持下，传统行业一直在探索着新型的商业模式，而在这一波浪潮中，每一个参与者都必须满足企业构建数字组织的需要，具备数字化思维逻辑、创新能力和连接能力，才可以站在数字化转型的浪尖上。

简而言之，数字化人才需要具有动态视野以及数字化加持能力，能够根据企业未来发展需要以及产业变革趋势，以数字技术全方位挖掘企业强项和潜在优势，动态调整提升自身数字技能，达成产品协同能力、合作开发能力和产业联盟能力的同频共振。

数字化转型链条内的创新孵化者、敏捷开发者、智慧运营者和生态编排者需要打通语言壁垒，从而进一步提高创新的协同性、快速响应性和有效性。

（3）职能复合成为数字化人才的培养目标

将业务与技术深度结合，并以团队形式组织工作的职能复合型人才，已经成为一种新型的数字化人才培养目标。

在培养数字化人才的过程中，不仅需要着重培育面向管理的职能复合型人才，也需要构建面向企业发展的全链条角色体系，兼顾"点"与"面"，以复合人才为主要核心，打造一支能够支撑运营创新、产品创新、战略创新和管理创新的专业化团队。

（4）数字化人才用工模式的转变

数字化人才用工模式的转变主要体现在以下三个方面：①企业着力全方位增加员工的数字化素养；②一些企业正在投资并引进"数字员工"，通过人工智能与机器学习技术，创建虚拟员工，提升生产力和创造力；③企业逐渐适应零工经济时代，从"人才为我所拥"转向"人才为我所用"，提高企业灵活用工能力。

（5）注重培育数字化人才的软环境

很多企业把数字化转型的重心放在了设备引进和技术更新上，更多把注意力集中在"硬性"装备上，但数字化转型结果不断表明，数字化技术只是企业走向数字化的一种手段，要想获得真正意义上的数字化转型成效，"人"是实现数字化转型的最关键要素，而从数字化人才培养的角度看，企业"软件"要优先于硬件环境，需要着力营造一种企业自上而下都有极大认同感的氛围，构建出适合人才发展的组织环境。

具体来说，要建立成长型组织，可以通过以下三种方式来实现：建立文化认同，强化数字化人才归属感和责任感，同时创造友好的学习环境以鼓励自主学习；利用实际工作的挑战激发数字化人才内生成长动力，由"传、帮、带"培养逐渐转变到"主动学""干中学"模式；加大企业内部岗位转换自由度，鼓励轮岗，加速人才的数字化复合技能培养。

微课 8-4
数字化助推岗位变化

二、能力体系趋势

（一）数字化人才培养

目前，我国对数字经济发展高度重视，并将其上升为国家战略。因此，如何抓住数字化发展新机遇、深化数字经济的应用，加快数字经济与实体经济的融合，促进数字经济的繁荣发展，是各行各业共同探索的问题。

数字化转型，人才先行。数字化人才队伍的培养是推动供应链企业数字化转型工作的重要保证。在推进过程中，供应链企业普遍面临以下问题或挑战。

（1）企业数字化人才稀缺，储备不足

组织数字化转型的基石是人才队伍，但是大部分企业没有为数字化转型进行充足的人才储备，数字化人才标准不明确，数字化人才队伍建设"缺少抓手"，导致人才供给成为一个难题。

（2）数字化能力不足，未开展数字化人才的系统培养

在推动数字化转型的过程中，大部分供应链企业存在认知不足和能力不足的问题，同时由于缺少数字化人才的培训和评价体系，因此无法对其进行能力提升。

（二）数据思维和新兴技能

（1）数据思维与认知升级

很多人把数据分析能力和数据思维能力直接画等号，所以在培养自己的数据思维能力时，就会首先从数据分析学起。由于学习数据分析有一定的门槛，因此导致很多零基础的学习者半途而废。

事实上，数据分析只是数据思维中的一环。培养数据思维并不一定要从数据分析学起，拥有数据思维的人，并不一定懂技术，但他一定了解技术的边界。简单理解就是，在遇到问题时，能够知道用什么技术解决什么问题。

对技术的边界有了基本认知之后，即便自己没有找到相应的解决方案，但至少在行业中知道找什么人解决，能提出清晰正确的需求，请专家给出解决方案。

数据思维与认知升级主要体现在两个方面，见表 8-2-16。

表 8-2-16　数据思维与认知升级的体现

体现	解释
以终为始进行数据分析，探索和发现数据中的问题	利用数据可视化绘图，提升影响力
	构建数据可视化的顶层思维体系
	辨别不同的可视化绘图之间的区别和应用场景，探寻数据的分布、关系和特征
	评价数据可视化报告的优点和缺点，提出可视化绘图的优化建议
	运用数据可视化的思维方法，设计可视化探索性数据分析思路
掌握数据科学的技术、方法和应用场景，学会与数据团队合作并建立起整体的数据应用思维框架，使数据看得见、看得懂、用得好	真实案例：清晰地解释数据科学中十大领域的概念
	工作流：能够辨别数据应用工作流的角色分工，分辨数据任务的类型
	看得见：学习最前沿的数据技术，能够辨别数据类型、对比数据平台、描述数据源
	看得懂：能够诊断数据应用过程中的问题，通过探索性的数据分析不断回答相关问题
	用得好：能够辨别 A/B 测试、机器学习等 AI 技术在数据应用中的场景

（2）新兴技能

《中国未来技能趋势报告》指出了数字化时代所需的十大新兴技能（见表 8-2-17），其中云计算、合规技能脱颖而出。

表 8-2-17　数字化时代所需的十大新兴技能

新兴技能	内容
合规	持续地评价、监督和报告企业遵守监管要求的情况，并且优化监督程序的适当性
云计算	提供或者使用基于互联网的虚拟化计算、储存资源、解决方案或服务
数据科学	通过统计、机器学习的方法对数据进行管理和计算，利用数据进行学科领域或业务方向的分析和预测
小语种	熟练掌握其他国家语言，协助开展外交、国际贸易或跨国公司治理业务
风险管理	帮助企业度量、评估风险，权衡降低风险的收益与成本，并制定相应的应变策略
交互设计	从系统可用性、外观设计、用户情感等层面上进行分析，创造和建立人与产品服务间的联系
人工智能	研究、开发用于模拟、延伸和扩展人的智能的理论、方法、技术及应用系统
区块链	开发、应用分布式数据储存、点对点传输、共识机制、加密算法等计算机技术
数字营销	使用数字传播渠道向消费者和企业推广或营销产品与服务
全栈开发	具备综合设计开发实力，有能力承担软件开发流程中的核心前端和后端的开发和管理

了解新兴技能，不仅有助于各组织紧握人才市场"动脉"，还有助于其了解自己所属行业的趋势。

在开始提供新的产品或服务之前，各公司会先对必备技能有一定的预期，提前计划具备新兴技能的人才招聘方案。通过新兴技能，实时洞察异常情况的成因和职位的演变，甚至还能洞察各行业开始应对技能强化的趋势。

微课 8-5
区块链技术在数字化
供应链中的应用

📊 任务分析

基于领英人才数据的数字人才报告从细分行业分布与职能层面，为我们呈现了当前数字化人才的岗位变化趋势。

1. 数字化人才行业变化趋势

1）ICT 基础产业是数字化人才的主要来源，占据了近一半的数字化人才比例。这表明信息通信技术行业在数字化人才需求方面仍然占主导地位。

2）制造、金融、消费品、医药、企业服务、娱乐和教育等行业也是数字化人才的重要来源，显示了数字化需求正在扩展到各个领域。

3）制造业、金融业和消费品行业是数字化人才从业人数最多的三大行业，这可能反映了制造业的智能化转型、金融科技的发展，以及消费品行业的电子商务趋势。

2. 数字化人才职能变化趋势

1）目前，数字化人才主要集中在产品研发领域，占比高达 87.5%。这表明公司在数字化转型过程中更加注重产品创新和技术开发方面的人才需求。

2）数字化运营职能占一定的比例，显示了企业对数字化流程和业务管理方面的需求。

3）大数据分析和商业智能等深度分析职能的比例相对较低，先进制造和数字营销职能更低。这说明在这些领域存在较大的人才缺口，可能阻碍了新兴行业的创新和发展。

综上所述，当前数字化人才岗位的变化趋势：数字化人才需求在不同行业的扩展，不仅限于 ICT 基础产业；公司更加注重产品研发和技术创新方面的人才招聘；存在着大数据、商业智能、先进制造和数字营销等领域的人才缺口，这些领域可能成为未来数字化人才的重点发展方向。

素养园地

数字化人才培养的重中之重，依然是激发"人"的价值，实现"人"的转变。在科技创新产业革命的背景下，数字化人才的梯次化建设，已经成为行业和产业深入数字变革、提升数字活力、强化数字创新力的关键所在。在 2022 年全国两会上，进一步加大数字化人才培养的政策支持、加强数字化技能职业培训、推进数字化技能人才培养基地建设的提议，皆引起了政府高度重视。

自测题目见"电子资源包"。

任务三 展望数字化供应链的未来图景

◎ 任务导入

宝洁公司利用数字化助力绿色供应链

宝洁公司（以下简称宝洁）是一家知名的消费品制造商，致力可持续发展和绿色供应链管理。它利用数字化技术在绿色供应链发展方面取得了显著成效。

首先，宝洁利用数字化技术，建立了供应链的可追溯性系统。通过使用物联网传感器和区块链技术，宝洁能够跟踪产品的原材料来源、生产过程和运输路径，确保供应链的透明度和可追溯性。这有助于消除非法采购、减少环境污染和促进可持续采购。

其次，宝洁利用大数据分析和人工智能技术，对供应链数据进行深入分析。通过收集和分析大量的供应链数据，宝洁能够识别出能源浪费、物料浪费和碳排放等环境影响的关键瓶颈，并采取相应的优化措施。这有助于提高资源利用效率、减少能源消耗和降低碳足迹。

再次，宝洁还通过数字化平台，与供应链伙伴进行协作和信息共享。通过共享数据和信息，宝洁与供应商、物流公司和零售商等合作伙伴紧密合作，共同推动绿色供应链的发展。这种数字化协作有助于优化供应链流程、减少环境影响，并鼓励供应链各方共同追求可持续发展目标。

最后，宝洁还通过数字化技术，与消费者建立更紧密的联系，并提供产品的透明度和可持续性信息。通过扫描产品包装上的二维码或使用手机应用程序，消费者可以获得有关产品的详细信息，包括原材料来源、生产过程和环境影响等。这有助于提高消费者的环保意识和购买决策，同时促使宝洁进一步加强绿色供应链的管理和改进。

任务分析

在这个任务中，你需要学习数字化在供应链的可持续发展路径中发挥的作用。以宝洁的绿色供应链为案例，你需要从供应链可追溯性、数据分析与优化、合作伙伴协作与消费者参与和物流透明度方面分析数字化如何助力宝洁的绿色供应链发展，并总结数字化如何助力绿色供应链发展。

任务实施

宝洁的绿色供应链案例展现了数字化在绿色供应链中的重要作用：利用数字化技术，建立了供应链的可追溯性系统，有助于消除非法采购、减少环境污染和促进可持续采购；利用大数据分析和人工智能技术，对供应链数据进行深入分析，有助于提高资源利用效率、减少能源消耗和降低碳足迹；通过数字化平台，与供应链伙伴进行协作和信息共享，有助于优化供应链流程、减少环境影响，并鼓励供应链各方共同追求可持续发展目标；通过数字化技术，与消费者建立更紧密的联系，并提供产品的透明度和可持续性信息，有助于提高消费者的环保意识和购买决策，同时促使宝洁进一步加强绿色供应链的管理和改进。

基于宝洁的案例，我们可以总结数字化在助力绿色供应链发展中的关键作用如下。

1. 供应链可追溯性

通过数字化技术，如物联网和区块链，实现供应链的可追溯性。这可以帮助企业跟踪产品的原材料来源、生产过程和运输路径，确保供应链的透明度和可靠性，从而促进绿色供应链的发展。

2. 数据分析与优化

利用大数据分析和人工智能技术，对供应链数据进行深入分析，识别环境影响的关键瓶颈并采取相应的优化措施。通过收集和分析大量的供应链数据，企业可以提高资源利用效率、减少能源消耗和降低碳足迹，推动绿色供应链的发展。

3. 合作伙伴协作

通过数字化平台促进供应链伙伴之间的协作和信息共享。企业与供应商、物流公司和零售商等合作伙伴紧密合作，共同推动绿色供应链的发展。数字化协作有助于优化供应链流程、减少环境影响，并鼓励各方共同追求可持续发展目标。

4. 消费者参与和透明度

通过数字化技术，建立更紧密的联系并提供产品的透明度和可持续性信息。消费者可以通过扫描产品包装上的二维码或使用手机应用程序获得有关产品的详细信息，包括原材料来源、生产过程和环境影响等。这有助于提高消费者的环保意识和购买决策，同时促使企业加强绿色供应链的管理和改进。

🔗 相关知识

一、传统供应链的困境

传统供应链的困境主要体现在信息共享、沟通效率、管理模式等方面，见表 8-3-1。

表 8-3-1　传统供应链的困境

困境	内容
信息共享	信息孤岛，非实时信息交换，结构性信息
沟通效率	信息会延迟，因为它在线性组织结构中传递
战略协作	联合制订计划和流程，非实时，非智能认知分析和预测
管理模式	偏重精益，缺乏灵活性
管理工具	传统 ERP，多系统集成，扩展性差，不支持集团复杂性，运维成本较高，技术传统，开发成本高
透明度	有限的供应链可见性和可视化
响应机制	根据已知需求被动迟缓响应
风险及不确定性应对机制	被动迟缓应对，缺乏弹性
决策机制	经验式决策，掺杂很多人为因素
运营模式	"串联"，人工＋信息技术混合模式
运营绩效	成本中心
可持续性	短期局部优化

二、数字供应链的突破

数字化可以促进供应链的创新和发展，同时提高其灵活性和效率。具体而言，数字供应链之所以不同于传统供应链，在于它有如下几个方面的突破。

（1）同时实现速度提升与成本降低

快速和低成本一直是供应链管理和运营要实现的目标，即要么能够以最短的时间响应市场或客户的价值诉求，要么能以较低的成本满足市场和客户的需求。然而，传统供应链为增强市场响应力，有可能牺牲成本；同样，为了追求低成本，也可能降低响应速度。因此，传统供应链强调根据不同的产品和服务性质，确立相适应的供应链。数字供应链打破了这一原则，它使速度和成本能够统一起来。这是因为数字化不仅能够通过现代通信技术实时获取运营数据和信息、第一时间响应市场需求，而且能够将数据信息和决策同步给参与者，增强供应链不同环节之间的协调与合作，进而降低中间节点的成本，提高效率。

（2）实现柔性和弹性化的供应链

供应链数字化意味着增强运作的敏捷性以适应不断变化的市场或环境。这里的柔性和弹性指的不是产品或服务的快速交付，而是就供应链运营中随时出现的问题做出反应的方式。例如，自然灾害、突发事件等可能对供应链稳定、持续运营造成毁灭性破坏。在这种情况下，能够预测此类事件，或者采取适当措施并做出有效反应就可以最大限度减少供应链中断。传统供应链就是采用这种方式来应对环境的不确定性的，而数字供应链由于能够更有效地收集、处理产业链各环节的数据，同时通过建模调整供应链以及供应链运营模式，因此能够较传统供应链更及时地完成此类活动。

（3）更好地实现全球资源链接

任何企业要在全球范围内快速交付商品和服务，都需要一个真正的全球供应链来保障，以使组织不仅能够交付产品，还能确保在当地市场做出反应。例如，如果美国需要某种中国制造的产品，那么在需要的时候将产品从中国运送到美国将是低效率的，这将花费大量时间并存在潜在的损失。因此，这就需要在全球范围内部署物流枢纽，能够在客户需要的时候，从最近的枢纽运至目的地。数字供应链能够通过掌握实时的数据和最优的模型算法部署全球枢纽，实现上述目标。

（4）实现实时库存

数字供应链提供了确保现有库存足够，但又不过量满足需求的方法。数字供应链借助一系列传感器或其他先进技术，使仓库管理更加高效，能够连续监控库存水平。在客户行为迅速变化的同时，供应始终能够满足需求。消费者可以随时随地下订单，因此应实时监控现有的库存。这并不意味着每个配送中心都应保留相同数量的库存。实际上，应提前确认购买趋势以及商品和服务的未来需求，以做出明智的决定，数字供应链提供了高级分析手段。

（5）实现供应链运营的智慧化

新一代信息通信技术提供了配备足够计算能力的智能产品，因此可以基于定义的算法实现自学习和自主决策。数字供应链涵盖了这些功能，进而可以改进和优化决策，自动化执行并推动运营创新。

（6）实现供应链运营透明化与快速信任的确立

在透明的供应链中，任何环节都能够理解并根据其他环节的行为和需求采取行动。相反，如果缺乏透明度，供应链中的有序流动将不可避免地在某处被打乱。数字供应链通过预测、对网络建模、创建假设情境并即时调整以适应不断变化的条件，使公司可以透明地采取行动，更好地为潜在的不确定性做好准备。

（7）使供应链更具伸缩性

在供应链运行过程中，不断伸缩供应链条是非常重要的，即根据环境的变化和市场的需求，向上或向下扩展供应链，甚或重新建构供应链。然而，这种延伸或调整通常会给组织造成巨大困难。这种困难不仅在于管理和运营的复杂度上升，而且在较短的时间内，要协调或整合新的主体和环节极具挑战性。但是，当传统供应链与数字化集成时，可伸缩性就不再是问题，流程的优化和复制变得更加容易，异常点和错误的发现也更加简单。

（8）使供应链更具前摄性

数字供应链往往采取了积极主动的行动，防止潜在的运营中断。这不仅可以通过故障排除来实现，而且可以通过数据挖掘和其他手段提前发现潜在问题来实现。显然，要实现这一目标需要大量知识和计划来协调问题。数字供应链提供了主动解决方案以在问题发生之前进行探知，并提供有效的分析框架和运营智能，从而数字化地满足消费者的需求。

（9）实现绿色供应链

绿色供应链长期以来一直是供应链关注的重要领域，实现绿色供应链不仅是指产品或材料的再循环、再利用，更是需要从供应链的设计源头开始贯彻绿色环保的理念，实现供应链运营资源使用的最小化。要减少资源使用，就需要在供应链设计阶段很好地把握产品使用和全生命周期的情况，数字化可以迅速对接供给和需求，快速整合各环节，从而有利于这一目标的实现。

三、供应链可持续发展的方向

数字供应链的深入发展和应用不仅提升了企业和产业运行的效率和效果，也促进了企业和供应链的可持续发展。供应链的可持续发展关注的是将环境和社会因素纳入产业供应链的运行，也就是说可持续供应链强调了整个供应链网络的持续发展，以同时实现经济、社会和环境的均衡发展，为了实现这一目标，需要在以下三个方面做出努力。

1）尽可能地均等容纳和推动广泛的利益相关者，特别是广泛的供应商网络，共同制定可持续目标，产生可期待行为。

2）在管理流程上能够沟通、协同各个参与主体的经营活动，使供应链运营和行为实现透明化、可追溯化，并且通过这种行为能够有效地管理风险和不确定性。

3）在管理要素方面，能够形成有效的文化和激励体系，使每个参与主体能够在遵循三种底线的基础上，获得相应的资源和能力，实现长远发展。

四、供应链可持续的数字技术

绿色、环境友好型的供应链需要数字化的加持，数字技术和数字化运营有助于构建可靠和绿色的贸易和物流。在供应链运营中的各个参与方，尤其是物流服务商广泛地应用云计算、传感器、区块链、大数据、机器学习和物联网等数字技术，可以产生新的业务范式，构建一个对所有相关者（原材料、组件或零部件供应商、运输商、分销商和客户）完全透明、高效的供应与交付系统，而这一系统的建立，不但可以显著提升服务的效率，减少过程中的资源浪费，而且可以推动整个供应链降低碳排放，促进绿色运营的增长。

具体来讲，数字技术和数字化运营对碳排放下降的影响主要是通过如下方式实现的。

1）全供应链的实时透明。

2）应用大数据实现了供应链运营的更优规划。

3）应用边缘计算、云计算，以及一些设备、设施能够实时收集和处理数据。

4）通过人机交互实现更好的自动化。

5）通过横向和纵向协作的智能用户界面和软件设计实现企业之间更好地协作。

6）通过分散和自主决策实现平稳管理。

7）使用可穿戴计算等增强现实工具减少复杂流程中的错误并创造友好的客户体验。

数字供应链与低碳运营或环境友好之间的关系不仅体现在数字供应链有利于低碳目标的实现，而且表现为低碳行为将进一步推动供应链的发展，加强企业之间的合作关系，为供应链各成员提供有效的资源。

五、改变生产和生活方式

数字化、智能化是大势所趋。目前，互联网已逐步渗透各个行业，未来的数字技术将全面覆盖所有场景，人们的生活和生产方式都将产生一系列的变化。

以数字孪生为出发点，未来数字孪生对人们的生活和生产方式将带来以下改变。

1）改变人们传统的学习方式。数字孪生技术在教育领域的应用前景是比较宽广的，尤其是实践类的课程，可以在数字孪生技术的基础上来完成科研实践场景的搭建，结合 AR、VR 等技术，形成一种沉浸式的学习体验。

2）改变人们传统的娱乐方式。数字孪生技术能够实现虚拟和现实的结合，或者说未来将向虚实融合的方向发展，这是一个巨大的想象空间，会让很多娱乐活动进入一个数字化和智能化时代。

3）改变人们的工作方式。随着数字孪生技术的发展，许多以实体为基础的工作将以数字孪生为基础，通过虚拟与实体的互动实现与实体的映射（虚拟与实体的互动），从而突破实体的时空约束，提高员工的工作效率与工作成就感。

微课 8-6
数字化供应链对
生活的改变

素养园地

《中华人民共和国国民经济和社会发展第十四个五年规划和 2035 年远景目标纲要（草案）》的相关内容

2021 年 3 月，第十三届全国人民代表大会第四次会议审查了《中华人民共和国国民经济和社会发展第十四个五年规划和 2035 年远景目标纲要（草案）》（以下简称《规划纲要草案》），正式拉开了中国第十四个五年规划的发展序幕。

《规划纲要草案》将建设数字中国作为独立篇章，意味着中国将把数字经济的转型升级作为未来 10 年关键的机会窗口，数字经济将成为整个中国经济转型的核心部件。《规划纲要草案》明确了未来 5 年发展目标：2025 年数字经济核心产业增加值占 GDP 比重提升至 10%。

同时，圈定了未来数字经济重点发展的七大产业，即云计算、大数据、物联网、工业互联网、区块链、人工智能、虚拟现实和增强现实。接下来，人工智能、大数据、区块链和云计算四大技术将对所有传统行业赋能。

例如，通过大数据、物联网、5G、数字孪生、人工智能等技术搭建数字化平台，支撑企业核心业务的高效连接、敏捷运营，加速形成数字经济产业体系。

今年（2021 年）以及未来五年，将建成系统完备的 5G 网络，5G 垂直应用场景将进一步拓展。业界普遍认为，工业互联网、车联网等应用大规模铺开要到 2025 年以后。

未来三年是工业互联网的快速成长期。把基础打好，并通过工业互联网产生更多的创新应用，为经济发展助力。

> 自测题目见"电子资源包"。

项目评价

任务的评价考核，采用多元评价方式，从自评、组内、组间、教师几个角度来评价，主要从团队协作、任务完成的完整性、方案质量、任务的逻辑性、专业知识的掌握和应用、方法和能力的提升几个方面进行评价，如表8所示。

表8 任务考核表

专业名称		班级		组别				
任务内容								
评价维度	评价项目	评估标准	分值	自评	组内	组间	教师	得分
知识	对数字化供应链的理解	能够准确描述数字化供应链的概念和发展趋势	10					
	数字化技术在供应链中的应用	能够列举并解释几种主要的数字化技术及其在供应链中的应用	10					
	数字化供应链的优势和挑战	能够分析数字化供应链的主要优势和潜在挑战	10					
能力	数据分析能力	能够使用数字化工具对供应链数据进行分析，并提出优化建议	10					
	项目管理能力	能够有效管理并推进数字化供应链项目，按时完成任务	20					
	技术应用能力	能够熟练应用相关数字化技术和软件工具	10					
素养	团队合作	在团队中积极参与合作，贡献自己的专业知识和技能	10					
	沟通能力	能够清晰地表达自己的观点，并与团队成员进行有效沟通	10					
	创新思维	能够提出创新性的数字化供应链解决方案	10					

（注：总分值以100分制计，得分=自评10%+组内评10%+组间评10%+教师评70%）

参 考 文 献

[1] 国家数据局. 数字中国发展报告（2023 年）[R/OL]. [2024-07-09]. http://www.shujuju.cn/leture/detail/ 28797.

[2] 张浩. 采购管理与库存控制 [M]. 2 版. 北京：北京大学出版社，2018.

[3] 宫迅伟. 采购 2025：数字化时代的采购管理 [M]. 北京：机械工业出版社，2019.

[4] 党争奇. 智能生产管理实战手册 [M]. 北京：化学工业出版社，2020.

[5] 王猛，魏学将，张庆英. 智慧物流装备与应用 [M]. 北京：机械工业出版社，2021.

[6] 柳荣. 智能仓储物流、配送精细化管理实务 [M]. 北京：人民邮电出版社，2020.

[7] 郑时勇. 仓储管理从入门到精通 [M]. 北京：化学工业出版社，2019.

[8] 江必新，张甲天. 中华人民共和国民法典学习读本：合同卷 [M]. 北京：人民法院出版社，2021.

[9] 柳荣，雷蕾. 供应链风险管理实战：采购风险＋供应商风险＋质量风险＋技术风险＋物流风险＋合同风险识别与管控 [M]. 北京：人民邮电出版社，2021.

[10] 宋华. 供应链金融 [M]. 3 版. 北京：中国人民大学出版社，2021.

[11] 邱伏生. 中国战略性新兴产业研究与发展：智能供应链 [M]. 北京：机械工业出版社，2019.

[12] 徐晓霞. 敏捷人才管理 [M]. 北京：电子工业出版社，2021.

[13] 唐隆基，潘永刚. 数字化供应链：转型升级路线与价值再造实践 [M]. 北京：人民邮电出版社，2021.

[14] 宋华. 数字供应链 [M]. 北京：中国人民大学出版社，2022.